U0593769

法 与 法 治 丛 书

标准的私法效力研究

柳经纬 著

本书出版得到闽江学院资助

本书是2019年度国家社科基金规划项目『标准的私法效力研究』（项目批准号：19BFX117）的结项成果

厦门大学出版社
XIAMEN UNIVERSITY PRESS

国家一级出版社
全国百佳图书出版单位

图书在版编目（CIP）数据

标准的私法效力研究 / 柳经纬著. -- 厦门：厦门
大学出版社，2023.12
（标准与法治丛书）
ISBN 978-7-5615-9201-4

Ⅰ．①标… Ⅱ．①柳… Ⅲ．①标准化法-研究-中国
Ⅳ．①D922.174

中国版本图书馆CIP数据核字(2023)第228858号

责任编辑　甘世恒
美术编辑　李夏凌
技术编辑　许克华

出版发行　厦门大学出版社
社　　　址　厦门市软件园二期望海路 39 号
邮政编码　361008
总　　　机　0592-2181111　0592-2181406(传真)
营销中心　0592-2184458　0592-2181365
网　　　址　http://www.xmupress.com
邮　　　箱　xmup@xmupress.com
印　　　刷　厦门市明亮彩印有限公司

开本　720 mm×1 020 mm　1/16
印张　12.25
插页　1
字数　235 千字
版次　2023 年 12 月第 1 版
印次　2023 年 12 月第 1 次印刷
定价　59.00 元

本书如有印装质量问题请直接寄承印厂调换

厦门大学出版社
微信二维码

厦门大学出版社
微博二维码

序 言

（一）

标准的私法效力中的"标准"，是指"农业、工业、服务业以及社会事业等领域需要统一的技术要求"（《标准化法》第 2 条第 1 款），又称技术标准。标准的私法效力是指标准对私法调整社会关系、规范社会行为所具有的影响与作用，涉及的领域主要是物权法（相邻关系）、合同法和侵权责任法。此项研究的素材极为丰富。在立法上，法律、行政法规、部门规章、地方性法规、地方规章以及具有法源性质的行政规范性文件，普遍存在引用标准的情形；在司法上，涉及标准的案件不计其数。① 这些都是极具价值的研究素材。然而，研究性文献却十分贫乏。虽然学界近年来开始关注标准对于法律调整社会关系、规范社会行为所起的作用，但研究成果却屈指可数。丰富的研究素材，为我们造就了一个有待开垦的"富矿"。本书只是这个"富矿"的浅尝之作，旨在揭开标准对私法调整社会关系、规范社会行为的面纱，为后来的研究者深挖此矿提供一些指引和参考，包括得与失的借鉴。

---

① 仅以"国家标准"为关键词进行检索，中国裁判文书网（https://wenshu.court.gov.cn）收录的民事案件裁判文书多达 243413 篇。检索时间 2023 年 5 月 3 日。

（二）

标准是标准化机构制定的技术规范，自有一套完整的知识体系和制定与实施的运行体系。研究标准对法律调整社会关系、规范社会行为的影响与作用，不能不了解标准，不能不了解标准的规范性，不能不了解标准是如何制定和实施的，不能不了解标准在社会经济中是如何发挥作用的。然而，标准数量之多、内容之复杂，涉及领域之广，远甚于法律，了解标准并不容易。笔者以为，有些研究成果之所以不尽如人意，一个重要的原因是作者不了解标准。不了解标准而研究标准对于法律的作用，难免隔靴搔痒，不解决问题。为了了解标准，除了弥补标准化知识外，笔者收集了千余份不同领域的标准文本。通过阅读这些标准文本，辅以相关学科（如食品科学、环境科学）的知识，可以获得有关标准的感性认知，为研究标准对法律调整社会关系、规范社会行为的影响与作用，奠定必要的知识基础。当然，这也导致所撰写的论文"四不像"，部分稿件屡遭退稿，原因大概在此。有位法学教授就直截了当地告知，他初看笔者写的标准与法律关系的论文，看不懂，得看几遍才得以明白。当然，文章写得让人看不明白，终究还是作者的功力不够问题，怨不得人。因此，如何把标准与法律关系的文章写明白，还需要不断锤炼。

（三）

本书共六章。为便于读者了解本书的内容，以下对各章做简要介绍。

第一章"法律视野中的标准"介绍标准的概念、属性、类型和实施，为展开标准私法效力的研究铺垫知识。本章关于标准的介绍并不完全遵从标准化理论，而是侧重从标准对法律的作用角度、从法的视角介绍标准的知识。本章着重分析了标准的属性，指出"标准的规范性是标准对法律调整社会关系、规范社会行为产生影响与作用的基础"，"标准的技术性解决了法律之需，它是标准能够对法律调整社会关系、规范社会行为产生影响和作用的原因所在"。对学界存在的将标准尤其是强制性标准视同法律的问题，本章分析了二者的区别，并指出:"标准与法律虽然都具有规范性,但二者性质不同,标准是不同于法律的规范系统。讲明这一点,十分重要。这不仅对正确认识标准具有重要的意义,而且对开展标准与法律之关系的研究也具有重要的理论价值。只有严格区分标准与法律,才能讲清楚标准与法律的关系,才能讲清楚标准对于法治具有何种意义。区分标准与法律是研究标准对法律的作用问题的逻辑起点,也是分析标准的私法效力问题的逻辑起点。"

第二章"标准的私法效力"探讨了标准私法效力的概念、标准私法效力所及领域、标准进入私法的路径以及标准私法效力的表现,对于标准对私法调整社会关系、规范社会行为的影响与作用作了总体的描述。本章的重点是"标准进入私法的路径"和"标准私法效力的表现"。关于"标准进入私法的路径",本章采用市场供需的理论,分析了标准与法律的关系,"只有作为'需方'的法治采用了标准,标准才能进入法律的领域","只有在法律采用标准时,标准才能进入法的领域,对法调整社会关系、规范社会行为产生影响与作用"。本章分析了标准进入私法的两条路径:法律规定和当事人约定,并指出"这两条路径与第一章阐释的标准实施的两种基本方式形成了对应的关系,它们是一个事物的两个面"。关于标准私法效力的表现,本章较为系统地分析了标准对于民事法律关系中权利义务的确定、民事行为的指引、评价以及民事责任的承担等方面所具有的作用。

第三章"标准与合同法"探讨了标准的合同法效力,内容包括标准与合同的联系、"标准条款"、《民法典》第 511 条第 1 项的理解与适用以及标准与违约责任问题。关于标准与合同的联系,本章指出"标准承载的信息是合同订立的基础","标准构成对商品和服务的质量的担保","标准是当事人履行合同的依据"和合同纠纷解决的依据。"标准条款"是笔者创设的一个概念。当标准通过当事人约定而进入合同,它就构成合同标的质量条款的内容。这种以标准为内容的合同质量条款,可称之为"标准条款"。本章详细分析了"标准条款"的形成与效力问题。《民法典》第 511 条的功能在于填补合同漏洞,第 1 项规定在质量要求不明确时优先引用标准作为合同履行的依据。这一规定颇具特色,它较之传统民法规定的"中等品质"更具确定性,也更有利于司法对履约行为的评判。本章以较大篇幅从"规则形成""标准供给""法律需求""援引标准""程序问题"等方面系统分析了《民法典》第 511 条第 1 项的理解与适用问题。关于标准与违约责任的关系问题,本章侧重分析了标准对违约责任承担和责任竞合的影响,指出"只有在违约方提供的产品或服务既不符合约定的标准又不符合强制性标准时,才能发生责任竞合"。

第四章"标准与侵权责任法"对侵权责任法关于标准的规定作了梳理,着重从侵权责任的前提义务、侵权责任构成、侵权责任的承担三个层面阐释了标准的作用。侵权责任的前提义务是法定义务,当标准被法律所引用时,遵守标准构成了特定人法定义务的具体内容。标准对侵权责任构成的影响表现在违法性和过错两个方面。就违法性而言,不符合标准的行为(违标行为)必然是违法行为,但符合标准的行为(合标行为)未必能获得合法性评价,但在法律有特别规定的情形中(如噪声污染侵权责任),合标行为也可以获得合法性评价。就过错而言,在过失认定客观化的情势下,标准为过失的认定提供了便捷的依据,依据标准认定行为人的过失具有客观性,也更具权威性。标准与侵权责任的承担,表现在两个方面:一是标准为侵权责任提供了可量化的评判依据;二是标准与共同侵权责任分担的联系。

第五章"标准与消费者保护"分析了标准与消费者权益保护的联系,内容包括消费者权利与经营者义务、标准化与消费者保护、标准与消费者权利的实现、标准与产品责任。保护消费者权益是标准化最重要的目的之一,制定标准应当反映消费者的需求。标准对于消费者权利的作用在于,产品、服务和场所的安全标准为经营者安全义务的履行和消费者安全权的实现提供技术支撑;商品和服务的标准尤其是有关商品和服务的说明书、标识和标签标准提供的商品和服务的信息,为消费者了解产品和服务以及比较、鉴别和挑选商品与服务提供了依据,有利于消费者知情权和选择权的实现。在产品责任中,标准是认定产品缺陷最为直接的依据,不符合标准的产品属于有缺陷的产品。

第六章"标准私法效力案例分析"。在民事司法中如何正确地适用标准,如同如何正确适用法律一样重要。遗憾的是,这一问题尚未受到重视。在民事审判中,将标准混同于法律、错误引用标准、引用标准"张冠李戴"等现象十分突出。本章选择了10个典型案例,分析了标准在民事纠纷处理中的意义,并对其中存在的问题作了剖析。

（四）

本书得以出版,首先应感谢中国政法大学科研处以及韩冰、张蓉、尹秋实等各位老师,他们为本课题的立项、研究和结项给予了热情的指导和无私的帮助;其次应感谢闽江学院法学院以及各位新同事,在笔者受聘于闽江学院后,学院为本项目的后期研究提供了充分的时间保障,为本书的出版提供了经费支持;再次应感谢笔者的博士生们:刘云、许林波、聂爱轩、丁婉婧、方俊、周宇、郜蕊、郭琳、吴雅婷、江志雄、武亚飞、熊寿伟、陈君、陈媛媛、何珊等,他们是本项目研究中期成果和本书的第一批读者,与笔者分享了他们的研读心得;最后也是最应该感谢的是厦门大学出版社施高翔总编以及甘世恒等各位编辑,多年的合作,我们之间建立了良好的关系,他们对笔者总是有求必应,"标准与法治丛书"能够落户厦门大学出版社,离不开他们对这一选题的高度认同和支持。

柳经纬

2023 年 5 月 3 日

目 录

第一章 法律视野中的标准 ……………………………………………… 001

  第一节 标准与标准化 ………………………………………………… 001

  第二节 标准的属性 …………………………………………………… 003

  第三节 标准的类型 …………………………………………………… 011

  第四节 标准的实施 …………………………………………………… 017

第二章 标准的私法效力 ………………………………………………… 025

  第一节 标准私法效力的概念 ………………………………………… 025

  第二节 标准私法效力所及领域 ……………………………………… 027

  第三节 标准进入私法的路径 ………………………………………… 033

  第四节 标准私法效力的表现 ………………………………………… 041

第三章 标准与合同法 …………………………………………………… 048

  第一节 标准与合同的联系 …………………………………………… 048

  第二节 "标准条款" ………………………………………………… 053

  第三节 《民法典》第 511 条第 1 项的理解与适用 ……………… 059

  第四节 标准与违约责任 ……………………………………………… 077

第四章 标准与侵权责任法 ……………………………………………… 082

  第一节 侵权责任法中的标准 ………………………………………… 082

  第二节 标准与侵权责任的前提义务 ………………………………… 090

  第三节 标准与侵权责任构成 ………………………………………… 094

  第四节 标准与侵权责任的承担 ……………………………………… 105

第五章　标准与消费者保护 ·· 109

　　第一节　消费者权利与经营者义务 ······························· 109

　　第二节　标准化与消费者保护 ······································· 113

　　第三节　标准与消费者权利 ·· 120

　　第四节　标准与产品责任 ··· 128

第六章　标准私法效力案例分析 ······································· 138

　　一、陕西嘉亨实业发展有限公司与北京沃野千里科贸有限公司合作
　　　　经营合同纠纷案 ·· 138

　　二、钟××与广东华南通商贸发展有限公司等食品标签瑕疵
　　　　纠纷案 ·· 143

　　三、北京物美流通技术有限公司与赵××买卖合同纠纷案 ······· 154

　　四、张××与津秦铁路客运专线有限公司噪声污染责任纠纷案 ····· 160

　　五、程××与杭州千岛湖远洋置业有限公司噪声污染责任纠纷案 ····· 164

　　六、张×忠与张×授排除妨害纠纷案 ······························ 168

　　七、广州市人民检察院与张×山、邝×尧水污染纠纷环境民事公益
　　　　诉讼案 ·· 171

　　八、武汉银海置业有限公司与王×相邻采光、日照纠纷案 ·········· 174

　　九、黄×与无锡晟加材料科技有限公司等买卖合同纠纷案 ·········· 180

　　十、胡×娜与张×买卖合同纠纷案 ·································· 184

第一章

法律视野中的标准 ▇

第一节　标准与标准化

　　"标准"一词有广狭二义。广义的标准,即通常意义上的标准,是指衡量事物的准则。[①] 例如,道德标准、真理检验标准、公务员录取标准、工资标准等,此所谓标准,均为通常意义上的标准。狭义的标准,是指标准化意义上的标准。例如,国际标准、国家标准、行业标准、地方标准和团体标准、企业标准以及食品安全标准、产品质量标准、农产品质量安全标准、生态环境质量标准、生态环境风险管控标准、污染物排放标准等,此所谓标准,均为标准化意义上的标准。标准化意义上的标准是有关技术要求的规定,又称技术标准。本书讨论的标准是后者,即标准化意义上的标准。

　　关于标准的概念,有两种定义:一是法律的定义。《标准化法》第 2 条第 1 款规定:"本法所称标准(含标准样品),是指农业、工业、服务业以及社会事业等领域需要统一的技术要求。"这一定义强调了标准适用的领域和标准内容的技术性(技术要求)与规范性(统一)。二是标准化文件的定义。2014 年原国家质量监督检验检疫总局、国家标准化管理委员会发布的国家标准[②]《标准化工作指

---

　　① 中国社会科学院语言研究所词典编辑室:《汉英双语现代汉语词典》(2002 年增补本),外语教学与研究出版社 2002 年版,第 127 页。

　　② 关于标准的表述方式,有两种:一是标准编号＋标准名称,如 GB/T 20000.1—2014《标准化工作指南第 1 部分:标准化和相关活动的通用术语》;二是标准名称(标准编号),如《标准化工作指南第 1 部分:标准化和相关活动的通用术语》(GB/T 20000.1—2014)。本书统一采用第二种。

南第 1 部分:标准化和相关活动的通用术语》(GB/T 20000.1—2014)第 5.3 条①(标准,Standard)将标准定义为:"通过标准化活动,按照规定的程序经协商一致制定,为各种活动或其结果提供规则、指南或特性,供共同使用和重复使用的文件。"第 5.3 条"注一"强调:"标准宜以科学、技术和经验的综合成果为基础。"该定义突出了标准的制定程序和原则与标准内容的技术性与规范性。上述两种定义在内涵上并无本质的区别,均强调了标准的技术性与规范性。两者的区别仅在标准的形式上,《标准化法》第 2 条第 1 款定义的标准包括样品标准和文件标准,而国家标准《标准化工作指南第 1 部分:标准化和相关活动的通用术语》(GB/T 20000.1—2014)第 5.3 条定义的标准仅指文件标准。人们通常说的标准也是指文件标准。

标准是标准化活动的产物。国家标准《标准化工作指南第 1 部分:标准化和相关活动的通用术语》(GB/T 20000.1—2014)第 3.1 条给"标准化"(standardization)所下的定义是"为了在既定范围内获得最佳秩序,促进共同效益,对现实问题或潜在问题确立共同使用和重复使用的条款以及编制、发布和应用文件的活动"。这一定义描述了标准化的性质、内容和目的。从性质来说,标准化是一种社会活动,活动是一个过程。这一过程的内容是"对现实问题或潜在问题确立共同使用和重复使用的条款以及编制、发布和应用文件",通俗地说,就是制定(编制、发布)标准和实施(应用)标准。制定标准和实施标准的目的是"在既定范围内获得最佳秩序,促进共同效益",促进社会经济的发展。《标准化法》第 3 条规定:"标准化工作的任务是制定标准、组织实施标准以及对标准的制定、实施进行监督。"在标准化工作(活动)的内容中增加了"对标准的制定、实施进行监督"。根据《标准化法》第四章"监督管理"的规定,"对标准的制定、实施进行监督"主要是指标准化行政管理部门在标准化管理上的工作任务和工作内容。

标准化作为科学的管理方式,得到广泛的应用。从应用的领域范围来说,有工业标准化、农业标准化、服务业标准化、公共服务标准化(如政务服务标准化、法律援助标准化)等。2021 年 10 月,中共中央、国务院印发的《国家标准化发展纲要》(国发〔2021〕30 号)明确提出了"全域标准化深度发展",实现"农业、

---

① 标准文件的结构分为"部分""章""条""段""列项"五个层次,"部分"用"第 1 部分""第 2 部分"等表示,"章""条"用阿拉伯数字表示,"条"的设置是多层次的,第一层次的条可分为第二层次的条,第二层次的条还可细分为第三层次的条,一直可分为第五层次,从而形成了"5.3""5.3.1""5.3.1.1""5.3.1.1.1""5.3.1.1.1.1"多层次的条文。参见国家标准《标准化工作导则第 1 部分:标准化文件的结构和起草原则》(GB/T 1.1—2020)第 7 章"层次的编写";白殿一、王益谊等:《标准化基础》,清华大学出版社 2019 年版,第 96~98 页。

工业、服务业和社会事业等领域标准全覆盖"的标准化发展目标。① 从应用的层级来说,则有国际标准化、区域标准化(如欧盟标准化)、国家标准化、行业标准化、地方标准化、团体标准化、企业标准化,标准化在不同的层面上展开。随着标准化的广泛应用,标准的应用日益普遍,其作用日益显著,标准已成为经济活动和社会发展的重要技术支撑,成为国家治理体系和治理能力现代化的基础性制度。标准对提升产品和服务质量,促进科学技术进步,保障人身健康和生命财产安全,维护国家安全和生态环境安全,提高经济社会发展水平,发挥着越来越重要的作用。从世界范围来看,标准还是全球治理的重要规则手段和国际经济贸易与合作的通行证,是"世界通用语言"。②

第二节 标准的属性

关于标准的属性,需要在两个层面上进行讨论:一是标准本身具有何种属性,二是标准是否具有法律属性。之所以需要讨论标准是否具有法律属性问题,是因为在我国学界(包括标准化理论界和法学界)和实务界对这一问题尚无正确的认知,也缺乏深入的辨析。

一、标准自身具有的属性

1. 标准具有规范性

从一般意义上说,标准就是规范,规范就是标准,只不过规范是由文件规定的或约定俗成的标准,而标准是以文件或实物形式确定的规范。虽然标准化意义上的标准不同于一般意义的标准,但其规范性却是相同的。因为,制定标准的目的就是为生产经营等社会活动提供可供遵循的规则,这种规则对于从事生产经营等社会活动的主体来说就是一种规范。在上述标准的定义中,无论是法律定义中的"需要统一的技术要求"还是标准化定义中的"为各种活动或其结果提供规则、指南或特性",均表示标准的规范性。

标准的规范性是标准化的基本要求。为了确保标准的规范性,国家标准《标准化工作导则第 1 部分:标准化文件的结构和起草原则》(GB/T 1.1—2020)

---

① 《国家标准化发展纲要》(国发〔2021〕30 号),载《国务院公报》2021 年第 30 号。
② 甘藏春、田世宏主编:《中华人民共和国标准化法释义》,中国法制出版社 2017 年版,第 20 页。

对标准文件的结构及其起草的原则和要求以及标准的名称、层次、要素的编写和表述原则和编排格式等,作出了十分详尽的规定。例如,关于标准文件的编制目标,要求"制定清楚、准确和无歧义的条款",能"被未参加文件编制的专业人员所理解且易于应用";关于标准文件的表述,要求每项标准或系列标准(或一项标准的不同部分)内"相同的条款宜使用相同的用语,类似的条款宜使用类似的用语","同一概念宜使用同一术语,避免使用同义词";关于标准文件之间的协调关系,要求起草的标准与现行有效的标准之间"宜相互协调,避免重复和不必要的差异";关于标准文件的应用,要求其"内容的表述宜便于直接应用"。

标准的规范性主要表现在两个方面:一是标准可以为生产经营等社会活动提供依据,如食品安全标准为食品的生产经营活动提供依据,污染物排放标准为企业排放污染物提供依据;二是为评价生产经营等各种社会行为提供依据,如依据食品安全标准评价生产经营者提供的食品是否存在质量瑕疵和安全风险,依据污染物排放标准评价企业排污是否"超标",是否构成对环境的影响。正是由于标准具有规范性,标准方可进入法律,对法律调整社会关系、规范社会行为发挥作用。标准的规范性是标准对法律调整社会关系、规范社会行为产生影响与作用的基础。

2. 标准具有技术性

标准是人类科学技术发展到一定程度的产物,其制定需以科学、技术和经验的综合成果为基础,并随着科学技术的发展而不断发展和完善,其内容反映了一定时期科学技术发展的水平。不仅工业、农业、服务业领域的标准具有技术性,其内容包含着大量本领域的相关科学技术知识,如食品安全标准中的食品添加剂限量、微生物限量,污染物排放标准中的污染物排放限量等;即便是政务服务、乡村建设标准等社会管理领域的标准也具有技术性,其内容包含着政府服务流程的有序安排、乡村建设指标的科学设置,体现了管理科学的技术要求。

标准的技术性不仅是标准化的要求,也是法律的要求。国家标准《标准化工作指南第 1 部分:标准化和相关活动的通用术语》(GB/T 20000.1—2014)第 5.3 条"注一"声明"标准宜以科学、技术和经验的综合成果为基础"。国家标准《标准化工作导则第 1 部分:标准化文件的结构和起草原则》(GB/T 1.1—2020)第 5.1 条提出标准编制的原则要求:"充分考虑最新技术水平和当前市场情况,认真分析所涉领域的标准化需求""准确表达文件的技术内容"。这是标准化文件对标准技术性的要求。《标准化法》也对标准的技术性提出要求,第 14 条规定:"制定标准应当以科学技术研究成果和社会实践经验为基础,保证标准的科学性、规范性、时效性,提高标准质量。"此外,《标准化法》还规定,国家支持在重要行业、战略性新兴产业、关键共性技术等领域利用自主创新技术制定团体标准、企业标准(第 20 条);要求推荐性国家标准、行业标准、地方标准、团体标准、企业标准的技术要求不得低于强制性国家标准的相关技术要求,鼓励制定高于推荐性标准相关技术要求的团体标准、企业标准(第 21 条)。这些规定都体现了标准的技术性。标准的技术性是标准区别于法律规范、道德规范、宗教规范等其他社会规范的根本所在。

标准的技术性解决了法律之需,它是标准能够对法律调整社会关系、规范社会行为产生影响和作用的原因所在。标准规定的技术要求为法律解决相关问题提供了技术方案。例如,食品安全法的宗旨是"为了保证食品安全,保障公众身体健康和生命安全"(《食品安全法》第 1 条),何为食品安全,如何判定食品是否存在安全风险,则属于食品科学技术的问题,立法本身无从解决食品科学技术问题,食品安全标准对食品原料、理化指标、添加剂、污染物和微生物限量以及生产过程的卫生规范的规定,为法律上判定食品是否存在安全风险提供了科学技术依据,为食品安全治理提供了技术方案。正是在这个意义上,标准对法律具有支撑作用。2015 年 12 月,国务院办公厅印发的《国家标准化体系建设发展规划(2016—2020)》(国办发〔2015〕89 号文)提出要"加强标准与法律法规、政策措施的衔接配套,发挥标准对法律法规的技术支撑和必要补充作用",其道理就在于此。①

二、标准的法律属性问题

虽然标准与法律在制定主体、制定程序以及实施和监督检查等方面存在着明显的区别②,但二者应属于不同性质的规范系统。然而,在我国,无论是在理论界还是实务界,均不乏主张标准具有法律属性的论者。在标准法律属性论者看来,标准尤其是强制性标准具有法律属性,属于法的范畴。③

---

① 《国家标准化体系建设发展规划(2016—2020)》(国办发〔2015〕89 号),2015 年 12 月 17 日发布。

② 白桦、洪生伟等人对标准与法律的制定、实施和监督检查("生命周期过程")进行了对比分析。参见白桦、洪生伟:《立法和制定标准的比较分析和研究——法律与标准生命周期过程比较分析之一》,载《标准科学》2009 年第 2 期;齐陵、齐格奇、洪生伟:《执法和实施标准的比较分析和研究——法律与标准生命周期过程比较分析之二》,载《标准科学》2009 年第 7 期;白桦、洪生伟:《法律和标准实施监督检查的比较分析和研究——法律与标准生命周期过程比较分析之三》,载《标准科学》2010 年第 3 期。

③ 关于标准法律属性论的表现,参见柳经纬:《评标准法律属性论——兼论标准与法律划分的意义》,载《现代法学》2018 年第 5 期。

在理论界,多数环境法学者主张环境标准是环境法体系的组成部分①,认为将环境标准纳入环境法的体系具有合理性②;食品安全法学者也主张国家食品安全标准是国家食品安全法制体系中的重要组成部分③。还有学者在研究标准的私法效力时,借鉴公私法合作的理论,认为标准是一种"公法规则"④,或者认为标准属于行政法的"管制规范"⑤。在标准化理论界,也有学者根据世界贸易组织《技术性贸易壁垒协定》(WTO/TBT 协定)的规定,对照我国的标准体系,认为我国的强制性标准属于法律规范,与技术法规没有根本性的差异。⑥

在实务界,1999 年 8 月 4 日,最高人民法院知识产权审判庭曾因处理标准出版纠纷致函国家版权局版权管理司,国家版权局版权管理司在复函中称:"关于标准的性质,我们同意你庭的意见:强制性标准是具有法规性质的技术性规范,推荐性标准不属于法规性质的技术性规范,属于著作权法保护的范围。"⑦同年 11 月 22 日,最高人民法院知识产权审判庭在给北京市高级人民法院的复函中指出,"国家标准化管理机关依法组织制订的强制性标准,是具有法规性质的技术规范"。⑧ 一些法院在个案中也将强制性标准视为法律。例如,山西省高级人民法院 2008 年审结的"太原市福康中西医结合皮肤病医院与太原市艾环科技发展有限公司技术服务合同纠纷案"中,原审法院(太原市中级人民法院)认为国家标准《医疗机构水污染物排放标准》(GB 18466—2005)"属于行政法规中的强制性规定"。⑨ 辽宁省沈阳市皇姑区人民法院 2016 年审理的"薛×诉沈阳

---

① 参见韩德培主编:《环境保护法教程》,法律出版社 2015 年第 7 版,第 57 页;蔡守秋主编:《环境与资源保护法》,湖南大学出版社 2011 年版,第 43 页;金瑞林主编:《环境法学》,北京大学出版社 2016 年版,第 53 页。

② 参见常纪文:《环境法前沿问题——历史梳理与发展探究》,中国政法大学出版社 2011 年版,第 47 页。

③ 参见何翔:《食品安全国家标准体系建设研究》,中南大学 2013 年博士学位论文,第 1 页。

④ 参见宋亚辉:《环境管制标准在侵权法上的效力解释》,载《法学研究》2013 年第 3 期;宋亚辉:《食品安全标准的私法效力及其矫正》,载《清华法学》2017 年第 2 期。

⑤ 解亘:《论管制规范在侵权行为法上的意义》,载《中国法学》2009 年第 2 期。该文所谓"管制规范",包括法律、行政法规、规章、国家标准、技术标准。

⑥ 文松山:《强制性标准与技术法规之异同》,载《世界标准化与质量管理》1998 年第 12 期。

⑦ 《国家版权局版权管理司关于标准著作权纠纷给最高人民法院的答复》,权司〔1999〕50 号,1999 年 8 月 4 日发布。

⑧ 《最高人民法院知识产权审判庭关于中国标准出版社与中国劳动出版社著作权侵权纠纷案的答复》(〔1998〕知他字第 6 号函),1999 年 11 月 22 日发布。

⑨ 山西省高级人民法院(2008)晋民终字第 45 号民事判决书。

中耀房地产开发(沈阳)有限公司商品房销售合同纠纷案"中,将国家标准《社会生活环境噪声排放标准》(GB 22337—2008)直接作为判决的法律依据来引用。① 2020 年,最高人民法院审结的"孔祥根、杨梅侵害植物新品种权纠纷案"中,直接认定"强制性国家标准,具有行政法规的效力"。②

上述关于标准主要是强制性标准具有法律属性的主张,造成了在标准属性认知问题上"内外有别"(即我国标准与国际标准性质有别)、"强推有别"(即强制性标准与推荐性标准性质有别)、"官民有别"(即政府主导制定的国家标准、行业标准、地方标准与市场主体制定的企业标准性质有别)的混乱。例如,国家标准《车用乙醇汽油(E10)》(GB 18351—2017)共计 9 章,只有第 5 章是强制性的,其余 8 章都是推荐性的,这是一项既有强制性内容又有推荐性内容的"混合"标准。按照"强推有别"的原则,势必得出此项国家标准部分是法律、部分不是法律的结论。这种结论显然不能让人接受。③

本书认为,标准与法律属于不同的规范系统,包括强制性标准在内,标准本身并不具有法律属性。

(1)标准不属于《立法法》规定的法源,也不属于具有法源地位的行政规范性文件。④ 我国《立法法》规定的法律形式包括法律、行政法规、地方性法规、自治条例、单行条例、规章(部门规章、地方政府规章)。标准不属于立法法规定的任何一种法律形式。行政规范性文件是指"除国务院的行政法规、决定、命令以及部门规章和地方政府规章外,由行政机关或者经法律、法规授权的具有管理公共事务职能的组织依照法定权限、程序制定并公开发布,涉及公民、法人和其他组织权利义务,具有普遍约束力,在一定期限内反复适用的公文"⑤。标准本身不具有关于公民、法人权利和义务的内容,也不具有"普遍约束力",不属于行政规范性文件。一些部门和地方政府关于行政规范性文件的规定,明确将标准排除在行政规范性文件之外。例如,《农业部规范性文件管理规定》(农业部令 2012 年第 1 号)第 2 条第 2 款明确规定"标准、规程等技术性文件"不属于行政规范性文件;《上海市行政规范性文件管理规定》(上海市人民政府令第 17 号)

---

① 辽宁省沈阳市皇姑区人民法院(2016)辽 0105 民初 2855 号民事判决书。

② 最高人民法院(2020)最高法知民终 290 号民事判决书。

③ 柳经纬:《评标准法律属性论——兼谈区分标准与法律的意义》,载《现代法学》2018年第 5 期。

④ 关于行政规范性文件是否具有法源地位,理论界有争议。参见应松年主编:《当代中国行政法》(第三卷),人民出版社 2018 年版,第 914～916 页。

⑤ 《国务院办公厅关于加强行政规范性文件制定和监督管理工作的通知》(国办发〔2018〕37 号),2018 年 5 月 16 日公布。

第 2 条第 2 款也明确规定"专业技术标准类文件,不纳入规范性文件管理范围"。作为国家标准的制定主体和国家标准化工作的管理机关,国家标准化管理委员会 2017 年发布的《国家标准化管理委员会规范性文件管理规定》第 4 条规定,国家标准"不适用本规定",明确将包括强制性国家标准在内的国家标准排除在行政规范性文件之外。

(2)标准的制定机构不是立法机关,标准的制定也不遵照立法程序,而遵守标准化工作的基础标准。在我国,标准的制定主体包括政府、社会团体和企业。社会团体和企业不是立法机关,自不待言。政府作为标准的制定机构,实际上是"主导"标准的制定①,其行使的是《标准化法》赋予的标准制定权,并非《宪法》《立法法》授予的立法权,因此政府在制定标准问题上扮演的不是立法机关的角色。虽然在法治社会,标准的制定应以法律为依据,标准的内容不得违反法律的规定②,但无论是政府主导制定标准还是社会团体和企业制定标准,所遵循的是有关标准化工作的基础标准("标准的标准"③)。在我国,标准化工作的基础标准包括《标准化工作指南》(GB/T 20000)、《标准化工作导则》(GB/T 1)、《标准编写规则》(GB/T 20001)、《标准中特定内容的起草》(GB/T 20002)、《标准制定的特殊程序》(GB/T 20003)。这些标准虽属推荐性标准,但得到各类标准制定者的遵守,成为我国制修订标准的基本遵循。④ 在某些特定领域,标准的制定除遵守上述国家标准外,还需遵守该领域的基础标准,如制定服务标准应遵守国家标准《服务标准化工作指南》(GB/T 15624—2011)。

(3)标准的内容不具有法律规范所具有的权利和义务(责任)的意义。根据

---

① 甘藏春、田世宏主编:《中华人民共和国标准化法释义》,中国法制出版社 2017 年版,第 29 页。

② 例如,《团体标准管理规定》第 9 条规定:"团体标准应当符合相关法律法规的要求,不得与国家有关产业政策相抵触。"《铝工业污染物排放标准》(GB 25465—2010)"前言"特别说明:"为贯彻《中华人民共和国环境保护法》、《中华人民共和国水污染防治法》、《中华人民共和国大气污染防治法》、《中华人民共和国海洋环境保护法》、《国务院关于落实科学发展观加强环境保护的决定》等法律、法规和《国务院关于编制全国主体功能区规划的意见》,保护环境,防治污染,促进铝工业生产工艺和污染治理技术的进步,制定本标准。"

③ 麦绿波:《标准学——标准的科学理论》,科学出版社 2019 年版,第 264 页。

④ 例如,应急管理部 2019 年制定的《应急管理标准化工作管理办法》(应急〔2019〕68号)第 28 条规定:"标准起草应当按照 GB/T 1《标准化工作导则》、GB/T 20000《标准化工作指南》、GB/T 20001《标准编写规则》等规范标准制修订工作的基础性国家标准的有关规定执行。"《北京市地方标准管理办法》(京质监发〔2018〕87号)第 31 条第 6 项规定:"标准编写应当符合国家标准 GB/T 1.1《标准化工作导则第 1 部分:标准的结构和编写》(以下简称GB/T 1.1)的要求。"

国家标准《标准化工作导则第 1 部分：标准化文件的结构和起草原则》(GB/T 1.1—2020)，标准的内容由各种"要素"(内容的单元)构成。构成标准的"要素"分为"资料性要素"和"规范性要素"。"资料性要素"是"给出有助于文件的理解或使用的附加信息的要求"，不具有规范性，标准的使用者无须遵守。[①] 具有规范意义的是标准的"规范性要素"，"规范性要素"是"界定文件范围或设定条款的要素"，即规定标准的适用范围和具体技术要求的"要素"，是标准的使用者需遵守的内容。但是，遵守规范性要素是有条件的，与法律的无条件遵守有着本质的区别。《标准化工作导则第 1 部分：标准化文件的结构和起草原则》(GB/T 1.1—2020)第 3.3.2 条对构成"规范性要素"的"要求"的定义是"表达声明符合该文件需要满足的客观可证实的准则，并且不允许存在偏差的条款"。从标准的应用来看，这也就是说，如果某生产者"声明"其产品符合某项质量标准，那么他就要遵守该项标准，生产的产品必须符合该项标准。生产者"声明"符合标准是遵守标准的前提条件。法律被遵守并不以人们的声明为必要前提。这也说明了，标准本身无关人们的权利与义务。在标准的条款中，虽然也使用"可以""应""必须""不得"这些与法律相同的行为模式用语，但其与法律中的同一用语的意义却完全不同，标准条款中的"可以""应""必须""不得"并不表示法律上的权利或义务，只意味着从技术性层面上判断，按照标准的要求实施的行为具有技术上和科学上的合理性。[②] 例如，食品安全标准规定食品中微生物的限量、食品添加剂限量本身只涉及食品是否无毒无害，食品是否无毒无害是一个科学技术问题，而非法律上的权利义务问题。国家标准《标准化工作导则第 1 部分：标准化文件的结构和起草规则》(GB/T 1.1—2020)第 5.5.3 条还规定："(标准)文件中不应规定诸如索赔、担保、费用结算等合同要求，也不应规定诸如行政管理措施、法律责任、罚则等法律法规要求。"

(4)如果说标准在法律调整社会关系中具有规范效力，那么这种规范效力来自法律，而非来自标准，标准本身不具有法的规范效力，强制性标准也是如此。标准在法律调整社会关系、规范社会行为中具有规范效力，这是标准化带给我们的一般认知。例如，企业如果排污超标，环境保护部门就有权对企业进行处罚；产品如果不合格，消费者有权要求生产经营者退还甚至承担赔偿责任。但是，与法律的规范效力来自法律本身不同的是，标准的规范效力并非来自标准本身，而是来自法律，是法律赋予标准以强制性效力。[③] 即便是强制性标准，

---

①　王忠敏主编：《标准化基础知识实用教程》，中国标准出版社 2010 年版，第 71 页。

②　柳经纬：《标准的规范性与规范效力——基于标准著作权保护问题的视角》，载《法学》2014 年第 8 期。

③　郭济环：《我国技术法规概念刍议》，载《科技与法律》2010 年第 2 期。

也是如此。强制性标准之所以具有强制性,不是因为它有一个"强制性标准"的名分,而是因为法律的规定。这就是《标准化法》第 2 条第 3 款关于"强制性标准必须执行"的规定以及第 25 条关于"不符合强制性标准的产品、服务,不得生产、销售、进口或者提供"的规定。① 因此,法律的规定才是强制性标准的强制性效力的来源。而且,从规范效力层面上考察,不只是强制性标准具有规范效力,推荐性标准、团体标准、企业标准,当它们与法律发生联系时,也具有法的规范效力。例如团体标准、企业标准,依据《标准化法》第 27 条的规定,团体标准、企业标准实行自我声明公开制度,企业声明公开的标准对该企业就具有规范力,即"企业生产的产品和提供的服务应当符合企业自我声明公开的标准提出的技术要求,不符合企业自我声明公开标准提出的技术要求的,应依法承担相应的责任"②。

(5)需要特别指出的是,标准化理论认为,标准本质上是一种商品,是标准化机构生产的供社会采用的一种商品,具有价值和使用价值(有用性)。③ 在这一点上,标准与电器、食品等有体物类商品没有本质的区别。所不同的是,标准是一种规范性文件,其使用价值(有用性)表现在,它可以(能够)被用来规范人们的行为,以满足构建"最佳秩序"的需要。④ 正是由于这种有用性,标准既可以被生产经营者采用,也可以被公权力机关采用。前者用来作为生产经营的依据,满足生产经营的需要;后者用来解决所涉技术问题,满足管理社会、构建法律秩序的需要。在这一点上,标准与法律的不同在于,标准不属于公共产品,法律则属于公共产品。也正是由于标准不属于公共产品,才存在标准的版权(著

---

① 除《标准化法》外,其他法律也有关于强制性标准的规定,如《食品安全法》第 25 条:"食品安全标准是强制执行的标准。⋯⋯"《农产品质量安全法》第 11 条:"⋯⋯农产品质量安全标准是强制性的技术规范。⋯⋯"《核安全法》第 8 条:"⋯⋯核安全标准是强制执行的标准。⋯⋯"

② 甘藏春、田世宏主编:《中华人民共和国标准化法释义》,中国法制出版社 2017 年版,第 70～71 页。

③ 参见王忠敏主编:《标准化基础知识实用教程》,中国标准出版社 2010 年版,第 8～12 页。

④ "最佳秩序"是标准化的目的,制定和实施标准是为了"在既定范围内获得最佳秩序,促进共同效益"。参见国家标准《标准化工作指南第 1 部分:标准化和相关活动的通用术语》(GB/T 20000.1—2014)第 3.1 条(标准化 standardization)。

作权)保护问题。[①]

　　总之,标准与法律虽然都具有规范性,但二者性质不同,标准是不同于法律的规范系统。讲明这一点,十分重要。这不仅对正确认识标准具有重要的意义,而且对开展标准与法律之关系的研究也具有重要的理论价值。只有严格区分标准与法律,才能讲清楚标准与法律的关系,才能讲清楚标准对于法治具有何种意义。区分标准与法律是研究标准对法律的作用问题的逻辑起点,也是本书分析标准的私法效力问题的逻辑起点。

第三节　标准的类型

一、标准的分类

(一)文件标准、标准样品

　　依据《标准化法》第 2 条第 1 款规定,标准包括标准样品。据此,标准首先分为文件标准(又称"标准文件"[②])和标准样品。前者是指以文字、图表为信息载体的标准,后者是以实物为信息载体的标准,又称实物标准。标准样品的作用主要是作为质量鉴定、检验的对比依据,作为测量设备检验、校准的依据,作为测试数据准确性和精度的依据。[③] 标准样品是实施文字标准的重要技术基础。[④] 国家标准样品的代号是"GSB",如《信阳毛尖茶指纹图谱分级标准样品》

---

　　① 　关于标准的版权(著作权问题),目前尚无统一的立法。1991 年原国家技术监督局发布的《标准出版发行管理办法》(国家技术监督局令第 26 号)和 1997 年国家技术监督局和国家新闻出版署联合发布的《标准出版管理办法》(技监局证发〔1997〕118 号)对标准的"专有出版权"作了规定;2007 年国家标准化管理委员会发布的《ISO 和 IEC 标准出版物版权保护管理规定》(国标委外〔2007〕5 号)对 ISO/IEC 标准在我国境内的版权保护问题作了规定;2022 年国家市场监督管理总局发布的《国家标准管理办法》(国家市场监督管理总局令第 59 号)对国家标准的版权及采用国家标准的版权问题作了规定。该办法第 6 条第 1 款:"积极推动结合国情采用国际标准。以国际标准为基础起草国家标准的,应当符合有关国际组织的版权政策。"第 10 条:"国家标准及外文版依法受到版权保护,标准的批准发布主体享有标准的版权。"
　　② 　李春田主编:《标准化概论》,中国人民大学出版社 2014 年第 6 版,第 32 页。
　　③ 　李春田主编:《标准化概论》,中国人民大学出版社 2014 年第 6 版,第 32 页。
　　④ 　甘藏春、田世宏主编:《中华人民共和国标准化法释义》,中国法制出版社 2017 年版,第 27 页。

（GSB 16-3424—2017）、《钻石色级比色石和荧光强度对比样》（GSB 01-1336—2017）。我们通常说的标准主要是指文件标准，如国家标准《不锈钢压力锅》（GB 15066—2004）、农业行业标准《绿色食品豆制品》（NY/T 1052—2014）、浙江省地方标准《林木种子质量等级》（DB33/T 176—2016）、中国蜂产品协会团体标准《蜂蜜》（T/CBPA 0001—2015）等，均为文件标准。

文件标准通常以"标准"命名，如国家标准《轻轨交通设计标准》（GB/T 51263—2017）、国家标准《地表水环境质量标准》（GB 3838—2002），也有以"规范""规程""指南""规则"等命名的，形式丰富多样。例如，生态环境行业标准《废塑料污染控制技术规范》（HJ 364—2022）、国家标准《金属非金属矿山安全规程》（GB 16423—2020）、国家标准《升降工作平台安全规则》（GB 40160—2021）、国家标准《标准化工作指南第 1 部分：标准化和相关活动的通用术语》（GB/T 20000.1—2014）、国家标准《标准化工作导则第 1 部分：标准化文件的结构和起草原则》（GB/T 1.1—2020）等。

（二）国家标准、行业标准、地方标准、团体标准、企业标准、国际标准、区域标准、外国标准

这是根据标准的制定主体而进行的标准分类。其中，国家标准、行业标准、地方标准、团体标准、企业标准是我国的标准，它们构成了我国标准的体系（《标准化法》第 2 条第 2 款）。

国家标准的制定主体是国务院标准化行政主管部门和法律规定制定国家标准的国务院有关行政主管部门（生态环境部、国家卫生与健康委员会、住房和城乡建设部等），国家标准的代号是"GB"，如国家标准《不锈钢压力锅》（GB 15066—2004）。推荐性国家标准则加上"/T"，如国家标准《轻轨交通设计标准》（GB/T 51263—2017）。①

行业标准的制定主体是国务院有关行政主管部门。我国现有行业标准类别多达 67 个，包括农业、林业、商业、邮政、通信、安全生产、电力、公共安全、检验检疫、环境保护等，分别由 42 个国务院相关行政主管部门管理制定。② 行业标准均有标准代号，如农业行业标准的代号是"NY"，国内贸易行业标准的代号

---

① 《国家标准管理办法》（国家市场监督管理总局令第 59 号）第 32 条第 2 款："国家标准的代号由大写汉语拼音字母构成。强制性国家标准的代号为'GB'，推荐性国家标准的代号为'GB/T'，国家标准样品的代号为'GSB'。指导性技术文件的代号为'GB/Z'。"

② 甘藏春、田世宏主编：《中华人民共和国标准化法释义》，中国法制出版社 2017 年版，第 50 页。另据全国标准信息公共服务平台（https://std.samr.gov.cn/）提供的信息，行业标准之"行业"有 71 个。

是"SB",如为推荐性标准,则在代号后加"/T",如农业行业标准《绿色食品豆制品》(NY/T 1052—2014)。

地方标准的制定主体是省、自治区、直辖市人民政府标准化行政主管部门和设区的市级人民政府标准化行政主管部门,其代号为"DB"加上省、自治区、直辖市行政区划代码①前两位数字组成;设区的市地方标准代号由"DB"加上该市行政区划代码前四位数字组成。② 如浙江省地方标准的代号是"DB 33",杭州市地方标准的代号是"DB 3301"。推荐性地方标准加上"/T",如浙江省地方标准《建筑幕墙工程技术标准》(DB 33/T 1240—2021)。

团体标准的制定主体是学会、协会、商会、联合会、产业技术联盟等社会组织,团体标准的代号是"T"③,如中国电源学会制定的团体标准《超级不间断电源》(T/CPSS 1007—2019)、中国蜂产品协会制定的团体标准《蜂蜜》(T/CBPA 0001—2015)、浙江省产品与工程标准化协会制定的团体标准《陶瓷膜净水器》(T/ZS 0453—2023)。

企业标准由企业自行制定或与其他企业联合制定,企业标准的代号是"Q",如国家电网公司制定的企业标准《电动汽车非车载充电机通用要求》(Q/GDW 233—2009)、广州市高仕捷清洁用品有限公司制定的企业《清洁粉》(Q/GSJQJ 1—2018)、福建省碧诚工贸有限公司制定的企业标准《竹家具》(Q/FJBC 001—2015)。

上述标准中,国家标准、行业标准和地方标准是政府主导制定的标准,团体标准和企业标准是市场主体自主制定的标准。

从制定主体来看,标准的类型还应包括国际组织制定的国际标准(如国际标准化组织和国际电工委员会制定的 ISO/IEC 标准)、区域标准化机构制定的区域标准(如欧洲标准化委员会制定的 EN 标准)以及外国标准组织制定的外国标准(如德国标准化协会制定的 DIN 标准)。这些标准对我国法律也有意义。例如,《食品安全法》第 93 条规定:"进口尚无食品安全国家标准的食品,由境外出口商、境外生产企业或者其委托的进口商向国务院卫生行政部门提交所执行的相关国家(地区)标准或者国际标准。国务院卫生行政部门对相关标准进行

---

① 我国行政区划代码参见:国家标准《中华人民共和国行政区划代码》(GB/T 2260—2007)。

② 《地方标准管理办法》(国家市场监督管理总局令第 26 号)第 18 条第 2 款:"省级地方标准代号,由汉语拼音字母'DB'加上其行政区划代码前两位数字组成。市级地方标准代号,由汉语拼音字母'DB'加上其行政区划代码前四位数字组成。"

③ 《团体标准管理规定》(国标委联〔2019〕1 号)第 17 条第 1 款:"团体标准编号依次由团体标准代号、社会团体代号、团体标准顺序号和年代号组成。"

审查,认为符合食品安全要求的,决定暂予适用……"《进出口商品检验法》第 7 条规定:"列入目录的进出口商品……尚未制定国家技术规范的强制性要求的,应当依法及时制定,未制定之前,可以参照国家商检部门指定的国外有关标准进行检验。"

(三)强制性标准、推荐性标准

《标准化法》第 2 条第 2 款规定:"国家标准分为强制性标准、推荐性标准,行业标准、地方标准是推荐性标准。"这是对政府主导制定的标准的再次分类,其依据是标准是否具有法律赋予的强制实施效力。《标准化法》第 2 条第 3 款规定:"强制性标准必须执行。国家鼓励采用推荐性标准。"因此,强制性标准具有法律保障其强制实施的效力;推荐性标准虽由政府主导制定,但并无强制实施效力,政府只是"鼓励"企业采用推荐性标准,企业是否采用推荐性标准则依其自愿。团体标准和企业标准不存在强制性,也谈不上推荐性。

尽管《标准化法》只规定强制性国家标准这一种强制性标准,且明确行业标准和地方标准均为推荐性标准,但在我国现行法上,仍赋予一些地方标准以强制性效力。例如,《土壤污染防治法》第 12 条规定"土壤污染风险管控标准包括国家土壤污染风险管控标准和地方土壤污染风险管控标准,均属于强制性标准。"《食品安全法》第 29 条规定对地方特色食品,没有食品安全国家标准的,省、自治区、直辖市人民政府卫生行政部门可以制定并公布食品安全地方标准,依第 25 条关于"食品安全标准是强制执行的标准"的规定,食品安全地方标准也属于强制性标准。

除了法律规定标准的强制实施效力外,还存在另一种情形使标准具有强制实施的效力:推荐性标准以及其他类型的标准被法律引用。1990 年,原国家技术监督局以部门规章形式发布的《中华人民共和国标准化法条文解释》(国家技术监督局令第 12 号)[①]对"推荐性标准"的解释是:"推荐性标准一旦纳入指令性文件,将具有相应的行政约束力。"2017 年《标准化法》修订后,《中华人民共和国标准化法释义》一书也认为"推荐性标准被相关法律法规规章引用,则该推荐性标准具有相应的强制约束力,应当按法律法规规章的相关规定予以实施"。[②] 在《标准化法》修订前,一些行业主管部门制定的行业标准管理规章对此也有明确的规定。例如,《国土资源标准化管理办法》(国土资发〔2009〕136 号)第 32 条规

---

① 根据原国家质量监督检验检疫总局 2018 年 3 月 6 日发布的《关于废止和修改部分规章的决定》(国家质量监督检验检疫总局令第 196 号),该文现已失效。

② 甘藏春、田世宏主编:《中华人民共和国标准化法释义》,中国法制出版社 2017 年版,第 30 页。

定："行政法规要求强制执行的推荐性标准,自动变更为强制性标准。"《商务领域标准化管理办法(试行)》(商务部令 2012 年第 5 号)第 36 条规定:"法律、行政法规规定强制执行的推荐性标准,在该法律、行政法规效力范围内强制执行。"《气象标准化管理规定》(气发〔2013〕82 号)第 20 条规定:"推荐性气象标准被法律、法规或强制性气象标准引用的,也必须强制执行。"

上述两种情形与《标准化法》的规定显然存在抵触。因为,《标准化法》第 2 条第 2 款并没有给其他类型强制性标准留下制度的空间。

2000 年,原国家质量技术监督局发布《关于强制性标准实行条文强制的若干规定》,允许强制性标准采取"全文强制"和"条文强制"两种形式:标准的全部技术内容需要强制时,为全文强制形式;标准中部分技术内容需要强制时,为条文强制形式。依据这一规定,在我国政府主导制定的标准中,存在着一种既有强制性条文又有推荐性条文的"混合"标准。例如,国家标准《车用压缩天然气》(GB 18047—2017),只有第 4.1 条是强制性的,其余均是推荐性的;国家标准《车用乙醇汽油(E10)》(GB 18351—2017)共计 9 章,只有第 5 章是强制性的,其余章都是推荐性的。这两项均为强制性标准,但其内容只有小部分是强制性的,大部分内容都是推荐性的。这种强制性条文和推荐性条文"混合"的标准,给标准的实施带来困惑,在实践中人们无法对其推荐性条文作出自愿性的选择。2020 年 1 月 6 日,国家市场监督管理总局发布《强制性国家标准管理办法》,其第 19 条规定"强制性国家标准的技术要求应当全部强制"。这一规定将改变强制性标准中强制性条文和推荐性条文"混合"的状况。

二、不同类型标准适用的对象(标准化对象①)、实施效力与相互关系

我国现行标准体系由强制性国家标准、推荐性国家标准、行业标准、地方标准和团体标准、企业标准构成。按照《标准化法》的规定,各类标准在标准化对象、实施效力以及相互关系上存在较大的区别。

(1)在标准化对象上,强制性国家标准、推荐性国家标准、行业标准、地方标

---

① "标准化对象"是标准化的术语,是指"需要标准化的主题"。在宏观层面上,标准化对象是"现实问题或潜在问题";中观层面上,标准化对象聚焦到"产品、过程或服务";微观层面上,标准化对象细化到"原材料、零部件或元器件、制成品、系统、过程或服务"。参见国家标准《标准化工作导则第 1 部分:标准化文件的结构和起草原则》(GB/T 1.1—2020)第 3.2 条(标准化对象 subject of standardization);白殿一、王益谊等:《标准化基础》,清华大学出版社 2020 年版,第 2 页。

准之间存在领域的划分。《标准化法》规定,强制性国家标准的对象是"保障人身健康和生命财产安全、国家安全、生态环境安全以及满足经济社会管理基本需要的技术要求"(第 10 条第 1 款);推荐性国家标准的对象是"满足基础通用、与强制性国家标准配套、对各有关行业起引领作用等需要的技术要求"(第 11 条第 1 款);行业标准的对象是"没有推荐性国家标准、需要在全国某个行业范围内统一的技术要求"(第 12 条第 1 款);地方标准的对象是"满足地方自然条件、风俗习惯等特殊技术要求"(第 13 条第 1 款)。至于团体标准和企业标准,根据社会团体和企业的业务范围而定,并无法定的领域。[①] 但上述标准化领域的划分并不是绝对的。根据《标准化法》第 21 条规定,在同一标准化对象上,允许强制性标准、推荐性标准和团体标准、企业标准并存[②],但需满足一定的条件(见以下标准相互关系的分析)。

(2)在实施效力上,不同类型的标准存在着明显的差别。首先是强制性标准与推荐性标准的实施效力不同。根据《标准化法》第 2 条第 3 款规定,强制性标准是"必须执行"的标准,具有强制实施的效力;推荐性标准(推荐性国家标准、行业标准、地方标准)是"国家鼓励采用"的标准,是否采用则取决于企业的自愿,因而属于自愿实施的标准,并无强制实施的效力。团体标准和企业标准当然也无强制实施效力。这些非强制实施的标准只有被法律所引用时才具有强制实施效力。例如,《未成年人保护法》第 35 条规定:"生产、销售用于未成年人的食品、药品、玩具、用具和游乐设施等,应当符合国家标准或者行业标准,不得有害于未成年人的安全和健康……"本条中的"国家标准"包括推荐性国家标准,"行业标准"按照修订前《标准化法》的规定,也包括推荐性标准;按照修订后《标准化法》的规定,则属于推荐性标准。又如,北京市市场监督管理局制定的《2022 年北京市非机动车(电动自行车)产品质量监督抽查实施细则》关于电动自行车质量的"检验方法"和"判定依据"引用了北京市自行车电动车行业协会制定的团体标准《电动自行车用锂离子动力电池组技术规范》(T/BBIA 4—

---

① 《团体标准管理规定》第 8 条:"社会团体应当依据其章程规定的业务范围进行活动,规范开展团体标准化工作……",国标委联〔2019〕1 号,2019 年 1 月 9 日发布。

② 例如蜂蜜,国家标准有《食品安全标准蜂蜜》(GB 14963—2011),行业标准有农业部的《无公害食品蜂蜜》(NY 5134—2002)和中华全国供销合作总社的《蜂蜜》(GH/T 18796—2012),地方标准有广西的《无公害农产品生产蜂蜜》(DB 45/32.11—2000)和吉林的《天然成熟蜂蜜》(DB 22/T 991—2018)等,团体标准有中国蜂产品协会的《蜂蜜》(T/CBPA 0001—2015),企业标准有内蒙古康园蜂产品有限公司的《蜂蜜》(Q/GB 14963—2011)、安徽蜜之源食品集团有限公司的《蜂蜜标准》(Q/MZY 001—2018)等。

2022)。① 这些标准虽非强制性标准,但因被法律引用,基于法律的强制性而获得强制实施的效力。

(3)在相互关系上,不同类型的标准之间存在一定的制约关系。根据《标准化法》第 21 条第 1 款规定,强制性标准构成了对其他类型标准的制约,其他类型标准的技术要求"不得低于强制性国家标准的相关技术要求"。推荐性标准与团体标准、企业标准之间也存在一定的制约关系,虽然《标准化法》第 21 条第 2 款规定,国家"鼓励"制定高于推荐性标准相关技术要求的团体标准、企业标准,但这也意味着团体标准、企业标准的技术要求至少"不应"(或"不宜")低于推荐性标准。②

不同类型的标准由于其对象、实施效力的不同以及在相互关系中存在的制约关系,使得它们对私法的影响与作用也有区别。

第四节　标准的实施

一、标准实施的意义

标准的实施,又称标准的应用③、标准的实施应用④、标准的贯彻⑤、标准的贯彻执行⑥。标准化活动包括标准的制定与实施,但制定标准并非标准化的最终目的,标准的实施才是标准化的最终目的,制定标准"不过是为了达到目的而

---

① 参见北京市市场监督管理局网站,http://scjgj. beijing. gov. cn/zwxx/gs/202209/t20220906_2809469. html,2022 年 12 月 15 日访问。

② 《中华人民共和国标准化法释义》对本款的解释是:"推荐性标准是政府推荐的基本要求,企业和社会团体要在市场竞争中占据优势,提升自身和行业的市场竞争力,不能仅满足于推荐性标准的基本要求,而应积极制定高于推荐性标准的企业标准和团体标准。"见甘藏春、田世宏主编:《中华人民共和国标准化法释义》,中国法制出版社 2017 年版,第 62 页。

③ 国家标准《标准化工作指南第 1 部分:标准化和相关活动的通用术语》(GB/T 20000.1—2014)第 12 章(规范性文件的实施)"注"、第 12.2.1 条(直接应用 direct application of an standard)、第 12.2.2 条(间接应用 indirect application of an standard);白殿一、王益谊等:《标准化基础》,清华大学出版社 2020 年版,第 138 页。

④ 《国家标准化发展纲要》(国发〔2021〕30 号),载《国务院公报》2021 年第 30 号。

⑤ [印]魏尔曼:《标准化是一门学科》,科学技术文献出版社 1980 年版,第 199 页。

⑥ 须浩风主编:《当代中国的标准化》,中国社会科学出版社 1986 年版,第 390 页。

采取的手段"。① 标准化活动的目的是"获得最佳秩序,促进共同效益"。② 这一目的是通过制定标准和实施标准而实现的。其中,标准的制定仅仅是为实现标准化的目标提供了一种技术方案,要实现标准化的目的还需标准所提出的技术方案得到贯彻执行。如果只是制定标准而没有标准的实施,那么即便标准所提出的技术方案再好,标准化的目的也无法实现,这样的标准提出的技术方案也就没有任何意义和价值。因此,标准只有得到实施,才能实现标准化的目的,才具有现实的意义和制度价值。在这一点上,标准与法律一样,标准如果得不到有效实施,也会成为"一纸空文"。

二、标准实施的方式

标准实施的主体不限于企业等民事主体,也包括政府等公权力机关,实施的方式多种多样。根据《标准化法》第三章"标准的实施"的规定,在企业等民事主体层面上,标准的实施有执行强制性标准(第 25 条)、依据合同约定采用标准(第 26 条)、团体标准企业标准自我声明公开(第 27 条)等方式;在政府等公权力机关层面上,标准的实施则有强制性标准实施情况统计分析报告(第 29 条)、标准化试点示范和宣传(第 31 条)等方式。中共中央、国务院印发的《国家标准化发展纲要》提出"强化标准实施应用",所规定的内容是国家层面的事务,但其中包含着政府等公权力机关和企业等民事主体两个层面上的标准实施,在政府等公权力机关层面上,是"建立法规引用标准制度、政策实施配套标准制度,在法规和政策文件制定时积极应用标准","开展标准化试点示范工作,完善对标达标工作机制,推动企业提升执行标准能力"等;在企业等民事主体层面上,则是"认证认可、检验检测、政府采购、招投标等活动中应用先进标准","基于标准或标准条款订立、履行合同"。③

标准的实施具有法的意义。无论是政府等公权主体实施标准还是企业等私权主体实施标准,标准的实施都是与法律制度相联系的,或者说标准的实施是通过法的机制来实现的。在政府等公权主体层面上,标准的实施方式主要是法律引用标准,标准通过法律的引用获得法的强制实施效力;在企业等私权主体层面上,标准的实施方式是当事人自愿采用标准,依私法制度的安排获得法

---

① [英]桑德斯主编:《标准化的目的与原理》,中国科学技术情报研究所编辑,科学技术文献出版社 1974 年版,第 8 页。

② 国家标准《标准化工作指南第 1 部分:标准化和相关活动的通用术语》(GB/T 20000.1—2014)第 3.1 条(标准化 standardization)。

③ 中共中央、国务院:《国家标准化发展纲要》,载《国务院公报》2021 年第 30 号。

律保障其实施的效力。

(一)法律引用标准

法律引用标准是当今世界各国法治的普遍现象。在美国,截至 2012 年年底,美国联邦政府在技术法规中采用自愿性标准多达 9566 项。在日本,截至 2011 年 3 月,共有 192 部法律引用或采用了 JIS 标准,被引用的 JIS 标准多达 938 项。[①] 在我国,截至 2017 年 8 月,全国人大及其常委会通过的法律中,约有 40％的法律引用了标准。[②] 在法规(行政法规、地方性法规)、规章(部门规章、地方规章)以及具有普遍法律约束力的其他规范性文件中,引用标准也十分普遍。

从我国法律的情况来看,法律引用标准主要有以下三种情形:一是法律关于强制性标准的规定。《标准化法》第 2 条第 3 款规定"强制性标准必须执行",第 25 条规定:"不符合强制性标准的产品、服务,不得生产、销售、进口或者提供。"通过法律的规定,"强制性标准"被纳入法律之中,从而获得强制实施的效力。除《标准化法》外,《食品安全法》第 25 条第 1 款规定"食品安全标准是强制执行的标准",《土壤污染防治法》第 20 条第 3 款规定"土壤污染风险管控标准是强制性标准",《核安全法》第 8 条规定"核安全标准是强制执行的标准",也属于关于强制性标准的规定。二是未区分强制性标准与推荐性标准,将政府主导制定的标准引进法律。例如,《消防法》第 24 条规定:"消防产品必须符合国家标准;没有国家标准的,必须符合行业标准。禁止生产、销售或者使用不合格的消防产品以及国家明令淘汰的消防产品。"《产品质量法》第 13 条规定:"可能危及人体健康和人身、财产安全的工业产品,必须符合保障人体健康和人身、财产安全的国家标准、行业标准……禁止生产、销售不符合保障人体健康和人身、财产安全的标准和要求的工业产品。"上述条文中的"国家标准""行业标准"既包括强制性标准也包括推荐性标准。推荐性标准被法律引用,也具有强制实施的效力。三是法律引用的标准具体明确。例如,公安部等四部门 2007 年制定的《信息安全等级保护管理办法》第 12 条规定:"在信息系统建设过程中,运营、使用单位应当按照《计算机信息系统安全保护等级划分准则》(GB 17859—1999)、《信息系统安全等级保护基本要求》等技术标准,参照《信息安全技术信息系统通用安全技术要求》(GB/T 20271—2006)、《信息安全技术网络基础安全技术

---

① 刘春青等:《国外强制性标准与技术法规研究》,中国质检出版社、中国标准出版社 2013 年版,第 16,143 页。

② 柳经纬、许林波:《法律中的标准——以法律文本为分析对象》,载《比较法研究》2018 年第 2 期。

要求》(GB/T 20270—2006)、《信息安全技术操作系统安全技术要求》(GB/T 20272—2006)、《信息安全技术数据库管理系统安全技术要求》(GB/T 20273—2006)、《信息安全技术服务器技术要求》、《信息安全技术终端计算机系统安全等级技术要求》(GA/T 671—2006)等技术标准同步建设符合该等级要求的信息安全设施。"第 13 条规定:"运营、使用单位应当参照《信息安全技术信息系统安全管理要求》(GB/T 20269—2006)、《信息安全技术信息系统安全工程管理要求》(GB/T 20282—2006)、《信息系统安全等级保护基本要求》等管理规范,制定并落实符合本系统安全保护等级要求的安全管理制度。"与前述两种情形不同,上述条文引用的标准具体明确。

上述三种引用标准的情形造成了法律适用中援引标准的差异。在第三种情形下,适用法律时援引的标准具体明确,法律适用机关只需根据法律的规定援引标准即可;在前两种情形下,法律适用机关适用法律时还需根据案件事实的指引查明具体适用的标准。例如,涉案标的为消防头盔,依据《消防法》第 24 条规定,应按国家标准、行业标准的顺位引用标准。全国标准信息公共服务平台(http://std.samr.gov.cn)显示,目前尚无消防头盔的国家标准,只有消防行业标准《消防头盔》(XF 44—2015),因此涉案消防头盔的质量评判应适用消防行业标准《消防头盔》(XF 44—2015)。

法律引用标准,从标准化方面来看,是标准的实施问题,标准因被法律所引用而获得强制实施的效力;如果从法治方面来看,则是法律对标准化成果的利用问题,法律通过引进标准,解决所涉技术问题,实现法律对涉技术问题的社会关系的有效调整。

法律引用标准,还催生了一种特殊的法律规范——技术法规。技术法规是"规定技术要求的法规,它或者直接规定技术要求,或者通过引用标准、规范或规程提供技术要求,或者将标准、规范或规程纳入法规中"。① 在技术法规生成的三种方式中,第二种"通过引用标准、规范或规程提供技术要求"和第三种"将标准、规范或规程纳入法规中"均与标准有关,其技术要求来自标准。"通过引用标准、规范或规程提供技术要求"是指采用"引用"方式将标准引入法律,"将标准、规范或规程纳入法规中"则是指采用"抄录"的方式将标准的内容搬进法律。两者比较,采用"引用"的方式比"抄录"的方式更适合于法律的制定。多数情况下,法律均采用"引用"的方式,而不采取"抄录"的方式,法律引用标准是技术法规生成的主要方式。当标准被法律所引用时,形成技术法规特有的双层规

---

① 国家标准《标准化工作指南第 1 部分:标准化活动和相关活动的通用术语》(GB/T 20000.1—2014)第 5.7.1 条(技术法规,technical regulation)。

范结构。例如,《标准化法》第 25 条规定:"不符合强制性标准的产品、服务,不得生产、销售、进口或者提供。"这是一个技术法规(规范),其中强制性标准构成了第一层的规范,即技术规范,用以判定产品服务的质量是否合格;"不得生产、销售、进口或者提供"则是第二层次的规范,即法律规范,用以判定生产经营者的行为是否合法。在技术法规的规范结构中,第一层技术规范是基础,第二层法律规范必须建立在技术规范基础上,否则就无法发挥规范作用。根据《标准化法》第 25 条规定,只有认定生产经营者提供的产品不符合强制性标准,才能认定其生产销售的行为违法,否则就不能认定其行为违法。

(二)当事人自愿采用标准

标准化理论认为,标准本身是一种产品,一种技术性产品。[①] 标准的用户或使用者是否采用标准,完全取决于自愿,标准的提供者不得强制。因此,标准就其本质来说,是自愿性的而非强制性的。事实也是如此,标准的制定者不是立法机关,它们制定标准只是为社会提供产品或服务的技术规范,并无力量强制生产经营者采用其制定的标准,事实上也没有任何一个制定标准的组织拥有强制生产经营者采用其制定的标准的权力。自愿采用标准是市场经济条件下标准化活动的一项原则。

自愿采用标准基于当事人的意思,其形式多样。首先是当事人在所订立的合同中,就合同标的的质量要求达成合意,约定某项具体标准作为确定标的质量的依据。《国家标准化发展纲要》提出的"政府采购、招投标等活动中应用先进标准",属于合同约定标的质量标准的情形。其次是生产经营者在其生产经营的产品、服务的标识上载明所执行的具体标准。例如,在预包装食品的标签上载明食品执行标准号。最后是企业根据自我声明公开的要求,公开其产品、服务所执行的标准。[②] 上述三种方式采用标准,均可构成合同的质量条款,这种以标准为内容的合同条款,可称之为"标准条款"。[③]

合同的"标准条款"具有法律约束力,生产经营者应当按照"标准条款"约定的标准规定的技术要求提供产品或服务。产生这种效力的机制来自私法的意思自治原则和私法制度的安排。《民法典》第 509 条第 1 款规定:"当事人应当

---

① 参见王忠敏主编:《标准化基础知识实用教程》,中国标准出版社 2010 年版,第 9 页。

② 《标准化法》第 27 条第 1 款规定:"国家实行团体标准、企业标准自我声明公开和监督制度。企业应当公开其执行的强制性标准、推荐性标准、团体标准或者企业标准的编号和名称;企业执行自行制定的企业标准的,还应当公开产品、服务的功能指标和产品的性能指标。国家鼓励团体标准、企业标准通过标准信息公共服务平台向社会公开。"

③ 柳经纬:《合同中的标准问题》,载《法商研究》2018 年第 1 期。

按照约定全面履行自己的义务。"《标准化法》第 27 条第 2 款规定:"企业应当按照标准组织生产经营活动,其生产的产品、提供的服务应当符合企业公开标准的技术要求。"

在当事人关于合同标的质量条款的约定不明确时,《民法典》第 511 条第 1 项规定了标的质量标准的适用规则,即"质量要求不明确的,按照强制性国家标准履行;没有强制性国家标准的,按照推荐性国家标准履行;没有推荐性国家标准的,按照行业标准履行;没有国家标准、行业标准的,按照通常标准或者符合合同目的的特定标准履行"。本项规定中的"强制性国家标准""推荐性国家标准""行业标准",均为我国标准的类型。就法律规定而言,《民法典》第 511 条第 1 项也属于前述法律引用标准的情形,但与前述法律引用方式不同,《民法典》第 511 条第 1 项属于填补合同漏洞的条款,旨在弥补当事人意思表示的缺失。

当事人自愿采用标准,与法律引用标准同样具有标准化和法治的双重意义。从标准化的角度来看,当事人自愿采用标准,是标准实施的方式,也是最有效的标准实施方式。法律引用的标准还不算是标准的实际实施,只有生产经营者遵守法律的规定,按照法律所引标准的要求生产经营,才是标准的实际实施。而当事人自愿采用标准,则是实际上的实施标准。从法治的角度来看,当事人自愿采用标准,也是对标准化成果的利用,依据意思自治原则,当事人对标准化成果的利用受法律保护。

三、合格评定

(一)合格评定的概念

合格评定,又称"标准符合性评定",是指证明被评定对象符合标准、技术规范的活动。① 合格评定的依据是标准②,合格评定是评定机构依据标准对被评定对象进行评价的活动,它是标准实施的方式之一。

合格评定包括认证和认可,认证是指"由认证机构证明产品、服务、管理体系符合相关技术规范、相关技术规范的强制性要求或者标准的合格评定活动",认可是指"由认可机构对认证机构、检查机构、实验室以及从事评审、审核等认证活动人员的能力和执业资格,予以承认的合格评定活动"(《认证认可条例》第 2 条)。认可的对象是认证等机构及其从业人员,是对认证等机构及其人员的执

---

① 麦绿波:《标准学——标准的科学理论》,科学出版社 2019 年版,第 476 页。
② 刘宗德:《认可认证制度研究》,中国计量出版社 2009 年版,第 33 页。

业资格进行的评定。认证的对象是产品、服务等,是对进入市场的产品、服务等进行的评定。世界著名的合格评定有美国的"FDA"认证、"FCC"认证和"UL"认证,俄罗斯的"GOST-R"认证,德国的"DIN"认证,英国的"BSI"认证,加拿大的"CSA"认证,欧洲的"CE"认证,以及联合国食品法典委员会的"有机产品"认证等。我国的合格评定则有"CCC"认证、"绿色产品"认证、"节能产品"认证、"节水产品"认证、"环境标志产品"认证、"低碳产品"认证、"光伏产品"认证、"信息安全产品"认证、"食品农产品"认证、"农机产品"认证、"交通一卡通产品"认证等。

合格评定有强制性和自愿性之分。实行强制性认证的产品,未经认证,不得出厂、销售、进口以及在其他经营活动中使用。我国的"CCC"认证属于强制性认证。原国家质量监督检验检疫总局 2009 年发布的《强制性产品认证管理规定》(总局令第 117 号)第 2 条规定:"为保护国家安全、防止欺诈行为、保护人体健康或者安全、保护动植物生命或者健康、保护环境,国家规定的相关产品必须经过认证,并标注认证标志后,方可出厂、销售、进口或者在其他经营活动中使用。"不属于强制性认证的产品和服务,企业可以自愿向认证机构申请认证。我国的"绿色产品"认证、"节能产品"认证、"节水产品"认证、"环境标志产品"认证、"低碳产品"认证、"光伏产品"认证、"信息安全产品"认证、"食品农产品"认证、"农机产品"认证、"交通一卡通产品"认证等,均属于自愿性认证,是否申请认证,依当事人自愿。

(二)标准与合格评定的关系

标准是合格评定的依据。合格评定依据标准包括两个方面:一是合格评定中的标准符合性,是指申请认证的产品服务符合该产品标准或服务标准的要求,认证机构对申请认证的产品或服务作出标准符合性的结论,应当依据该产品标准或服务标准。例如,摩托车乘员头盔"CCC"认证,国家认证认可监督管理委员会 2017 年发布的《强制性产品认证实施规则摩托车乘员头盔》(CNCA-C11-15:2017)第 2 条规定,认证依据标准是"GB 811《摩托车乘员头盔》"。这是一项强制性国家标准,1998 年由原国家质量技术监督局发布,其最新版本是原国家质量监督检验检疫总局、国家标准化管理委员会 2010 年发布的国家标准《摩托车乘员头盔》(GB 811—2010)。根据第 2 条规定,认证机构对申请认证的摩托车乘员头盔进行检测,应执行最新版本。二是认证机构对申请认证的产品和服务进行认证,应当遵守认证的规则,认证规则也属于标准。再以摩托车乘员头盔"CCC"认证为例,认证机构应当遵守《强制性产品认证实施规则摩托车乘员头盔》(CNCA-C11-15:2017)规定的程序和规则进行认证,无论是对申请认证的摩托车乘员头盔进行"型式试验",还是获得认证后的抽样检查,都应当依据该规则的规定。

(三)认证证书和认证标志

认证证书,是指产品、服务、管理体系通过认证所获得的证明性文件,包括产品认证证书、服务认证证书和管理体系认证证书。认证标志,是指证明产品、服务、管理体系通过认证的专有符号、图案或者符号、图案以及文字的组合,包括产品认证标志、服务认证标志和管理体系认证标志。产品、服务、管理体系经认证,符合认证要求的,由认证机构出具认证证书。获得认证证书的,应当在认证范围内使用认证证书和认证标志。

使用认证标志最典型的是产品,认证标志可以用在产品及其包装、名牌、产品说明书或出厂合格证上,用于证明该产品符合相关的标准。使用认证标志的产品表明其经过了具备从业资质的认证机构的标准符合性认证,不仅可以向消费者或用户传递产品质量可靠的信息,也可以展示产品生产经营者的良好形象。[1] 对于实行强制性认证的产品来说,认证证书和认证标志还是其进入市场的"通行证"。尤其是在国际贸易中,合格评定与标准、技术法规构成了技术性贸易壁垒,一国产品要进入他国市场,获得进口国的产品认证或者进口国认可的产品认证是必不可少的条件。

认证标志的法律意义还体现在,产品、服务的认证标志具有民法上的瑕疵担保的意义。产品或服务上使用认证标志,构成生产经营者对消费者的瑕疵担保,生产经营者应确保所提供的使用认证标志的产品或服务符合认证所依据的标准。如果生产经营者提供的使用认证标志的产品或服务不符合认证所依据的标准规定的质量要求,应当承担质量瑕疵担保责任。

---

[1]　麦绿波:《标准学——标准的科学理论》,科学出版社 2019 年版,第 489～490 页。

第二章

标准的私法效力 ■

第一节　标准私法效力的概念

　　法是调整社会关系的规范。法对社会关系的调整是通过权利和义务（责任）的配置来实现的。[①] 法律规定了人们在社会关系中享有何种权利、承担何种义务（责任），使得人们明确什么是可为的、什么是不可为的，什么是当为的、什么是不当为的，从而达到规范社会行为、调整社会关系的目的。私法（民法）调整的是民事关系，即具有独立民事主体地位的自然人、法人、非法人组织之间平等的社会关系，包括人身关系和财产关系（《民法典》第 2 条）。私法以权利为本位、崇尚意思自治理念，依此本位和理念通过对具体民事关系中权利和义务的安排，以规范民事行为，达到调整民事关系的目的。

　　所谓标准的私法效力，是指标准对于私法调整民事关系、规范民事行为所产生的影响与作用。这种影响与作用直接表现为标准对权利、义务（责任）所起的作用。

　　例如，在买卖关系中，卖方负有按照合同约定的质量和数量向买方交付标的物的义务，买方则享有请求卖方交付符合合同约定的质量和数量要求的标的物的权利。这是私法所规定的买卖关系的权利与义务。在标的物的质量问题上，如果合同约定标的物应符合某项质量标准，那么该项标准就构成合同质量条款的内容，对买卖双方的权利和义务产生了直接的影响。卖方应当按照约定的质量标准的要求交付标的物予买方，买方有权请求卖方交付符合质量标准要求的标的物。如果卖方交付的标的物不符合质量标准的要求，则构成违约行

　　[①]　张文显：《法的概念》，法律出版社 2011 年版，第 19 页。

为,买方有权要求其承担违约责任。在买卖关系中,约定的标的物质量标准对买卖双方的权利和义务以及违约责任的承担所产生的这种影响与作用,就是标准的私法效力。

又如,《民法典》第 1202 条规定:"因产品存在缺陷造成他人损害的,生产者应当承担侵权责任。"本条规定生产者承担产品侵权责任的条件是"产品存在缺陷"。何为产品缺陷?《产品质量法》第 46 条规定:"本法所称缺陷,是指产品存在危及人身、他人财产安全的不合理的危险;产品有保障人体健康和人身、财产安全的国家标准、行业标准的,是指不符合该标准。"依此规定,"保障人体健康和人身、财产安全"的标准为判断产品缺陷提供了较之"不合理的危险"更为具体的依据。生产经营者负有提供的产品符合"保障人体健康和人身、财产安全的国家标准、行业标准"要求的义务,如果生产经营者提供的产品不符合"保障人体健康和人身、财产安全的国家标准、行业标准"的要求,应当依法承担产品侵权责任。在产品侵权责任制度中,"保障人体健康和人身、财产安全的国家标准、行业标准"对私法的影响与作用在于,它为判断产品是否存在质量缺陷提供了依据,直接影响着生产经营者是否承担产品侵权责任。标准对于产品侵权责任具有的这种影响与作用,也是标准私法效力的体现。

再如,《食品安全法》第 33 条规定:"食品生产经营应当符合食品安全标准。"第 148 条规定:"消费者因不符合食品安全标准的食品受到损害的,可以向经营者要求赔偿损失,也可以向生产者要求赔偿损失。接到消费者赔偿要求的生产经营者,应当实行首负责任制,先行赔付,不得推诿;属于生产者责任的,经营者赔偿后有权向生产者追偿;属于经营者责任的,生产者赔偿后有权向经营者追偿。""生产不符合食品安全标准的食品或者经营明知是不符合食品安全标准的食品,消费者除要求赔偿损失外,还可以向生产者或者经营者要求支付价款十倍或者损失三倍的赔偿金;增加赔偿的金额不足一千元的,为一千元。但是,食品的标签、说明书存在不影响食品安全且不会对消费者造成误导的瑕疵的除外。"根据上述规定,食品生产经营者负有生产经营的食品符合食品安全标准的法定义务,此项义务的内容是遵守食品安全标准。此项义务具有民事义务的属性,如果食品生产经营者生产经营的食品不符合食品安全标准,应当承担损害赔偿责任;如果生产经营者"生产不符合食品安全标准的食品或者经营明知是不符合食品安全标准的食品",还应当承担惩罚性赔偿责任。在食品生产经营者的义务与责任中,食品安全标准具有决定性的影响与作用。这就是食品安全标准的私法效力。

第二节　标准私法效力所及领域

　　私法包括民法和商法,私法的领域广泛,物权、合同、人格权、婚姻家庭、继承、侵权责任、公司、合伙(企业)、独资(企业)、票据、保险、信托、证券、期货、海商等,均可归属私法。标准的私法效力所及领域主要是物权法(相邻关系)、合同法、侵权责任法。

一、标准与物权法(相邻关系)

　　《民法典》"物权"编涉及标准的规定,主要体现在"相邻关系"章。传统民法关于不动产相邻人权利义务的界定和相邻关系的调整依据的是习惯和经验。《民法典》第 288 条规定:"不动产的相邻权利人应当按照有利生产、方便生活、团结互助、公平合理的原则,正确处理相邻关系。"第 289 条规定:"法律、法规对处理相邻关系有规定的,依照其规定;法律、法规没有规定的,可以按照当地习惯。"反映了传统民法处理相邻关系的基本原则。随着标准化事业的发展,标准为相邻人权利义务的界定和相邻关系的处理提供了更为具体的、可操作的、科学的依据。在《民法典》关于相邻关系的规定中,第 293 条规定的相邻通风采光日照关系,第 294 条规定的相邻环境关系,均强调依据标准来界定相邻人的权利义务。

　　《民法典》第 293 条规定:"建造建筑物,不得违反国家有关工程建设标准,妨碍相邻建筑物的通风、采光和日照。"我国关于建筑物通风、采光、日照的工程建设国家标准有:《建筑采光设计标准》(GB 50033—2013)、《建筑日照计算参数标准》(GB/T 50947—2014)、《城市居住区规划设计规范》(GB 50180—2018)等。其中,《城市居住区规划设计规范》(GB 50180—2018)第 4.0.9 条规定,住宅建设的间距应符合住宅建筑日照标准:(1)建筑气候区划为Ⅰ、Ⅱ、Ⅲ、Ⅶ气候区,城区常住人口数大于等于 50 万的,以大寒日为标准日,日照时间应大于等于 2 小时。(2)建筑气候区划为Ⅰ、Ⅱ、Ⅲ、Ⅶ气候区,城区常住人口数小于 50 万;建筑气候区划为Ⅳ气候区,城区常住人口数大于等于 50 万,以大寒日为标准日,日照时间应大于等于 3 小时。(3)建筑气候区划为Ⅳ气候区、城区常住人口数小于 50 万;建筑气候区划为Ⅴ、Ⅵ气候区,城区常住人口数无限定,以冬至日为标准日,日照时间应大于等于 1 小时。^① 除此之外,老年人居住住宅日照标准不应低于冬至日日照时数 2 小时;旧区改造项目内新建住宅建筑日照标准不应低于大寒日日照时数 1 小时。上述关于建筑物间隔的标准为确定日照相邻关系各方的权利义务提供了具体的依据。如果相邻人的建筑与他人建筑的间隔达到上述标准的要求,则不构成对他人建筑日照的影响,法律上也不构成对日照相邻关系中义务的违反。反之,则构成对他人建筑日照的影响,也构成对日照相邻关系中义务的违反。

《民法典》第 294 条规定:"不动产权利人不得违反国家规定弃置固体废物,排放大气污染物、水污染物、噪声、光、电磁波辐射等有害物质。"本条中的"国家规定"包括有关固体废弃物、污染物排放的法律法规和国家污染物排放标准。关于污染物排放的法律规定包括《固体废物污染环境防治法》《环境噪声污染防治法》《放射性污染防治法》《大气污染防治法》《水污染防治法》《畜禽规模养殖污染防治条例》《医疗废物管理条例》《废弃危险化学品污染环境防治办法》等;污染物排放的国家标准为数众多,如《恶臭污染物排放标准》(GB 14554-93)、《危险废物贮存污染控制标准》(GB 18597—2001)、《社会生活环境噪声排放标准》(GB 22337—2008)、《电磁环境控制限值》(GB 8702—2014)、《火电厂大气污染物排放标准》(GB 13223—2011)、《钢铁工业水污染物排放标准》(GB 13456—2012)、《生活垃圾填埋场污染控制标准》(GB 16889—2008)、《生活垃圾焚烧污染控制标准》(GB 18485—2014)、《合成树脂工业污染物排放标准》(GB 31752—2015)等。法律重在明确《民法典》第 294 条规定的"弃置固体废物""排放大气污染物、水污染物、噪声、光、电磁波辐射等有害物质"的相邻人的法定义务,标准则重在确定此种相邻关系中"弃置固体废物""排放大气污染物、水污染物、噪声、光、电磁波辐射等有害物质"应遵守的技术要求,为确定相邻人义务的具体内容提供了依据。例如,危险废物的贮存涉及相邻关系,《固体废物污染环境防治法》规定国务院环境保护部门负责会同有关部门编制危险废物集中处置设施场所建设规划,县级以上地方政府负责组织建设(第 54 条);产生危险废物的单位则必须按照规定处置危险废物,不得擅自倾倒、堆放危险废物(第 55 条)。关于危险废物包装、贮存设施的选址、设计、建设、安全防护、检测以及关闭等,则需依据国家标准《危险废物贮存污染控制标准》(GB 18597—2001)。如关于危险废物贮存设施的选址,该标准第 6.1 条规定"场界应位于居民区800 m以外,

---

① 建筑气候区划是反映我国建筑与气候关系的区域划分。根据气温、湿度、降水、积雪、太阳辐射、风、冻土、日照等气候要素对建筑的影响大小,国家标准《建筑气候区划标准》(GB 50178-93)将全国划分为 7 个一级区,20 个二级区。一级区以大写罗马数字Ⅰ、Ⅱ、Ⅲ……代表其区号。

地标水域150 m以外""应建在易燃、易爆等危险品仓库、高压输电线路防护区域以外""应位于居民中心区常年最大风频的下风向"等。这一规定使得危险废物贮存设施建设涉及的相邻关系的处理具备了可操作性,也具有科学性。

二、标准与合同法

《民法典》"合同"编涉及标准的规定分布在"通则"分编和"典型合同"分编。"通则"分编中,《民法典》第511条第1项规定了合同标的质量要求不明确时适用标准的规则。① "典型合同"分编中《买卖合同》②"供用电、水、气、热力合同"③"承揽合同"④"建设工程合同"⑤"运输合同"⑥"技术合同"⑦各章分别作出规定,将标准纳入合同之中。除《民法典》外,其他法律也有将标准纳入合同的内容的,如《公路法》第24条规定:"公路建设单位应当根据公路建设工程的特点和技术要求,选择具有相应资格的勘查设计单位、施工单位和工程监理单位,并依

① 《民法典》第511条第1项:"质量要求不明确的,按照强制性国家标准履行;没有强制性国家标准的,按照推荐性国家标准履行;没有推荐性国家标准的,按照行业标准履行;没有国家标准、行业标准的,按照通常标准或者符合合同目的的特定标准履行。"

② 《民法典》第596条:"买卖合同的内容一般包括标的物名称、数量、质量、价款,履行期限、履行地点和方式、包装方式、检验标准和方法、结算方式、合同使用的文字及其效力等条款。"第624条:"出卖人依照买受人的指示向第三人交付标的物,出卖人和买受人约定的检验标准与买受人和第三人约定的检验标准不一致的,以出卖人和买受人约定的检验标准为准。"

③ 《民法典》第651条:"供电人应当按照国家规定的供电质量标准和约定安全供电。供电人未按照国家规定的供电质量标准和约定安全供电,造成用电人损失的,应当承担赔偿责任。"

④ 《民法典》第771条:"承揽合同的内容一般包括承揽的标的、数量、质量、报酬、承揽方式、材料的提供、履行期限、验收标准和方法等条款。"

⑤ 《民法典》第799条:"建设工程竣工后,发包人应当根据施工图纸及说明书、国家颁发的施工验收规范和质量检验标准及时进行验收。验收合格的,发包人应当按照约定支付价款,并接收该建设工程。建设工程竣工经验收合格后,方可交付使用;未经验收或者验收不合格的,不得交付使用。"第806条第2款:"发包人提供的主要建筑材料、建筑构配件和设备不符合强制性标准或者不履行协助义务,致使承包人无法施工,且在催告的合理期限内仍未履行相应义务的,承包人可以解除合同。"

⑥ 《民法典》第821条:(客运合同)"承运人擅自降低服务标准的,应当根据旅客的请求退票或者减收票款;提高服务标准的,不得加收票款。"

⑦ 《民法典》第845条第2款:"与履行合同有关的技术背景资料、可行性论证和技术评价报告、项目任务书和计划书、技术标准、技术规范、原始设计和工艺文件,以及其他技术文档,按照当事人的约定可以作为合同的组成部分。"

照有关法律、法规、规章的规定和公路工程技术标准的要求,分别签订合同,明确双方的权利义务。"

实际上,将标准纳入合同,不限于《民法典》的上述规定。从具体合同类型来看,租赁、融资租赁、保管、仓储等典型合同,也需以标准作为标的的质量依据。除了《民法典》规定的典型合同外,非典型合同也会涉及标准。例如,旅游服务合同需涉及旅游服务标准,电信服务合同需涉及电信服务标准,医疗服务合同需涉及诊疗标准,司法鉴定服务合同需涉及司法鉴定标准,产品或服务的合格评定服务合同需依据产品或服务的质量标准。从合同法一般规范来看,也不只是《民法典》第 511 条关于合同漏洞的补充需要涉及标准,合同标的质量条款的约定更需要采用标准。

标准对合同的影响并不只在合同内容需要依据标准来确定,还表现在标准对合同效力的影响。《标准化法》第 25 条:"不符合强制性标准的产品、服务,不得生产、销售、进口或者提供。"除《标准化法》外,其他法律也有类似的规定。如《消防法》第 24 条规定:"消防产品必须符合国家标准;没有国家标准的,必须符合行业标准。禁止生产、销售或者使用不合格的消防产品以及国家明令淘汰的消防产品。依法实行强制性产品认证的消防产品,由具有法定资质的认证机构按照国家标准、行业标准的强制性要求认证合格后,方可生产、销售、使用。"《药品管理法》第 48 条规定:"禁止生产、销售假药。"假药之一就是"药品所含成份与国家药品标准规定的成份不符";第 49 条规定:"禁止生产、销售劣药。"所谓劣药,是指"药品成份的含量不符合国家药品标准"。违反法律禁止性规定,销售不符合标准的产品的合同,根据《民法典》第 153 条规定①,原则上应认定无效,消费者可以要求退货甚至赔偿损失。

现代社会,标准无处不在,交易无时不在,标准对合同的影响也必然是无处不在、无时不在。而且,标准对合同的影响是多方面的,从合同的订立到合同的效力以及合同的履行、违约行为的认定与责任的承担,都可以看到标准的影响。

三、标准与侵权责任法

《民法典》"侵权责任"编有关涉及标准的侵权责任的规定,集中在第四章到第八章,分别为"产品责任"、"机动车交通事故责任"、"医疗损害责任"、"环境污染和生态破坏责任"和"高度危险责任"(核事故责任、违反高度危险区域安全措

---

① 《民法典》第 153 条:"违反法律、行政法规的强制性规定的民事法律行为无效。但是,该强制性规定不导致该民事法律行为无效的除外。"

施和警示义务责任）。《民法典》除了第 1222 条关于医疗机构过错认定明确规定了标准（诊疗规范）①和第 1234 条、第 1235 条关于环境生态侵权的规定中"国家规定"依解释应包括国家环境标准②外，其余未直接在法律条文中援引标准，但是这些规定的实施，均离不开其对应领域特别法的规定，在特别法里，则有关于标准的规定，从中可以看到标准对这些类型侵权责任所具有的影响。以下以第四章和第五章为例加以说明。

第四章关于"产品责任"的规定中，核心的概念是产品缺陷。《民法典》第 1202 条规定："因产品存在缺陷造成他人损害的，生产者应当承担侵权责任。"该条规定源自《产品质量法》第 41 条。③ 关于什么是产品缺陷，如何认定产品存在缺陷，《民法典》未作规定，需要引用《产品责任法》。该法第 46 条规定："本法所称缺陷，是指产品存在危及人身、他人财产安全的不合理的危险；产品有保障人体健康和人身、财产安全的国家标准、行业标准的，是指不符合该标准。"本条前半段对什么是产品缺陷作了界定，后半段则为认定产品缺陷提供了具体的依据，即"保障人体健康和人身、财产安全的国家标准、行业标准"。这类标准众多，多属于强制性标准，食品安全标准、农产品质量安全标准、药品标准以及事关安全的工业产品质量标准均可作为认定产品缺陷的依据，即只要产品不符合标准，即可认定产品存在缺陷，生产经营者应依法承担侵权责任。

第五章（"机动车交通事故责任"）第 1208 条规定："机动车发生交通事故造成损害的，依照道路交通安全法和本法的有关规定承担赔偿责任。"在交通事故责任纠纷中，"交通事故认定书"是重要的证据。《道路交通安全法》第 73 条规定："公安机关交通管理部门应当根据交通事故现场勘验、检查、调查情况和有关的检验、鉴定结论，及时制作交通事故认定书，作为处理交通事故的证据。交通事故认定书应当载明交通事故的基本事实、成因和当事人的责任……"关于交通事故的成因，既可能是机动车驾驶人或受害人的过错行为，也可能是机动

① 《民法典》第 1222 条："患者在诊疗活动中受到损害，有下列情形之一的，推定医疗机构有过错：（一）违反法律、行政法规、规章以及其他有关诊疗规范的规定……"
② 《民法典》第 1232 条："侵权人故意违反国家规定污染环境、破坏生态造成严重后果的，被侵权人有权请求相应的惩罚性赔偿。"第 1234 条："违反国家规定造成生态环境损害，生态环境能够修复的，国家规定的机关或者法律规定的组织有权请求侵权人在合理期限内承担修复责任。侵权人在期限内未修复的，国家规定的机关或者法律规定的组织可以自行或者委托他人进行修复，所需费用由侵权人负担。"第 1235 条："违反国家规定造成生态环境损害的，国家规定的机关或者法律规定的组织有权请求侵权人赔偿下列损失和费用……"此三条中的"国家有关规定"的解释可参照前文关于《民法典》第 294 条的解释。
③ 《产品质量法》第 41 条："因产品存在缺陷造成人身、缺陷产品以外的其他财产损害的，生产者应当承担赔偿责任。"

车的缺陷、道路的缺陷以及道路维护的缺陷。其中,机动车的缺陷、道路的缺陷以及道路维护的缺陷均与标准有关联。最高人民法院2012年发布的《关于审理道路交通事故损害赔偿案件适用法律若干问题的解释》第9条至第12条分别对道路维护缺陷、道路缺陷、机动车缺陷的责任承担作了规定,表明了标准在认定责任中的作用。第9条第1款规定,因道路管理维护缺陷导致机动车发生交通事故的,道路管理者应承担相应责任的,但道路管理者能够证明已按照国家标准、行业标准或者地方标准尽到安全防护、警示等管理维护义务的,不承担责任。第10条规定,因在道路上堆放、倾倒、遗撒物品等妨碍通行的行为导致交通事故的,当事人请求行为人承担赔偿责任的,道路管理者不能证明已按照国家标准、行业标准或者地方标准尽到清理、防护、警示等义务的,应当承担相应责任。第11条规定,未按照国家标准、行业标准、地方标准的强制性规定设计、施工,致使道路存在缺陷并造成交通事故,建设单位与施工单位应承担相应责任。第12条规定,机动车存在产品缺陷导致交通事故,生产者或者销售者应依照《侵权责任法》第五章("产品责任")的规定承担赔偿责任。

标准对侵权责任的影响是多方面的,侵权责任的前提义务、侵权责任的构成(违法性或过错)以及侵权责任的具体承担,都会受到标准的影响。例如,前引《民法典》第1222条规定,医疗机构违反诊疗规范(标准)的,推定其有过错,这是标准对过错认定的影响。又如,《民法典》第1234条规定:"违反国家规定造成生态环境损害,生态环境能够修复的,国家规定的机关或者法律规定的组织有权请求侵权人在合理期限内承担修复责任。侵权人在期限内未修复的,国家规定的机关或者法律规定的组织可以自行或者委托他人进行修复,所需费用由侵权人负担。"使侵权人承担生态修复责任,有相关环境质量标准的,修复应达到环境质量标准的要求。例如,在广东省高级人民法院2018年审结的"张玉山、邝达尧与广州市人民检察院水污染责任纠纷环境民事公益诉讼案"[①]中,法院判决,张玉山、邝达尧应自判决发生法律效力之日起三个月内共同修复大石古水塘水质达到"地表水第Ⅴ类水标准";逾期未修复的,由人民法院选定具有专业资质的机构代为修复,修复费用由张玉山、邝达尧共同承担。此所谓"地表水第Ⅴ类水标准",是指原国家环境保护总局和国家质量监督检验检疫总局2002年发布的强制性国家标准《地表水环境质量标准》(GB 3838—2002)规定的第Ⅴ类水质标准。由此可见,标准对侵权责任的具体承担的影响。

需要指出的是,标准私法效力所及的领域,标准对环境污染侵权责任的影响与《民法典》第294条关于环境相邻关系的规定,形成了一定的呼应关系。不

---

① 广东省高级人民法院(2018)粤民终2466号民事判决书。

动产权利人违反《民法典》第 294 条规定,弃置固体废物或排放大气污染物等有害物质,既是对相邻不动产权利人权利的侵害,也属于污染环境的侵权行为,应依法承担环境侵权责任。

第三节　标准进入私法的路径

一、标准进入私法的基本路径

标准是外在于法的规范系统,并不能当然在私法调整社会关系、规范民事行为中发挥影响与作用。标准要对私法发挥影响与作用,必须进入私法领域。然而,标准并不可能一制定出来就当然地进入私法领域,也没有任何一项标准会规定其效力及于私法,对私法产生影响和作用。即便有标准如此规定,法律也不可能无条件接受。在标准化与法治的问题上,形成了供与需的关系。标准化一方生产标准,为社会提供一种解决问题的技术方案,其地位是"供方"。法治是"需方",依法治国需要采用标准这种技术方案,用以确定人们的权利义务,规范人们的行为。因此,只有作为"需方"的法治采用了标准,标准才能进入法律的领域。标准进入法律领域,不取决于供方的标准如何规定,而取决于需方的法律是否采用。只有在法律采用标准时,标准才能进入法的领域,对法调整社会关系、规范社会行为产生影响与作用。

标准进入私法的路径,主要有二:一是法律规定,二是当事人约定。这两条路径与第一章所述标准实施的两种基本方式形成了对应的关系,它们是一个事物的两个面。

(一)法律规定

法律规定是指立法机关在制定法律时将标准引入法律规范的一种立法活动,所体现的是国家的意志。当标准被法律引用时,标准也就进入了法律的系统,成为法律规范的内容,对法律调整社会关系、规范社会行为产生影响。

标准化作为现代化的科学管理手段,已经得到世界各国的普遍重视,各国在积极实施标准化战略、发展标准化事业的同时,也注重将标准引入法律,实现法治的目标。例如,美国国会于 1995 年通过《1995 年国家技术转让与推动法案》(NTTAA),该法案要求联邦政府管理和预算办公室制定实施 NTTAA 的计划,即《联邦参与制定和采用自愿一致性标准及合格评定活动》(OMB 通告

A-119)，要求联邦机构在政府采购或法规性文件中积极采用自愿性标准。美国政府在政府采购、制定法规中大量采用自愿一致性标准，即私有部门制定的标准，已成为"私有部门标准的最大用户"。① 在欧洲，欧盟理事会1985年批准了《技术协调和标准新方法决议》，根据该决议制定的"新方法指令"（指令是欧盟法律的一种形式）提出技术要求，并委托欧洲标准化组织制定满足这些技术要求的标准。欧洲标准化组织制定的标准构成指令的内容，符合标准即被认为（推定为）符合指令的要求。在国际贸易领域，世界贸易组织（WTO）制定的《技术性贸易壁垒协定》（TBT协定）要求，世界贸易组织成员"制定技术法规，而有关国际标准已经存在或即将拟就，则各成员应使用这些国际标准或其中的相关部分作为其技术法规的基础，除非这些国际标准或其中的相关部分对达到其追求的合法目标无效或不适当"（第2条第4款）。国际标准化组织（ISO与IEC）更是以积极主动的态度推动其成员国家或地区在制定技术法规时引用ISO与ICE标准，专门制定了《在技术法规中使用和引用ISO和ICE标准》，为其成员国家或地区法律引用ISO与IEC标准提供指导。在我国，虽然法律引用标准尚未制度化，国家至今未制定相应的法律来规范法律引用标准，但法律引用标准已成为立法的常态，并形成了赋予强制性标准以强制实施效力、引用政府主导制定的标准以及引用具体标准三种基本方式。

需要指出的是，在我国，引用标准的法律既有私法（参见本章第二节"标准私法效力所涉领域"），也有公法。公法关于引用标准的规定，多属于政府在管理社会事务层面上对生产经营者课以的遵行标准的法定义务。然而，它们关于引用标准的规定，也可以对平等主体之间的法律关系产生影响，具有私法上的效力。

例如，《食品安全法》第33条规定"食品生产经营应当符合食品安全标准"，这是一项法定义务，对食品生产经营者课以此项义务的目的是加强对食品生产经营的监督管理，保障食品安全。此项义务具有公法属性，它是食品安全监管部门对食品生产经营进行监督管理的法律依据，它所规定的食品安全标准是食品安全监管部门对食品生产经营进行监管执法的手段，如果生产经营的食品不符合食品安全国家标准的要求，食品安全监管部门有权依据法律规定对食品生

---

① 参见刘春青等：《美国英国德国日本和俄罗斯标准化概论》，中国质检出版社、中国标准出版社2012年版，第1页。

产经营者采取没收财物、罚款、吊销许可证等处罚措施。① 但此项义务也是食品生产经营者对消费者所负的义务,具有私法属性,如果食品生产经营者提供的食品不符合食品安全标准,消费者有权依据《民法典》《消费者权益保护法》《食品安全法》的规定,要求食品生产经营者承担违约责任或侵权责任。依据《食品安全法》第 148 条的规定,消费者因不符合食品安全标准的食品受到损害的,"可以向经营者要求赔偿损失,也可以向生产者要求赔偿损失";除了"食品的标签、说明书存在不影响食品安全且不会对消费者造成误导的瑕疵"以外,"生产不符合食品安全标准的食品或者经营明知是不符合食品安全标准的食品,消费者除要求赔偿损失外,还可以向生产者或者经营者要求支付价款十倍或者损失三倍的赔偿金;增加赔偿的金额不足一千元的,为一千元"。

又如,《环境噪声污染防治法》第 43 条第 2 款规定:"经营中的文化娱乐场所,其经营管理者必须采取有效措施,使其边界噪声不超过国家规定的环境噪声排放标准。"第 44 条第 2 款规定:"在商业经营活动中使用空调器、冷却塔等可能产生环境噪声污染的设备、设施的,其经营管理者应当采取措施,使其边界噪声不超过国家规定的环境噪声排放标准。"该两款具有公法属性,它们是法律对经营管理者设定的法定义务,是生态环境管理部门进行噪声环境执法的依据,所引环境噪声排放标准是生态环境管理部门进行噪声环境执法的手段,如果经营场所或有关设备排放的噪声超过环境噪声排放标准,生态环境管理部门有权采取责令改正或罚款等处罚措施。对此,《环境噪声污染防治法》第 59 条明确规定:"违反本法第四十三条第二款、第四十四条第二款的规定,造成环境

---

① 《食品安全法》第 123 条:"违反本法规定,有下列情形之一,尚不构成犯罪的,由县级以上人民政府食品安全监督管理部门没收违法所得和违法生产经营的食品,并可以没收用于违法生产经营的工具、设备、原料等物品;违法生产经营的食品货值金额不足一万元的,并处十万元以上十五万元以下罚款;货值金额一万元以上的,并处货值金额十五倍以上三十倍以下罚款;情节严重的,吊销许可证,并可以由公安机关对其直接负责的主管人员和其他直接责任人员处五日以上十五日以下拘留……"第 124 条:"违反本法规定,有下列情形之一,尚不构成犯罪的,由县级以上人民政府食品安全监督管理部门没收违法所得和违法生产经营的食品、食品添加剂,并可以没收用于违法生产经营的工具、设备、原料等物品;违法生产经营的食品、食品添加剂货值金额不足一万元的,并处五万元以上十万元以下罚款;货值金额一万元以上的,并处货值金额十倍以上二十倍以下罚款;情节严重的,吊销许可证……"第 125 条:"违反本法规定,有下列情形之一的,由县级以上人民政府食品安全监督管理部门没收违法所得和违法生产经营的食品、食品添加剂,并可以没收用于违法生产经营的工具、设备、原料等物品;违法生产经营的食品、食品添加剂货值金额不足一万元的,并处五千元以上五万元以下罚款;货值金额一万元以上的,并处货值金额五倍以上十倍以下罚款;情节严重的,责令停产停业,直至吊销许可证……"

噪声污染的,由县级以上地方人民政府生态环境主管部门责令改正,可以并处罚款。"经营管理者的此项义务也具有私法义务的属性,它意味着经营管理的场所或设备排放的噪声不应危害到受其影响的单位或个人,如果给受影响的单位或个人造成损害,则应依法承担民事责任。《环境噪声污染防治法》第 61 条对此规定:"受到环境噪声污染危害的单位和个人,有权要求加害人排除危害;造成损失的,依法赔偿损失。"

(二)当事人约定

私法贯彻意思自治原则,当事人可以依其意志自主形成私法上的权利义务关系。在私法领域,最能体现意思自治的是合同,合同是当事人之间的协议(《民法典》第 464 条),当事人可以自主约定合同的内容。

标准与合同的连接点是合同标的。无论是产品还是服务,合同标的都需要通过数量和质量加以确定。标准可以作为确定合同标的的质量的依据而被当事人所采用,通过约定进入合同,对确定合同当事人双方的权利义务产生影响与作用。

例如,甲、乙订立蜂蜜买卖合同,约定蜂蜜的质量应符合中国蜂产品协会制定的团体标准《蜂蜜》(T/CBPA 0001—2015)的要求。该蜂蜜标准即可构成甲、乙之间蜂蜜买卖合同的质量条款。依据约定,甲负有交付品质符合约定的团体标准《蜂蜜》(T/CBPA 0001—2015)要求的蜂蜜的义务,而乙则享有请求甲交付品质符合该标准要求的蜂蜜的权利,甲乙双方关于交付蜂蜜的权利和义务依据团体标准《蜂蜜》(T/CBPA 0001—2015)而定,甲交付的蜂蜜是否符合合同要求,是否构成违约,也均需依据合同约定的团体标准《蜂蜜》(T/CBPA 0001—2015)而定。

合同约定是标准通过当事人约定的路径进入私法领域最为主要的方式。生产经营者在其提供产品或服务的标签、说明书以及商业广告中载明产品或服务的质量标准,也属于标准通过当事人约定的路径进入私法领域的方式。① 此外,企业公开声明执行的标准,也属于当事人约定的一种方式。《标准化法》第 27 条规定,国家实行企业标准自我声明公开制度,要求"企业应当公开其执行的强制性标准、推荐性标准、团体标准或者企业标准的编号和名称;企业执行自行制定的企业标准的,还应当公开产品、服务的功能指标和产品的性能指标"。企业公开声明其生产经营所执行的标准,对企业具有法律约束力,企业应当按照声明公开的标准组织生产经营活动,其生产的产品、提供的服务应当符合企业

---

① 柳经纬:《合同中的标准问题》,载《法商研究》2018 年第 1 期。

公开标准的技术要求。

在标准与合同的关系上，依意思自治原则，合同当事人完全可以不理会标准化机构制定的标准而自行约定合同标的的质量，即便是存在强制性标准的情形下，当事人也可以自行约定合同标的的质量，只要其技术要求不低于强制性标准即可。然而，在现实社会里，这种情况除了土地交易、艺术品交易等特殊交易外，在大多数产品和服务的交易中，几乎没有可能性。一是随着科学技术的发展，产品和服务的技术日趋复杂，非一般交易当事人所能了解，当事人自行约定产品或服务的质量，几无可能；二是交易日趋频繁，绝大多数交易采取"一手交钱、一手交货"的便捷方式（最典型的是消费购物，无论是线上还是线下），交易双方即便有能力自行约定产品或服务的质量，但对每一项交易都约定产品或服务的质量，费时费力，极不经济，绝非理性人的选择。现实的情况是，随着标准化事业的发展，标准无处不在，交易与标准之间已经形成了很强的依赖关系，离开了标准，绝大多数交易将无法顺利进行。大到工程建设、设备制造，小到柴米油盐，无不如此。

交易与标准之间形成的依赖关系，使得标准通过当事人约定的路径进入私法，不仅在理论上是可能的，而且在现实中也是必要的。

二、不同类型标准进入私法的路径[①]

在我国标准体系中，强制性标准、推荐性标准和团体标准、企业标准在实施效力上存在着区别，其进入私法领域的路径也有所不同。由于路径不同，因而其进入的私法领域也有所区别。

(一)强制性标准进入私法的路径

强制性标准包括强制性国家标准和特定领域的强制性地方标准。强制性标准可以通过法律规定的路径进入私法领域，也可以通过当事人的约定进入私法领域。

根据我国现行法的规定，关于强制性标准的法律规定的表述方式包括：(1)法条中直接使用"强制性标准"，如《标准化法》第 2 条第 3 款关于"强制性标准必须执行"以及其他法律（如《食品安全法》《土壤污染防治法》等）关于标准强制性的规定。依据这些规定，强制性标准均可依据法律规定进入私法领域，在私

---

① 　本部分主要内容已发表于柳经纬：《标准的类型划分及其私法效力》，载《现代法学》2020 年第 2 期。

法调整社会关系、规范社会行为中发挥作用。(2)法条中未使用"强制性标准"而使用"强制性要求",该"强制性要求"应为强制性标准。例如,《循环经济法》第19条规定:"从事工艺、设备、产品及包装物设计,应当按照减少资源消耗和废物产生的要求,优先选择采用易回收、易拆解、易降解、无毒无害或者低毒低害的材料和设计方案,并应当符合有关国家标准的强制性要求。"本条中的"强制性要求"应为强制性标准。(3)法条未使用"强制性标准"也未采用"强制性要求"但所规定的标准包含强制性标准。例如,《民法典》第293条规定:"建造建筑物,不得违反国家有关工程建设标准,妨碍相邻建筑物的通风、采光和日照。"我国关于建筑物通风、采光、日照的工程建设国家标准主要有:《建筑采光设计标准》(GB 50033—2013)、《建筑日照计算参数标准》(GB/T 50947—2014)、《城市居住区规划设计规范》(GB 50180—2018),其中《建筑采光设计标准》(GB 50033—2013)和《城市居住区规划设计规范》(GB 50180—2018)为强制性国家标准。

虽然强制性标准依据法律的规定即可直接进入私法领域,即便当事人没有约定也不影响其私法效力,但采用约定的方式,可以使得所适用的强制性标准更具有确定性,从而避免事后关于标准适用的不必要争议。在实践中,也是多由当事人在合同中约定所采用的强制性标准,或者在产品的标签、说明书中载明所执行的强制性标准。

由于强制性标准既可以通过当事人约定的路径又可以通过法律规定的路径进入私法领域,因此其所适用的私法领域不受限制,既可以是以当事人的意思表示为基础的私法领域,即合同法领域,也可以进入不以意思表示为基础的私法领域,即侵权法领域、物权法(相邻关系)领域。

(二)推荐性标准进入私法的路径

按照《标准化法》的规定,推荐性标准包括推荐性国家标准、行业标准和地方标准。推荐性标准不具有法律强制实施的效力。所谓"推荐性",是指国家鼓励企业"自愿"采用的标准。对于企业来说,是否采用则取决于"自愿"。1988年《标准化法》第14条的表述是"推荐性标准,国家鼓励企业自愿采用"。2017年修订后的《标准化法》第2条第3款的表述变更为"国家鼓励采用推荐性标准",虽然少了"自愿"一词,但意思是相同的。[①]

既然是鼓励企业"自愿"采用,因此推荐性标准进入私法的路径主要是当事

---

① 参见甘藏春、田世宏主编:《中华人民共和国标准化法释义》,中国法制出版社2017年版,第30页。

人的约定。这也决定了推荐性标准进入的私法领域是以意思表示为基础的合同领域，在非以意思表示为基础的私法领域，原则上不能适用推荐性标准。这一点与强制性标准不同。后者依法具有强制性效力，无论民事关系是基于意思表示还是基于其他事实而发生，均可适用强制性标准。推荐性标准在意思表示基础的民事关系中，由于缺乏当事人约定的路径，因此不得作为确定当事人权利义务的依据。例如，在山东省烟台市中级人民法院审结的"张×忠与张×受排除妨害纠纷案"①中，张×忠以张×受建的蔬菜大棚高度违背了山东省地方标准《山东Ⅰ、Ⅱ、Ⅲ、Ⅳ、Ⅴ日光温室（冬暖大棚）建造技术规范》（DB37/T 391—2004）、对其生产经营采光构成妨碍为由，请求判令被告排除妨碍。二审法院认为，山东省地方标准《山东Ⅰ、Ⅱ、Ⅲ、Ⅳ、Ⅴ日光温室（冬暖大棚）建造技术规范》（DB37/T 391—2004）不是强制性标准，而是推荐性标准，因而驳回了张×忠的诉讼请求。本案是相邻关系纠纷，相邻关系属于不以意思表示为基础的民事关系，法院认为推荐性标准不适用于相邻关系，无疑是正确的。

在以意思表示为基础的私法领域，如果当事人没有约定采用推荐性标准，那么推荐性标准原则上也不可作为确定合同双方权利义务的依据。例如，在湖南省长沙市中级人民法院 2010 年再审的"某房地产开发有限公司与某门窗有限公司建设工程施工合同纠纷案"②中，房地产公司与门窗有限公司签订《铝合金窗工程承包合同》，门窗有限公司交付工程后，房地产公司将已经装修的房屋出卖。购房者发现房屋窗户存在密封不严等问题，经鉴定，铝合金窗所使用的铝材不符合国家标准《铝合金窗》（GB/T 8479—2003）。房地产公司因此提起诉讼，要求门窗有限公司承担赔偿责任。一审、二审均以鉴定结论不能作为本案质量损害的赔偿依据为由驳回房地产公司的诉讼请求。在本案再审中，长沙市中级人民法院维持了原一、二审的判决。长沙市中级人民法院认为，《铝合金窗》（GB/T 8479—2003）是推荐性国家标准，推荐性标准"只有在双方接受并采用，或经过商定同意纳入合同中，才成为各方必须共同遵守的技术依据，具有法律上的约束性"。

推荐性标准进入私法的路径除了当事人约定（自愿采用）外，还有法律的规定。根据我国法律的规定，大致有以下两种情形：一是依据《民法典》第 511 条第 1 项，如果合同对标的的质量要求不明确，且无强制性标准可适用时，可以援引推荐性标准作为确定合同标的质量的依据，适用的顺序依次为推荐性国家标准、行业标准。这种情形下，援引推荐性标准，旨在填补合同的漏洞，是对当事

---

① 山东省烟台市中级人民法院(2015)烟民四终字第 143 号民事判决书。
② 湖南省长沙市中级人民法院(2010)长中民再终字第 0121 号民事判决书。

人意思自治的补充,因此其适用领域仍是有意思表示基础的民事关系。二是推荐性标准被法律所引用,被引用的推荐性标准因而具有强制实施效力。此时,推荐性标准即转化为强制性标准。在法律规定的表述形式上,法律并非明确规定"推荐性标准",而是所规定的标准依解释包含着推荐性标准。例如,《消防法》第 24 条规定:"消防产品必须符合国家标准;没有国家标准的,必须符合行业标准。"按照《标准化法》第 2 条第 2 款规定,国家标准包括强制性国家标准和推荐性国家标准,行业标准属于推荐性标准。因此,依解释,《消防法》第 9 条规定的国家标准、行业标准包括推荐性标准。因此,消防产品的推荐性标准(推荐性国家标准和行业标准)也具有强制性效力。在因消防产品缺陷引起的纠纷中,推荐性标准也可以适用于无意思表示的民事关系。又如,《民法典》第 293 条规定:"建造建筑物,不得违反国家有关工程建设标准,妨碍相邻建筑物的通风、采光和日照。"依解释,关于建筑物通风、采光、日照的工程建设国家标准包括推荐性国家标准《建筑日照计算参数标准》(GB/T 50947—2014),该标准可以适用于无意思表示基础的相邻关系。

(三)团体标准、企业标准进入私法的路径

团体标准、企业标准都是市场主体制定的标准,既非强制性也非推荐性,它们进入私法领域的路径与推荐性标准较为类似。它们可以通过当事人的约定而进入私法领域,前提是其技术要求"不得低于"强制性标准(《标准化法》第 21 条第 1 款);也可以在合同"质量要求不明确"时,依据《民法典》第 511 条第 1 项规定进入私法领域,但它们只能作为"通常标准或者符合合同目的的特定标准"而被采用作为合同履行的依据,仅限于没有国家标准、行业标准的场合。它依据《民法典》第 511 条第 1 项规定被采用,只是为了弥补合同约定和国家标准、行业标准缺失的不足。

近年来,随着团体标准的发展,也出现了行政规范性文件引用团体标准的情形。例如,2020 年 4 月广东省市场监督管理局发布的行政规范性文件——《广东省非医用口罩产品质量监督抽查实施细则》(2020 年第 63 号)规定了非医用口罩产品质量监督抽查适用的标准,其中包括 6 项团体标准,分别为:《产品质量监督抽查抽样检验技术服务规范》(T/GDAQI 020—2020)、《一次性使用儿童口罩》(T/GDMDMA 0005—2020)、《日常防护口罩》(T/GDBX 025—2020)、《普通防护口罩》(T/CTCA 7—2019)、《PM 2.5 防护口罩》(T/CTCA

1—2019）和《民用卫生口罩》（T/CNTAC 55—2020、T/CNITA 09104—2020）。[①] 团体标准被法律引用时，也具有强制实施的效力，对私法关系产生影响。例如，消费者所购买的非医用口罩不符合团体标准，可以要求退货或请求赔偿损失。

企业标准是为满足企业自己的生产经营需要而制定的标准，因此通常不会被法规引用作为具有普遍效力的规范，但法律可以引用企业标准来约束制定企业标准的企业。例如，《食品安全法实施条例》第 74 条规定："食品生产经营者生产经营的食品不符合食品所标注的企业标准规定的食品安全指标的，由县级以上人民政府食品安全监督管理部门给予警告、责令停止经营该食品、责令食品生产企业改正、罚款等行政处罚。"但是，法律引用企业标准来约束制定企业标准的企业，仍是基于企业其产品执行企业标准的声明，仍属当事人约定的范畴。

企业标准、团体标准进入私法领域的路径的特殊性表明，它们通常只适用于以意思表示为基础的私法领域，而不适用于无意思表示基础的私法领域。就前者而言，在有意思表示基础的私法领域，企业标准、团体标准可以成为债务人履行合同义务的依据，可以成为对履约行为进行法律评价的事实依据，即：如果债务人的履约行为符合企业标准或团体标准的要求，依法不构成违约行为；如果债务人的履约行为不符合（违反）企业标准或团体标准，则依法构成违约行为。就后者而言，企业标准、团体标准不适用于对侵权法中行为违法性的认定，既不能以企业标准或团体标准为依据认定符合标准的行为就合法，也不能以企业标准或团体标准为依据认为不符合（违反）标准的行为就不合法。

第四节　标准私法效力的表现

标准的私法效力是标准对私法调整社会关系、规范社会行为产生影响与作用，具体表现在民事法律关系中权利义务的确定、民事行为的指引、评价以及民事责任的承担等方面。

一、民事权利义务的确定

在标准私法效力所涉及的法律领域里，民事权利义务可分为两个基本类

---

① 《广东省非医用口罩产品质量监督抽查实施细则》（2020 年第 63 号），载质检天下网，https://www.shingvip.com/news/show-6104.html，2022 年 12 月 17 日访问。

型：一是约定的权利义务，二是法定的权利义务。合同关系的权利义务是约定的权利义务；相邻关系的权利义务、侵权责任的前提义务是法定的义务。标准对其所涉私法领域民事权利义务的影响与作用表现在，标准的技术要求为民事权利义务的确定提供了具体的依据，使得相关领域的权利义务的内容具有确定性。

在相邻关系领域，以《民法典》第293条为例。该条规定："建造建筑物，不得违反国家有关工程建设标准，妨碍相邻建筑物的通风、采光和日照。""不得"妨碍相邻建筑物的通风、采光和日照，这是第293条规定的建筑物建造者的义务，具有法定性。然而，此项义务不易确定。例如日照，如果要求整个白天均不会受到"妨碍"，显然不符合城市人居密集的生活现实，因此人们必须放弃整个白天日照不受妨碍的奢求。那么，建筑物之间保持什么样的间距，才能既考虑到人居密集的城市生活现实，又能照顾到相邻人生活所需的日照时间？标准在这里就起了作用。国家标准《城市居住区规划设计规范》（GB 50180—2018）根据我国的地理位置划分建筑气候区，并根据城市规模（常住人口）、按不同气候区以大寒日或冬至日为标准日确定所需日照时间（按小时计算），计算出建筑物的间距，为规范相邻日照关系提供了科学的依据。第293条关于相邻日照关系权利义务的规定，引进了标准，将遵守标准作为此项权利义务的内容，这就使得日照相邻关系的权利与义务的确定有了确定性。

在合同法领域，当事人可以约定合同标的的质量标准，标准进入合同而成为合同条款（"标准条款"①）。合同条款是合同权利义务的载体，当事人的合同权利义务依据合同条款而定，交付的标的符合约定的标准是债务人一方的义务。因而，当合同约定了标的的质量标准时，标准对于合同权利义务的确定就具有了意义。例如，在电动轮椅车买卖合同中，如果合同约定的质量标准是国家标准《电动轮椅车》（GB 12996—2012）（通常是厂家在其产品的说明书中载明执行标准），那么该标准有关电动轮椅车的表面要求、装配要求、外形尺寸、性能要求、强度要求、动力和控制系统等技术即可进入合同，成为合同质量条款的内容，卖方交付的电动轮椅车应符合该标准的技术要求，标准使电动轮椅车卖方的义务得以确定。

依据责任与义务区分的理论，侵权责任是行为人违反法定义务应承担的不利后果，法定义务则是侵权责任发生的前提。② 从义务的来源看，法定义务可分为两种情形：一是源自法的一般观念，依据权利的不可侵犯性，任何人均负有不

---

① 柳经纬：《合同中的标准问题》，载《法商研究》2018年第1期。
② 王利明：《侵权责任法》，中国人民大学出版社2016年版，第6页。

得侵犯他人权利之义务。这种法定义务的基本特点是义务主体的不特定性，内容的不作为性。这是一种针对所有人设定的普遍性义务。[1]　二是源自法的特别规定，法律对特定主体（此"特定主体"非指"张三""A 公司"等具体人，而是指"生产者""经营者"之类特定业者）设定的义务，其内容可以是不作为也可以是作为。在现行法中，标准与法定义务的联系主要是第二种情形。例如，《标准化法》第 25 条规定："不符合强制性标准的产品、服务，不得生产、销售、进口或者提供。"《消防法》第 24 条规定："消防产品必须符合国家标准；没有国家标准的，必须符合行业标准。"《安全生产法》第 32 条第 2 款规定："生产经营单位生产、经营、运输、储存、使用危险物品或者处置废弃危险物品，必须执行有关法律、法规和国家标准或者行业标准……"根据上述法律规定，特定主体所负的法定义务以遵守标准为内容，标准为确定法定义务的内容提供了依据。

二、民事行为的指引

法律通过规定人们在法律上的权利和义务，使得人们明确什么是可为的、什么是不可为的，什么是应当为的、什么是不应当为的，从而引导人们的行为，因而法律具有行为指引的作用。[2]

当标准进入私法时，就具有行为指引的作用。与法律指引人们可为与不可为、当为与不当为不同的是，标准则主要发挥指引人们在法律规定可为与不可为、当为与不当为的前提下"如何为"的作用。以下以食品安全标准为例分析标准在私法中所起的行为指引作用。

《食品安全法》第 4 条规定，"食品生产经营者对其生产经营食品的安全负责"，"保证食品安全"。这一规定的私法意义在于确立了食品生产经营者对消费者所负的食品安全义务，这是一种法定义务。但这一规定只是回答了食品生产经营者"当为"的问题，但没有回答"如何为"的问题，即食品生产经营者应当"如何为"才能"保证食品安全"？回答食品生产经营"如何为"的问题，答案在食品安全标准，也就是说，食品生产经营者必须严格遵照食品安全标准的技术要求，才可达到食品安全义务规定的"当为"的要求。

《食品安全法》第 150 条规定："食品安全，指食品无毒、无害，符合应当有的营养要求，对人体健康不造成任何急性、亚急性或者慢性危害。"食品是否安全，属于科学的问题，判断食品安全的技术依据是食品安全标准。食品安全涉及诸

---

[1]　邱雪梅：《民事责任体系重构》，法律出版社 2009 年版，第 57 页。
[2]　张文显：《法的概念》，法律出版社 2011 年版，第 105 页。

多环节,原材料的采购,食品加工、储藏、运输、包装,食品生产经营的卫生环境、食品添加剂、食品生产的器具,以及食品的标签等,"从田间到餐桌",其中任何一个环节存在问题,都会影响到食品的安全。因此,食品安全标准就不仅是最终产品的安全标准,也包括食品生产经营全过程的安全标准。《食品安全法》第26条规定,食品安全标准的内容包括:(1)食品、食品添加剂、食品相关产品(指用于食品的包装材料、容器、洗涤剂、消毒剂和用于食品生产经营的工具、设备)中的致病性微生物,农药残留、兽药残留、生物毒素、重金属等污染物质以及其他危害人体健康物质的限量规定;(2)食品添加剂的品种、使用范围、用量;(3)专供婴幼儿和其他特定人群的主辅食品的营养成分要求;(4)对与卫生、营养等食品安全要求有关的标签、标志、说明书的要求;(5)食品生产经营过程的卫生要求;(6)与食品安全有关的质量要求;(7)与食品安全有关的食品检验方法与规程;(8)其他需要制定为食品安全标准的内容。

根据国家卫生健康委员会食品安全标准与监测评估司2023年1月公布的《食品安全国家标准目录》,截至2022年11月,我国共有食品安全国际标准1478项,包括通用标准、食品产品标准、特殊膳食食品标准、食品添加剂标准、食品营养强化剂标准、食品相关产品(指用于食品的包装材料、容器、洗涤剂、消毒剂和用于食品生产经营的工具、设备)标准、食品生产经营规范标准、理化检验方法标准、微生物检验方法标准、毒理学检验方法及规程标准、兽药残留检测方法标准、农药残留检测方法标准等。① 除国家食品安全标准外,根据《食品安全法》第29条规定,对地方特色食品,在没有食品安全国家标准的情况下,省自治区直辖市人民政府卫生行政部门可以制定食品安全地方标准,食品安全地方标准也属于强制性标准。如此庞大的食品安全标准体系涵盖了食品生产经营的全过程和各个环节,为食品生产经营"如何为"的问题提供了具体的行为指引。例如,国家标准《食品安全国家标准糕点、面包》(GB 7099—2015)规定了糕点、面包的定义,规定了糕点、面包的原料要求、感官指标、理化指标、污染物限量、微生物限量、食品添加剂和食品营养强化剂的要求。其中,关于污染物限量、微生物致病菌限量、食品添加剂和食品营养强化剂,还规定了所适用的标准。糕点、面包的生产者只要按照国家《食品安全国家标准糕点、面包》(GB 7099—2015)及其所引用的标准的要求从事生产经营,即可满足法律规定的食品安全的要求。

---

① 《食品安全国家标准目录》(截至2022年11月共1478项),载食品安全标准与监测评估司网站,http://www.nhc.gov.cn/sps/s3594/202301/ff4b683101d1443bb479a1853b0a80bf.shtml,2023年2月4日访问。

三、民事行为的评价

法律是人们的行为规范,具有评判、衡量人们的行为的评价作用。[①] 依据法律的规定,可以对人们的行为作出合法行为(适法行为)和违法行为的评价。对于符合法律规定的行为,法律予以肯定的评价并予以保护。对于不符合(违反)法律规定的行为,法律则给予否定的评价并使行为人承担法律责任。

标准不是法律,不能代替法律作为行为合法与否的评价依据。因此,无论是符合标准的行为("合标"行为)还是不符合(违反)标准的行为("违标"行为),都只是一种客观事实,不能视为合法行为或者违法＋行为。但是,标准在行为的法律评价中却扮演着重要的角色,符合标准与否可以构成行为合法与否评价的事实基础。在涉及标准行为的法律评价问题上,存在着双层结构:第一层是以标准为依据可以对行为作出符合标准的行为和不符合标准的行为的评价,这是事实评价,而非法律评价,评价的依据是标准而非法律。第二层是以法律为依据可以对符合标准与否的行为作出合法行为和违法行为的评价,这一层的评价是法律评价,评价的依据是法律而非标准。例如,A 公司制作的面包因"霉菌"超过国家标准《食品安全国家标准糕点、面包》(GB 7099—2015)规定的微生物限量被认定为不合格产品,判定面包不合格的依据是标准,而非法律。同时,面包不合格作为一种客观事实,是对 A 公司制作面包技艺的评价,而非对 A 公司行为的法律评价。如果 A 公司将不合格面包卖给消费者,造成消费者的损害,这才进入法律评价的层面,我们可以对 A 公司销售不合格面包的行为作出违法性的评价。在这个层面上,评价的依据是法律,而不是标准。作为法律评价依据的法律可以是《标准化法》第 25 条关于"不符合强制性标准的产品、服务,不得生产、销售、进口或者提供"的规定,因为国家标准《食品安全国家标准糕点、面包》(GB 7099—2015)是强制性国家标准;也可以是《食品安全法》的相关规定,如第 52 条关于食品生产者应当按照食品安全标准对所生产的食品进行检验、检验合格后方可出厂或者销售的规定。

涉及标准的行为的法律评价问题,因合同和侵权领域不同而有区别。一般来说,在合同领域,标的的质量标准由合同约定,如果债务人交付的标的符合约定的质量标准,依法不构成违约行为;如果不符合约定的质量标准,则依法构成违约行为。即:在合同领域,"合标"可以得到合法性的评价;"违标"则得到违法性的评价。在侵权领域,情形则较为复杂。侵权责任的前提义务为法定义务,

---

[①]　张文显:《法的概念》,法律出版社 2011 年版,第 106 页。

如法律规定特定主体负有遵守标准的义务,那么其行为不符合标准,属于违反法定义务的行为,依法构成违法行为,即"违标"在侵权法上也可以得到违法性的评价。然而,如果其行为符合标准,能否依法构成合法行为,则有疑问。2015年,最高人民法院发布的《关于审理环境侵权责任纠纷案件适用法律若干问题的解释》第 1 条规定:"污染者以排污符合国家或者地方污染物排放标准为由主张不承担责任的,人民法院不予支持。"也有学者就一般侵权责任的承担问题明确指出,符合标准(强制性标准)不能成为免除侵权责任的抗辩事由。[1] 对于这种情形,人们较为合理的解释是,强制性标准作为一种技术要求"不能完全承载私法上安全价值的需求"。[2] 符合标准不能成为侵权责任的抗辩事由,也就意味着"合标"并不等于合法,符合标准的行为在私法上并不能必然得到合法性的评价。

四、民事责任的承担

民事责任是行为人违反民事义务应承担的不利法律后果,违反合同义务的责任是违约责任,违反法定义务的责任是侵权责任。标准对于民事责任承担的影响主要体现在以下两个方面。

一是标准为部分民事责任承担方式提供了评判依据。《民法典》第 179 条规定,民事责任的承担方式包括:(1)停止侵害;(2)排除妨碍;(3)消除危险;(4)返还财产;(5)恢复原状;(6)修理、重作、更换;(7)继续履行;(8)赔偿损失;(9)支付违约金;(10)消除影响、恢复名誉;(11)赔礼道歉。此外,《民法典》第 1234 条还规定了破坏生态的修复责任。生态修复可以理解为恢复原状的一种形式。在民事责任的诸多方式中,排除妨碍、消除危险、返还财产、赔偿损失、支付违约金、消除影响、恢复名誉、赔礼道歉与标准不发生联系,标准对这些责任承担方式均无影响。标准对民事责任的影响主要体现在停止侵害、恢复原状(生态修复)、修理重作更换、继续履行,标准为这些责任方式的承担提供了评判的依据,只有责任承担人的行为符合一定标准的要求,才能算承担了责任。例如,在企业超标排污的侵权纠纷中,法院依受害人请求判令排污企业承担"停止侵害"的责任,那么如何才能算是"停止侵害"呢?是判令企业停止排污还是判令企业不超标排污?答案应当是后者而不是前者。判令企业排污不超标,达到环境可承受的限度,既为受害人提供了合理的救济,又不至于使企业停止生产而影响经

---

[1] 谭启平:《符合强制性标准与侵权责任承担的关系》,载《中国法学》2017 年第 4 期。

[2] 谭启平:《符合强制性标准与侵权责任承担的关系》,载《中国法学》2017 年第 4 期。

济的发展。又如,在合同纠纷案中,如果被告交付的标的物是不符合质量标准的"不合格品",法院依原告请求判令被告承担"更换"责任,自然是被告交付新的符合标准的"合格品",才算是履行了"更换"的责任。再如,在生态环境侵权纠纷案件中,法院依据原告的请求判决被告承担生态环境修复责任,究竟要求修复到何种程度,标准也可以作为依据评判被告是否履行了修复的责任。在"张玉山、邝达尧与广州市人民检察院水污染责任纠纷环境民事公益诉讼案"①中,法院判决,张玉山、邝达尧应自判决发生法律效力之日起三个月内共同修复大石古水塘水质到"地表水第Ⅴ类水标准"。此所谓"地表水第Ⅴ类水标准",是指国家标准《地表水环境质量标准》(GB 3838—2002)规定的第五类("Ⅴ类")水质标准。

二是在共同侵权损害赔偿责任中,如果共同侵权人的行为涉及标准,那么标准对损害赔偿责任的分担也会产生影响。《民法典》第1231条规定:"两个以上侵权人污染环境、破坏生态的,承担责任的大小,根据污染物的种类、浓度、排放量,破坏生态的方式、范围、程度,以及行为对损害后果所起的作用等因素确定。"在"迁安第一造纸厂等与孙有礼等养殖损害赔偿上诉案"②中,天津市高级人民法院认为:"本案上诉人化工公司被环保部门确定为达标排放企业,属于国家许可的正常经营活动……在承担民事责任上应与超标排放的企业有所区别",因而对河北省迁安化工有限责任公司作出单独赔偿、不与超标排放的其他七被告承担连带责任的判决。

---

① 广东省高级人民法院(2018)粤民终2466号民事判决书。
② 天津市高级人民法院(2002)津高民四字第008号民事判决书。

第三章

标准与合同法 ■

第一节　标准与合同的联系

一、标准与交易

现代社会是一个交易普遍化的社会，即市场经济社会，也是一个标准化得到广泛应用的社会。

从交易普遍化来看，在现代市场经济社会，生产和生活无不借助于作为交易法律形式的合同。从生产所需原材料的获得、生产的协作到产品的售出，人们的衣食住行游，乃至政府公共服务的提供等等，均离不开交易，离不开合同。合同早已替代了其他任何社会交往的形式而成为现代社会最主要、最基本的交往方式，人们每时每刻都在重复着交易活动，重复着合同的订立与履行的法律活动。

从标准化的发展情况来看，虽然现代标准化只有百余年的历史[①]，但是它作为现代化管理的科学方式，已从最早的工业领域，逐步扩大到农业、服务业乃至公共服务领域，成为现代社会组织管理的基本方式，成为经济活动和社会发展

---

① 印度标准化专家魏尔曼指出："尽管标准化作为一种不自觉的活动可以说在史前时期就有了它的起源，而且在十九世纪末叶之前已经存在有某些具有自觉性的散在的实例，但是有着组织起来的规模的最早期的有意义的标准化工作只能回溯到二十世纪的早期。"[印]魏尔曼：《标准化是一门新学科》，中国科学技术情报研究所编辑，科学技术文献出版社1980年版，第2页。

的技术支撑,成为国家治理的基础性制度。[①] 在我国,在国家主导标准化工作的体制下,标准化事业呈现出快速发展的态势,已形成覆盖工业、农业、服务业和社会事业全领域的标准体系。根据全国标准信息公共服务平台(http://std.samr.gov.cn/)提供的数据,截至 2023 年 2 月 5 日,该平台收录的现行国家标准 42467 项(不含食品安全、环境保护、工程建设方面的国家标准)、行业标准 78514 项(71 个行业)、地方标准 62977 项,公布的团体标准 52251 项(截至 2023 年 1 月 31 日),企业自我声明公开的标准 2621816 项(截至 2022 年 12 月 31 日),总数达 2857925 项。如此庞大的标准体系,为交易的便捷提供了技术支持。

实际上,标准化从一开始就与交易产生了联系,具有促进交易的作用。标准化最早的目的在于统一产品的尺寸、实现产品互换,追求生产的最佳秩序。标准化在统一产品尺寸、实现产品互换的同时,也就具有了在生产者与购买者之间传达信息的作用。英国标准化专家桑德斯指出:"标准的第一个原始任务是在给生产者与购买者之间提供传达的手段,列出所需物品的大小和性能,并增加购买者的信任感,使其在订购符合标准的物品时能相信其质量和可靠性。"[②]标准所具有的信息传达的工具性在标准与交易之间建立了联系,这种联系具有私法的意义。

第一,标准承载的信息是合同订立的基础。交易双方订立合同源自需求、对标的(商品和服务)的了解以及对相对方的信任构成合同订立的重要基础。除艺术品交易、"赌石"交易、土地交易以及旧货交易等个性化的交易买方通过卖方的介绍和对标的物的观察而获得信息外,大多数交易中的买方是通过标准而获得商品和服务的信息。在日常生活中,虽然消费者未必都了解商品标签上"执行标准"的具体含义,但潜在的对标准尤其是国家标准的信任无疑是消费者了解、选购商品和服务的重要依据。而且,在缔约过程中,标准所承载的商品和服务的信息还可以作为判断缔约双方订立合同时是否存在意思表示瑕疵的依据。例如,A 商品的标签载明执行标准为 B 商品的标准,从意思表示来看,显然属于表意瑕疵的情形;从交易双方的信息传达来看,则属于生产经营者向消费者传达了错误的商品信息,可构成欺诈。

第二,标准构成对商品和服务的质量的担保。卖方对标的物负有瑕疵担保

---

① 甘藏春、田世宏主编:《中华人民共和国标准化法释义》,中国法制出版社 2017 年版,第 21 页。

② [英]桑德斯主编:《标准化的目的与原理》,中国科学技术情报研究所编辑,科学技术文献出版社 1974 年版,第 3 页。

责任,这是买卖合同中卖方的基本义务。根据《标准化法》第27条第1款规定,国家实行企业执行标准自我声明公开和监督制度,要求企业公开其执行的强制性标准、推荐性标准、团体标准或者企业标准的编号和名称,企业执行自行制定的企业标准的,还应当公开产品、服务的功能指标和产品的性能指标。目前,国家市场监督管理总局国家标准技术审评中心已开通全国标准信息公共服务平台(http://std.samr.gov.cn/),提倡企业在该平台公开所执行的标准。企业在其产品包装或者产品和服务的说明书上明示其执行的标准,视为已经履行了自我声明公开义务。① 第27条第2款规定:"企业应当按照标准组织生产经营活动,其生产的产品、提供的服务应当符合企业公开标准的技术要求。"标准对企业的这种约束力,在合同法上构成卖方对标的质量的担保责任。

第三,标准是当事人履行合同的依据。交易的形式是合同,通过合同的订立与履行,交易得以完成。通过合同的约定,标准成为合同标的条款的内容,合同当事人依据约定的标准履行合同。即便标准没有基于当事人的约定而成为合同标的条款的内容,在合同存在"漏洞"时,标准也可以填补合同漏洞的角色进入合同,成为当事人履行合同的依据。《民法典》第511条第1项规定:"质量要求不明确的,按照强制性国家标准履行;没有强制性国家标准的,按照推荐性国家标准履行;没有推荐性国家标准的,按照行业标准履行;没有国家标准、行业标准的,按照通常标准或者符合合同目的的特定标准履行。"本项中的"强制性国家标准""推荐性国家标准""行业标准"在合同存在"质量要求不明确"的漏洞时,可以依据规定成为合同履行的依据。

第四,标准是合同纠纷解决的依据。与上述标准构成对商品和服务质量的担保、标准是当事人履行合同的依据相关,如果合同当事人提供的商品和服务不符合标准的要求,构成违约行为,违约一方应承担违约责任。在违约争议的解决中,无论是采取仲裁方式还是诉讼方式,商品和服务是否存在质量问题,需以标准作为判断的依据。涉及合同标的的技术问题(如工程质量、食品安全等),还需通过鉴定来判定合同标的是否存在质量瑕疵,鉴定机构对涉诉商品进行鉴定时,不仅要依据合同约定的商品和服务的质量标准,也要依据有关鉴定程序的标准(如检测方法标准)。合同纠纷解决中,鉴定意见是重要的证据,因其专业性强而得到法院、仲裁庭的采纳。

---

① 甘藏春、田世宏主编:《中华人民共和国标准化法释义》,中国法制出版社 2017 年版,第 70 页。

二、合同立法关于标准的规定

我国合同立法向来重视对标准的利用,将标准引为确定合同标的质量的依据和质量约定不明确时合同履行的依据。1981 年《经济合同法》规定的重点是将标准作为确定合同标的质量的依据。该法第 17 条规定,购销合同(包括供应、采购、预购、购销结合及协作、调剂等合同)中的产品质量和包装质量,"有国家标准或专业标准的,按国家标准或专业标准签订;无国家标准或专业标准的,按主管部门标准签订;当事人有特殊要求的,由双方协商签订。"第 18 条规定,建筑、安装工程合同应明确规定工程范围、建设工期、中间交工工程开竣工时间、工程质量等条款,"建设工程的竣工验收,应以施工图纸及说明书、国家颁发的施工验收规范和质量检验标准为依据"。第 20 条规定,货物运输合同的"托运方必须按照国家主管机关规定的标准包装;没有统一规定包装标准的,应根据保证货物运输安全的原则进行包装,否则承运方有权拒绝承运"。第 42 条规定"供电方要按照国家规定的供电标准和合同规定安全供电"。1986 年《民法通则》规定的重点是将标准作为合同质量约定不明确是合同履行的依据。《通则》第 88 条第 2 款第 1 项规定:"质量要求不明确的,按照国家质量标准履行,没有国家质量标准的,按照通常标准履行。"1987 年《技术合同法》第 15 条第 2 款规定技术合同的条款应包括"验收标准和方法",与履行合同有关的"技术标准、技术规范""可以根据当事人的协议作为合同的组成部分"。1999 年《合同法》第 62 条第 1 项规定:"质量要求不明确的,按照国家标准、行业标准履行;没有国家标准、行业标准的,按照通常标准或者符合合同目的的特定标准履行。"此外,在买卖合同、供电合同、承揽合同、工程建设合同、技术合同中,也对标准作了规定。

《民法典》吸收和发展了《合同法》有关标准与合同关系的规定。第 511 条第 1 项规定:"质量要求不明确的,按照强制性国家标准履行;没有强制性国家标准的,按照推荐性国家标准履行;没有推荐性国家标准的,按照行业标准履行;没有国家标准、行业标准的,按照通常标准或者符合合同目的的特定标准履行。"第 596 条规定,买卖合同的内容一般包括"检验标准和方法"。第 624 条规定:"出卖人依照买受人的指示向第三人交付标的物,出卖人和买受人约定的检验标准与买受人和第三人约定的检验标准不一致的,以出卖人和买受人约定的检验标准为准。"第 651 条规定:"供电人应当按照国家规定的供电质量标准和约定安全供电。供电人未按照国家规定的供电质量标准和约定安全供电,造成用电人损失的,应当承担赔偿责任。"第 771 条规定:"承揽合同的内容一般包括承揽的标的、数量、质量、报酬,承揽方式,材料的提供,履行期限,验收标准和方法等条款。"第 799 条第 1 款规定:"建设工程竣工后,发包人应当根据施工图纸及说明书、国家颁发的施工验收规范和质量检验标准及时进行验收。验收合格的,发包人应当按照约定支付价款,并接收该建设工程。"第 806 条第 2 款规定:"发包人提供的主要建筑材料、建筑构配件和设备不符合强制性标准或者不履行协助义务,致使承包人无法施工,经催告后在合理期限内仍未履行相应义务的,承包人可以解除合同。"第 845 条规定:"技术合同的内容一般包括项目的名称、标的的内容、范围和要求,履行的计划、地点和方式,技术信息和资料的保密,技术成果的归属和收益的分配办法,验收标准和方法,名词和术语的解释等条款。""与履行合同有关的技术背景资料、可行性论证和技术评价报告、项目任务书和计划书、技术标准、技术规范、原始设计和工艺文件,以及其他技术文档,按照当事人的约定可以作为合同的组成部分。"

除《民法典》外,其他法律关于合同活动管理的规定也涉及标准。例如,《公路法》第 24 条规定:"公路建设单位应当根据公路建设工程的特点和技术要求,选择具有相应资格的勘查设计单位、施工单位和工程监理单位,并依照有关法律、法规、规章的规定和公路工程技术标准的要求,分别签订合同,明确双方的权利义务。"《煤炭法》第 53 条规定:"煤矿企业和煤炭经营企业供应用户的煤炭质量应当符合国家标准或者行业标准,质级相符,质价相符。用户对煤炭质量有特殊要求的,由供需双方在煤炭购销合同中约定。煤矿企业和煤炭经营企业不得在煤炭中掺杂、掺假,以次充好。"第 54 条规定:"煤矿企业和煤炭经营企业供应用户的煤炭质量不符合国家标准或者行业标准,或者不符合合同约定,或者质级不符、质价不符,给用户造成损失的,应当依法给予赔偿。"《消防法》第 23 条第 1 款规定:"生产、储存、运输、销售、使用、销毁易燃易爆危险品,必须执行消防技术标准和管理规定。"第 24 条规定:"消防产品必须符合国家标准;没有国家标准的,必须符合行业标准。禁止生产、销售或者使用不合格的消防产品以及国家明令淘汰的消防产品。""依法实行强制性产品认证的消防产品,由具有法定资质的认证机构按照国家标准、行业标准的强制性要求认证合格后,方可生产、销售、使用。""新研制的尚未制定国家标准、行业标准的消防产品,应当按照国务院产品质量监督部门会同国务院应急管理部门规定的办法,经技术鉴定符合消防安全要求的,方可生产、销售、使用。"尽管上述法律的规定重在对生产经营活动的管理,但它们更加强调标准与合同的联系。

将标准引入合同,或作为确定合同标的质量的依据,或作为质量约定不明确时合同履行的依据,是我国合同立法的一大特色。

第二节　"标准条款"①

标准与合同的联系主要是合同的标的(产品和服务)。合同的标的是合同的必要条款。如无标的条款,合同难以成立。合同标的需通过数量和质量两个指标来确定,单有标的名称而无数量和质量,标的仍不能确定,合同也不能成立。标准对于确定合同标的的作用在于合同标的的质量,标准是确定合同标的质量的重要依据。标准因当事人约定而进入合同构成标的条款的内容,这种以标准为内容的合同质量条款,可称之为"标准条款"。

一、"标准条款"的形成

合同是当事人之间的协议(《民法典》第 464 条),标准进入合同而构成合同标的的质量条款的内容,需由当事人就此达成协议。因此,"标准条款"的形成方式是协议。尽管有的法律规定当事人缔约应符合有关标准(如《公路法》第 24 条),但仍应以合同约定为必要。从实际操作层面来看,当事人通过约定将标准引入合同,形成"标准条款",有以下几种基本情形。

(一)合同文本载明所援引标准的基本信息

一项标准的信息包括标准的名称、类型、发布机构、发布时间、实施时间和标准编号。例如,中华人民共和国国家标准《石油及天然气工业用往复压缩机》(GB/T 20322—2006),标准名称为"石油及天然气工业用往复压缩机",标准类型是推荐性国家标准,标准的发布机构是中华人民共和国国家质量监督检验检疫总局和中国国家标准化管理委员会,发布时间是 2006 年 7 月 20 日,实施时间是 2007 年 1 月 1 日,标准编号是 GB/T 20322—2006。合同约定标准时,如能载明标准的完整信息,当然很好。然而,合同约定标的的质量标准,通常并不需要载明标准的全部信息,只要载明标准编号即可。这是因为,在我国现行标准体系里,每一项标准都有自己特定的编号,如同自然人的身份证号一样具有唯一性。例如,上述国家标准《石油及天然气工业用往复压缩机》的编号是"GB/T 20322—2006",其中"GB/T"是推荐性国家标准的代号,"20322"是标准发布的顺序号,"2006"是标准发布的年号(年份),"GB/T 20322—2006"已经包

---

① 本节主要内容发表在《法商研究》2018 年第 1 期,题为"合同中的标准问题"。

括了国家标准《石油及天然气工业用往复压缩机》的基本信息,合同只要载明合同标的的质量标准为"GB/T 20322—2006",即可确定合同约定的是 2006 年发布的国家标准《石油及天然气工业用往复压缩机》。

如果合同没有载明标准的完整信息,也没有载明标准编号,只是记载标准的名称和类型,此时亦可确定所约定的具体标准。例如,合同约定采用国家标准《石油及天然气工业用往复压缩机》,依此也可以确定合同约定的该项标准指向的是上述编号为"GB/T 20322—2006"的压缩机国家标准。

(二)产品标签或说明书上标明执行的标准或标准编号

这是一种被经营者普遍采用、消费者通过购买行为而接受的"标准条款"。例如,内蒙古蒙牛乳业(集团)股份有限公司生产的"特仑苏"牌盒装全脂灭菌乳,包装盒标明执行的产品标准号为"GB 25190"。该项标准是指原卫生部2010 年发布的《食品安全国家标准灭菌乳》(GB 25190—2010)。又如,珠海格力电器股份有限公司生产的"格力"牌分体式空调机的《使用安装说明书》之"规格型号及技术参数"载明其性能参数"按 GB/T 7725—2004 和 GB 21455—2013标准要求测定"。"GB/T 7725—2004"是指原国家质量监督检验检疫总局和国家标准化管理委员会 2004 年发布的国家标准《房间空气调节器》(GB/T 7725—2004),"GB 21455—2013"是指原国家质量监督检验检疫总局和国家标准化管理委员会 2013 年发布的国家标准《转速可控型房间空气调节器能效限定值及能效等级》(GB 21455—2013),前者为推荐性国家标准,后者为强制性国家标准。从法律上看,产品和服务的标签或说明书标明执行的标准可认定为经营者对其产品或服务的质量作出担保的意思表示,足以构成一项要约,当消费者购买其标明执行特定标准的产品或服务而成立合同时,此项标准即进入合同,成为合同中的"标准条款"。

与此类似的是,生产经营者在产品或服务的广告中载明执行的标准,依据《民法典》第 473 条第 2 款关于"商业广告和宣传的内容符合要约条件的,构成要约"规定,应认定构成一项要约,当消费者购买其产品或服务而成立合同时,该项标准进入合同,成为合同中的"标准条款"。

(三)依据合同标的的信息的指引确定适用的标准

合同文本只是笼统地约定合同标的须符合某一类标准或某几类标准,甚至更为模糊地表述为"相关标准",而没有提供具体标准的信息。此种情况下,如果合同的标的确有相应的标准,那么可以依合同的标的(如货物的品名)及相关信息的指引确定具体的标准。例如,我国大米的标准有国家标准《大米》(GB/T

1354—2018)、行业标准《无公害大米》(NY 5115—2002)和《绿色食品大米》(NY/T 419—2007)以及黑龙江、吉林、上海、湖南、海南等地的地方标准,地方标准多为"地理标志产品"标准,是特定地区生产的大米标准,如上海市地方标准《地理标志产品松江大米》(DB31/T 908—2015)、吉林省地方标准《地理标志产品西江大米(西江贡米)》(DB22/T 2169—2014)、黑龙江省地方标准《地理标志产品响水大米》(DB23/T 1461—2012)。因此,如果大米买卖合同只是笼统地载明标准而未载明具体的标准,则可依据标的(大米)及相关信息(如"无公害"、"绿色食品"、原产地)确定合同约定的具体标准。以这种方式确定合同的标准条款,需要注意的是,依据合同载明的标的及相关信息所指向的标准应具有确定性,如果所指向的标准不具有确定性,应属于合同约定不明确的情形。要满足确定性的要求,则需要合同载明的标的及相关信息不存在模糊、冲突的情形,否则也无法确定具体的标准。再以大米的标准为例,如果合同约定的标的是"无公害大米",约定的标准是"国家标准",这样的信息就无法满足确定性的要求,因为"无公害大米"只有行业标准而无国家标准。

　　这里需要进一步讨论的问题是:如果在合同存续期间,依据合同标的及其相关信息指向的标准存在着复审修订情形,那么适用于合同标的的标准究竟是合同订立之时的旧版本还是合同履行时的新版本,即经复审修订后的标准? 对此,应根据所约定的标准属性,采取不同的处理方式。依据《标准化法》第 2 条规定,我国现行的标准体系包括国家标准、行业标准、地方标准、团体标准和企业标准,国家标准分为强制性标准和推荐性标准,行业标准和地方标准均为推荐性标准,强制性标准必须执行,推荐性标准由企业自愿采用。因此,如果依据合同的标的及相关信息指向的标准属于强制性标准,应当认定合同约定的标准是履行之时复审修订的新版本;如果依据合同的标的指引所指向的标准属于推荐性标准,那么可以认定合同约定的标准是订立之时的版本。采取不同的处理方式,可兼顾到当事人的意思自治和法律的强制。

(四)企业声明公开执行标准

　　《标准化法》第 27 条第 1 款规定:"国家实行团体标准、企业标准自我声明公开和监督制度。企业应当公开其执行的强制性标准、推荐性标准、团体标准或者企业标准的编号和名称;企业执行自行制定的企业标准的,还应当公开产品、服务的功能指标和产品的性能指标。国家鼓励团体标准、企业标准通过标准信息公共服务平台向社会公开。"企业声明公开其执行的标准是企业的一项义务,企业除在全国标准信息公共服务平台(http://std.samr.gov.cn/)公开其产品或服务所执行的标准外,在产品包装或产品和服务的说明书上明示执行的标准,也被视为履行了声明公开执行标准的义务。[①]

企业声明公开执行标准制度是一项标准实施的监督制度,目的是落实企业主体责任、维护消费者的知情权、加强政府对标准实施的监管、有利于社会监督。[②] 但这项制度具有私法意义。企业依标准化法规定声明公开其产品或服务所执行的标准,是企业对消费者所作的产品或服务品质符合标准的担保(承诺),是"标准条款"形成的方式之一。企业应当按照其公开的标准组织生产经营活动,其生产的产品、提供的服务应当符合企业公开标准的技术要求(《标准化法》第 27 条第 2 款)。

二、"标准条款"的效力

依当事人意思自治原则,合同只要不存在着效力瑕疵,就应当认定有效。根据《民法典》总则编第六章("民事法律行为")第三节("民事法律行为的效力")以及合同编第三章("合同的效力")的规定,合同效力瑕疵包括效力待定、可撤销与无效三种类型。

就一般情况而言,"标准条款"的效力不会涉及因行为主体不适格而导致的效力待定问题,只会涉及可撤销和无效问题。可撤销的法定事由是欺诈、胁迫等意思表示瑕疵,虽然在"标准条款"的问题上,也可能存在着意思表示瑕疵问题,但其撤销与一般合同的撤销无异,无须特别讨论。在《民法典》规定的民事法律行为无效的情形中,除了第 153 条之规定的情形外,"标准条款"亦无特殊性而需要专门讨论,需要特别讨论的只是"标准条款"是否存在因"违反法律、行政法规的强制性规定"而无效的问题。这是因为,标准属于《标准化法》规制的对象,《标准化法》关于标准的规定具有强制性。《民法典》第 153 条第 1 款规定"违反法律、行政法规的强制性规定的民事法律行为无效"。因此,如果"标准条款"违反了《标准化法》的规定,可依《民法典》第 153 条第 1 款之规定认定其无效。以下根据《标准化法》的规定,对实践中可能存在违反《标准化法》规定的几种"标准条款"的效力问题作具体的分析。

(一)约定的标准为非强制性标准

根据《标准化法》第 2 条第 2 款规定,在我国标准体系中,只有强制性国家

---

① 甘藏春、田世宏主编:《中华人民共和国标准化法释义》,中国法制出版社 2017 年版,第 70 页。

② 甘藏春、田世宏主编:《中华人民共和国标准化法释义》,中国法制出版社 2017 年版,第 69 页。

标准是强制性标准,其他标准均不属于强制性标准。强制性国家标准和非强制性标准之间构成有条件的并存关系。《标准化法》第 21 条第 1 款规定:"推荐性国家标准、行业标准、地方标准、团体标准、企业标准的技术要求不得低于强制性国家标准的相关技术要求。"因此,只要"不低于"强制性国家标准的技术要求,非强制性标准允许与强制性国家标准并存,如果非强制性标准的技术要求"高于"强制性国家标准,有利于推进技术的发展、提高产品质量,则在鼓励的范围,更允许与强制性国家标准并存。因此,存在着非强制性标准与强制性国家标准并存时,只要合同约定的非强制性标准的技术要求"不低于"强制性国家标准,"标准条款"的效力不受影响。但是,如果约定的非强制性标准的技术要求"低于"强制性国家标准,则违反了《标准化法》第 21 条第 1 款的规定,依据《民法典》第 153 条第 1 款规定,应认定该"标准条款"无效。

约定的标准为非强制性标准的另一种情形是约定的标准为国际标准或外国(地区)标准。我国标准化事业,鼓励采用国际标准或外国先进标准,[①]也得益于对国际标准和外国先进标准的采用。[②] 鼓励采用国际标准和外国先进标准,虽然指向的是我国标准的制定,而非产品服务的交易活动,但这一精神也应体现用于交易活动,尤其是涉外经济活动。因此合同当事人约定国际标准和外国标准,应当允许,约定国际标准或外国标准的"标准条款"只要不违背我国法律的规定,应当认定有效。约定国际标准或外国标准的"标准条款"无效的情形,主要是约定的国际标准或外国标准的技术要求低于我国强制性标准。《进出口商品检验法》第 7 条规定:"列入目录的进出口商品,按照国家技术规范的强制性要求进行检验;尚未制定国家技术规范的强制性要求的,应当依法及时制定,未制定之前,可以参照国家商检部门指定的国外有关标准进行检验。"《食品安全法》第 92 条规定:"进口的食品、食品添加剂、食品相关产品应当符合我国食品安全国家标准。"第 93 条规定:"进口尚无食品安全国家标准的食品,由境外出口商、境外生产企业或者其委托的进口商向国务院卫生行政部门提交所执行的相关国家(地区)标准或者国际标准。国务院卫生行政部门对相关标准进行审查,认为符合食品安全要求的,决定暂予适用……"这些规定都说明,如果约定的国际标准或外国(地区)标准的技术指标低于我国强制性标准的,应依据

①　1988 年《标准化法》第 4 条规定:"国家鼓励积极采用国际标准。"1990 年《标准化法实施条例》第 4 条规定:"国家鼓励采用国际标准和国外先进标准,积极参与制定国际标准。"2017 年修订的《标准化法》第 8 条规定"结合国情采用国际标准"。

②　根据国家标准全文公开系统提供的信息,除了食品安全、环境保护、工程建设方面的国家标准外,由该系统收录的国家标准(含指导性技术文件)42950 项,其中采用国际标准的有 15011 项,http://openstd.samr.gov.cn/bzgk/gb/,2023 年 2 月 4 日访问。

《民法典》第 153 条第 1 款规定,认定"标准条款"无效。

(二)约定的标准已被废止

标准复审是标准化的一项制度,其旨在保持标准的技术先进性和适用性。《标准化法》第 29 条第 2 款规定:"国务院标准化行政主管部门和国务院有关行政主管部门、设区的市级以上地方人民政府标准化行政主管部门应当建立标准实施信息反馈和评估机制,根据反馈和评估情况对其制定的标准进行复审。标准的复审周期一般不超过五年。经过复审,对不适应经济社会发展需要和技术进步的应当及时修订或者废止。"

如果标准经复审被废止,就不再是标准化意义上的标准,那么约定已废止标准的"标准条款"的效力该如何认定? 这是一个较为复杂的问题,须根据不同情形而定。如果有替代的标准,尤其是强制性的替代标准,根据《标准化法》关于强制性标准必须执行的规定,应当认定合同约定的"标准条款"无效,而适用替代的标准。如果没有替代标准,那么根据当事人意思自治原则,合同约定的标准虽然被废止,但是仍可作为确定合同标的质量的依据。因为,在后一种情形,如果也认定约定已被废止的标准的条款无效,将使得合同的标的质量失去判定的依据。

在上述两种情形中,第一种情形涉及当事人约定的标准"低于"强制性国家标准,从而违反了《标准化法》第 21 条第 1 款等有关规定,依据《民法典》第 153 条第 1 款之规定,应认定"标准条款"无效。这里需要进一步讨论的问题是,《标准化法》第 21 条第 1 款关于"不得低于"强制性国家标准的规定,就其本意来说是针对非强制性标准的制定者,而非针对合同的当事人,对标准制定者课以的义务如何构成对合同当事人约定标的质量标准的约束? 笔者的解释是,《标准化法》第 21 条第 1 款关于非强制性标准的技术要求"不得低于"强制性国家标准的规定,目的在于构筑一道由强制性国家标准构成的不可逾越的"红线",以保障人身健康和生命财产安全、国家安全、生态环境安全。基于这一目的,"不得低于"强制性国家标准就不只是标准制定者应遵守的义务,也是标准实施中相关当事人的义务,合同约定标的的质量标准是标准实施的方式之一,也应遵守这一义务。尽管依据当事人自治原则,合同当事人有约定质量标准的自由,但约定的质量标准不应与安全保障的强制性国家标准相抵触。

需要进一步指出的是,《标准化法》第 21 条第 1 款只是要求非强制性标准的技术要求"不得低于"强制性国家标准的相关技术要求。由于标准的技术内容复杂,可能出现只是标准的部分技术要求"低于"强制性国家标准,而不是全部技术要求"低于"强制性国家标准,此时应认定约定的标准部分无效,而不是认定"标准条款"全部无效。

"标准条款"无效属于《民法典》第156条规定的民事法律行为部分无效的情形,原则上不影响合同的整体效力。

第三节　《民法典》第511条第1项的
理解与适用①

《民法典》第511条属于填补合同漏洞的条款,其作用在于通过法律规定的履行规则,弥补合同有关条款之欠缺(合同漏洞),使得合同不因条款欠缺而无法履行,从而最大限度地促进合同目的的实现。② 该条第1项规定:"质量要求不明确的,按照强制性国家标准履行;没有强制性国家标准的,按照推荐性国家标准履行;没有推荐性国家标准的,按照行业标准履行;没有国家标准、行业标准的,按照通常标准或者符合合同目的的特定标准履行。"根据该项规定,原本外在于法律的标准作为优先选择的方案,被引进法律,用来填补合同标的质量条款欠缺之漏洞,为当事人履行合同提供依据,同时也为质量条款欠缺的履约行为之司法评价提供事实认定的依据。

与传统民法比较,《民法典》第511条第1项规定颇具特色。在传统民法中,如果质量条款欠缺,法律只是原则性地要求债务人按照"中等品质"履行,而不是援引标准,要求债务人按照一定的标准履行。例如,《德国民法典》第243条第1款规定:"仅以种类确定的物为债务标的物的,债务人应给付中等品质的物。"虽然德国民法未限定"给付中等品质的物"仅适用于质量条款欠缺之情形,但依合同约定优先的原则,该款规定自应作如此解释。相比之下,《日本民法典》和我国台湾地区民法典的规定就十分明确。《日本民法典》第401条第1款规定:"债权的标的物仅以种类指定时,如果依法律行为的性质或当事人的意思不能确定其品质,债务人须以中等品质之物给付。"我国台湾地区民法典第200条第1项也规定:"给付物仅以种类指示者,依法律行为之性质或当事人之意思不能定其品质时,债务人应给以中等品质之物。"《民法典》第511条第1项规定,援引标准作为质量条款欠缺时合同履行的依据,较之传统民法规定的"中等品质"更具确定性,也更有利于司法对履约行为的评判。

---

① 本节主要内容发表在《中国高校社会科学》2022年第6期,题为"论质量条款欠缺时合同的履行——《民法典》第511条第1项的理解与适用"。

② 最高人民法院民法典贯彻实施工作领导小组编:《中华人民共和国民法典合同编理解与适用》(一),人民法院出版社2020年版,第351～352页。

一、规则形成

我国合同立法和标准化事业都是从改革开放以后才步入正轨的,合同立法一直以来十分重视对标准化成果的利用。历经《经济合同法》《民法通则》和《合同法》,逐渐形成了《民法典》第 511 条第 1 项规定的援引标准作为质量条款欠缺时合同履行依据的规则。

1981 年《经济合同法》是我国第一部合同法。该法关于购销合同、工程建设合同、运输合同的规定,直接援引标准作为合同订立和履行时确定合同标的质量的依据。《经济合同法》第 17 条规定,购销合同的"产品质量和包装质量,有国家标准或专业标准的,按国家标准或专业标准签订;无国家标准或专业标准的,按主管部门标准签订;当事人有特殊要求的,由双方协商签订"。第 18 条规定,"建设工程的竣工验收,应以施工图纸及说明书、国家颁发的施工验收规范和质量检验标准为依据"。第 20 条规定,"托运的货物按照规定需要包装的,托运方必须按照国家主管机关规定的标准包装"。上述规定中的"国家标准""专业标准"等,即是 1979 年国务院颁布的《标准化管理条例》规定的"国家标准""部标准(专业标准)"。改革开放之初,我国标准化事业得以恢复,1979 年《标准化管理条例》确立了由国家标准、部标准(专业标准)和企业标准构成的三级标准体系(第 11 条)。《经济合同法》充分利用了标准化的这一成果,在购销合同、工程建设合同和运输合同中采用标准作为合同订立和履行时确定合同标的质量的依据。

从《经济合同法》第 17 条中的"当事人有特殊要求的,由双方协商签订"来看,法律援引标准已含有弥补合同质量条款欠缺(无"特殊要求")的意义。但是,总的来看,《经济合同法》要求合同当事人应当依据标准订立和履行合同,反映了标准对合同当事人具有的约束力,标准不仅仅是作为质量条款欠缺时的补充,而且是当事人订立和履行合同应当遵守的规范。强调标准对合同当事人的约束力,与其时《标准化管理条例》关于标准属性的规定有关。《标准化管理条例》第 18 条规定:"标准一经批准发布,就是技术法规,各级生产、建设、科研、设计管理部门和企业、事业单位,都必须严格贯彻执行,任何单位不得擅自更改或降低标准。对因违反标准造成不良后果以至重大事故者,要根据情节轻重,分别予以批评、处分、经济制裁,直至追究法律责任。"因此,《经济合同法》关于依据标准订立和履行合同的规定,实际上是由标准的技术法规属性决定的。将标准定性为技术法规,是计划经济的产物。^①因此,《经济合同法》关于标准的规定,与《标准化管理条例》关于标准属性的规定,同样反映了其时计划经济体制的要求。

1986 年《民法通则》是在商品经济的地位得到承认的改革背景下制定的,^②一定程度上反映了商品经济发展的要求。《民法通则》关于标准在合同中的地位的规定与《经济合同法》不同,没有将标准作为合同订立和履行必须遵守的规范来规定,标准的"技术法规"属性被弱化了。在《民法通则》中,标准具有弥补质量条款欠缺的作用得到强化。《民法通则》第 88 条第 2 款第 1 项规定:"质量要求不明确的,按照国家质量标准履行,没有国家质量标准的,按照通常标准履行。"这一规定奠定了《民法典》第 511 条第 1 项的基础。

然而,其时《标准化法》尚未颁布,标准化工作依据的仍是国务院颁发的《标准化管理条例》。《民法通则》第 88 条第 2 款第 1 项只规定国家标准而未规定其他类型标准,显然不足以解决实践中质量条款欠缺的合同履行问题。1988 年 1 月,最高人民法院发布的《关于贯彻执行〈中华人民共和国民法通则〉的意见》较好地弥补了这一不足。《意见》第 105 条规定:"依据民法通则第八十八条第二款第(一)项规定,合同对产品质量要求不明确,当事人未能达成协议,又没有国家质量标准的,按部颁标准或者专业标准处理;没有部颁标准或者专业标准的,按经过批准的企业标准处理;没有经过批准的企业标准的,按标的物产地同行业其他企业经过批准的同类产品质量标准处理。"将部颁标准或专业标准[即部标准(专业标准)]、企业标准列在国家标准之后,引为质量条款欠缺时合同履行备选的依据,符合《标准化管理条例》关于标准层级关系的规定。根据《标准化管理条例》第 11 条规定,国家标准、部标准(专业标准)、企业标准之间存在着

---

① 魏尔曼指出,在经济集中管理的国家中,标准一开始就具有法令性,标准不仅用来服务于技术和经济的目的,而且也是体现国家政策的一种合法的工具。[印]魏尔曼:《标准化是一门学科》,中国科学技术情报研究所编辑,科学文献出版社 1980 年版,第 199 页。

② 1984 年,中共十二届三中全会通过的《中共中央关于经济体制改革的决定》提出,我国实行的是有计划的商品经济。经济体制改革对商品经济的承认构成了《民法通则》制定的重要背景。1986 年 4 月 2 日,时任全国人大常委会秘书长、法制工作委员会主任的王汉斌先生在第六届全国人民代表大会第四次会议上作关于《中华人民共和国民法通则》的立法说明,他指出:"民法通则的规定,要从我国的实际情况出发,体现社会主义原则,研究改革、开放、搞活的新情况、新问题和新经验,规定民事活动共同遵循的准则,并体现我国社会主义经济的某些特色,包括有计划的商品经济,发展横向经济联系,扩大国营企业自主权,社会主义公有制经济基础上个人或集体的承包经营,以及作为社会主义公有制经济的必要补充的个体经济等。"王汉斌:《关于〈中华人民共和国民法通则(草案)〉的说明》,载《全国人民代表大会常务委员会公报》1986 年第 4 期。

效力强弱的层级关系,即:部标准(专业标准)和企业标准,不得与国家标准相抵触;企业标准不得与部标准(专业标准)相抵触。因此,合同质量条款欠缺时,应按照国家标准、部标准(专业标准)、企业标准的顺位援引标准作为合同履行的依据。

1988 年 12 月,《标准化法》颁布。《标准化法》不再规定标准是技术法规,对标准体系也作了新的规定。一是将"部标准(专业标准)"正名为行业标准;二是在标准层级上增加了地方标准(第 6 条),形成了国家标准、行业标准、地方标准和企业标准的四级标准体系;三是将国家标准、行业标准和地方标准划分强制性标准和推荐性标准(第 7 条),赋予不同的实施效力,即强制性标准"必须执行",推荐性标准则"鼓励企业自愿采用"(第 14 条)。

1999 年,《合同法》颁布,《经济合同法》废止。《合同法》没有沿袭《经济合同法》关于标准的规定,除了供电合同要求必须按照国家供电质量标准供电①外,不再要求当事人必须按照标准订立和履行合同,标准只是作为某些合同的内容(条款)被规定。② 在援引标准作为质量条款欠缺时合同履行依据的问题上,《合同法》在《民法通则》第 88 条第 2 款第 1 项的基础上,作了新的规定,即《合同法》第 62 条第 1 项:"质量要求不明确的,按照国家标准、行业标准履行;没有国家标准、行业标准的,按照通常标准或者符合合同目的的特定标准履行。"这一规定一定程度上反映了《标准化法》关于标准体系的新规定。但是,它未能区分强制性标准和推荐性标准,未能赋予强制性标准优先被援引的效力,则是其不足。

2017 年 11 月,《标准化法》修订。新《标准化法》对标准体系作了调整。一是在标准层级上增加了团体标准;二是国家标准分为强制性和推荐性,行业标准和地方标准不再分为强制性和推荐性,均为推荐性(第 2 条第 2 款)。《民法典》第 511 条第 1 项反映了新《标准化法》关于标准体系的新规定。依据该项规

---

① 《合同法》第 179 条:"供电人应当按照国家规定的供电质量标准和约定安全供电。供电人未按照国家规定的供电质量标准和约定安全供电,造成用电人损失的,应当承担损害赔偿责任。"

② 例如,《合同法》第 131 条:"买卖合同的内容除依照本法第十二条的规定以外,还可以包括包装方式、检验标准和方法、结算方式、合同使用的文字及其效力等条款。"第 252 条:"承揽合同的内容包括承揽的标的、数量、质量、报酬、承揽方式、材料的提供、履行期限、验收标准和方法等条款。"第 324 条:"技术合同的内容由当事人约定,一般包括以下条款:……(七)验收标准和方法……与履行合同有关的……技术标准、技术规范……,按照当事人的约定可以作为合同的组成部分。"上述条文中的"技术标准"通常是指标准化意义上的标准,"检验标准""验收标准"虽然不是专指标准化意义上的标准,但在实践中,多数情况下,采用的是标准化意义上的标准,如产品质量标准、工程建设标准等。

定,合同质量条款欠缺时,优先援引强制性国家标准;没有强制性国家标准的,援引推荐性国家标准;没有推荐性国家标准的,采用行业标准。这一规定区分了强制性标准和推荐性标准,确立了强制性国家标准在合同质量条款欠缺时优先被援引的效力。这一规定弥补了《合同法》第 62 条第 1 项的不足。

二、标准供给

依据《民法典》第 511 条第 1 项规定,不仅国家标准、行业标准可作为质量条款欠缺时被援引作为合同履行的依据,而且其他类型的标准(地方标准、团体标准、企业标准等)也可以作为"通常标准"或"符合合同目的的特定标准",在无国家标准、行业标准时被援引作为合同履行的依据。法律与标准之间形成了援引与被援引的关系,这是一种供与需的关系,标准为供方,法律为需方。[①] 在标准与法律的供需关系中,是否援引标准取决于需方的法律,而不取决于供方的标准。[②] 因为没有任何一项标准具有法律必须援引的效力,也没有任何一项标准会作出如此的规定。在标准与法律的供需关系中,《民法典》第 511 条第 1 项之规定能否切实发挥填补合同漏洞的作用,则取决于标准的供给。如无标准供给,《民法典》第 511 条第 1 项就会发生"空转"而失去其制度价值。

标准化是组织现代化生产的重要手段,是科学管理的重要组成部分。[③] 自改革开放以来,我国十分重视标准化在现代化建设中的作用,将标准化定为国家的一项基本经济政策,[④]标准化事业得到迅速的发展。随着标准化事业的发展,标准的供给能力大幅提升。在合同质量条款欠缺时,可供援引的标准类型多,数量庞大。从类型来看,既包括《民法典》第 511 条第 1 项提到的强制性国家标准、推荐性国家标准(两者统称国家标准)和行业标准,也包括地方标准、团体标准和企业标准。

国家标准由国务院标准化行政主管部门和国务院有关行政主管部门组织制定。国家标准分为强制性国家标准和推荐性国家标准。强制性国家标准旨

---

①　标准化理论界认为,标准本身是一种产品,一种具有特殊形态有着特殊用途的特殊技术产品。参见王忠敏主编:《标准化基础知识实用教程》,中国标准出版社 2010 年版,第 9 页。

②　柳经纬:《论标准的私法效力》,载《中国高校社会科学》2019 年第 6 期。

③　须浩风主编:《当代中国标准化》,中国社会科学出版社 1986 年版,第 5 页。

④　1979 年《标准化管理条例》第 1 条规定:"标准化是组织现代化生产的重要手段,是科学管理的重要组成部分。在社会主义建设中推行标准化,是国家的一项重要技术经济政策。没有标准化,就没有专业化,就没有高质量、高速度。……"

在满足"保障人身健康和生命财产安全、国家安全、生态环境安全以及满足经济社会管理基本需要的技术要求"(《标准化法》第 10 条第 1 款),其代号是"GB",如《不锈钢压力锅》(GB 15066—2004)、《城市居住区规划设计标准》(GB 50180—2018)。推荐性国家标准旨在"满足基础通用、与强制性国家标准配套、对各有关行业起引领作用等需要的技术要求"(《标准化法》第 11 条),其代号是"GB/T",如《月饼》(GB/T 19855—2015)、《轻轨交通设计标准》(GB/T 51263—2017)。根据全国标准信息公共服务平台(http://std.samr.gov.cn)提供的信息,截至 2023 年 2 月 4 日,现行有效的国家标准共计 42467 项。

行业标准由国务院有关行业行政主管部门组织制定。《标准化法》第 12 条第 1 款规定:"对没有推荐性国家标准、需要在全国某个行业范围内统一的技术要求,可以制定行业标准。"我国行业标准之"行业"领域多达 71 个,包括轻工、农业、商业、邮政、通信、安全生产、电力、环境保护等。不同的行业标准各有其标准代号,如农业行业标准的代号是"NY",商业行业标准的代号是"SB",如为推荐性标准,则在代号后加"/T",如农业行业标准《绿色食品豆制品》(NY/T 1052—2014)、机械行业标准《数码照相机镜头》(JB/T 13704—2019)。根据全国标准信息公共服务平台(http://std.samr.gov.cn)提供的信息,截至 2023 年 2 月 4 日,该平台共收录 71 个行业的行业标准共计 78514 项。

地方标准的制定主体是省、自治区、直辖市人民政府标准化行政主管部门和设区的市级人民政府标准化行政主管部门。《标准化法》第 13 条第 1 款规定:"为满足地方自然条件、风俗习惯等特殊技术要求,可以制定地方标准。"地方标准的代号为"DB"加上省、自治区、直辖市行政区划代码①前两位数字组成;设区的市地方标准代号由"DB"加上该市行政区划代码前四位数字组成,如吉林省地方标准的代号是"DB22",浙江省地方标准的代号是"DB33"。如为推荐性地方标准,则加上"/T",例如浙江省地方标准《林木种子质量等级》(DB33/T 176—2016)。根据全国标准信息公共服务平台(http://std.samr.gov.cn)提供的信息,截至 2023 年 2 月 4 日,该平台收录的地方标准共计 62977 项。

团体标准的制定主体是依法成立的社会团体。《标准化法》第 18 条第 1 款规定:"国家鼓励学会、协会、商会、联合会、产业技术联盟等社会团体协调相关市场主体共同制定满足市场和创新需要的团体标准,由本团体成员约定采用或者按照本团体的规定供社会自愿采用。"团体标准的代号是"T",如中国纺织品商业协会制定的团体标准《普通防护口罩》(T/CTCA 7—2019)、中国蜂产品协

---

① 我国行政区划的代码见国家标准《中华人民共和国行政区划代码》(GB/T 2260—2007)。

会制定的团体标准《蜂蜜》（T/CBPA 0001—2015）。根据全国标准信息公共服务平台（http://std.samr.gov.cn）提供的信息，截至 2023 年 1 月 31 日，在该平台公布的团体标准共计 52251 项。

企业标准是企业根据自己的需要自行制定或与其他企业联合制定的标准（《标准化法》第 19 条）。企业标准的代号是"Q"，如国家电网公司制定的《电动汽车非车载充电机通用要求》（Q/GDW 233—2009）、广州市高仕捷清洁用品有限公司制定的《清洁粉》（Q/GSJQJ 1—2018）。根据全国标准信息公共服务平台（http://std.samr.gov.cn）提供的信息，截至 2022 年 12 月 31 日，企业自我声明公开的标准 2621816 项。

以上述数据为准，我国各种类型标准总数在 277 万项以上，产品和服务质量标准细分到各类商品和服务，如热水器、蜂蜜、旅游服务等等。[①] 数量如此庞大的各种类型的具体产品和服务标准涵盖了社会生活的各个领域，为《民法典》第 511 条第 1 项之适用提供了充足的标准供给。

除了我国标准外，在涉外合同中，国际标准和外国标准也可以依据《民法典》第 511 条第 1 项之规定，作为"通常标准"或"符合合同目的的标准"而被援引为合同履行的依据。

三、法律需求

按照《民法典》第 511 条第 1 项的规定，援引标准作为合同履行依据的前提是"质量要求不明确"，即质量条款欠缺。只在合同质量条款欠缺之时，才有适

---

① 热水器质量标准有国家标准《家用燃气快速热水器》（GB 6932—2015）、《储水式电热水器》（GB/T 20289—2006）、《燃气容积式热水器》（GB 18111—2000）、轻工行业标准《快热式电热水器》（QB 1239—1991）、山东省地方标准《家用太阳热水器》（DB37/T 292—2001）、福建省地方标准《即热式电热水器》（DB35/T 1047—2010）等；蜂蜜质量标准有国家标准《食品安全国家标准蜂蜜》（GB 14963—2011）、农业行业标准《无公害食品蜂蜜》（NY 5134—2002）、供销行业标准《蜂蜜》（GH/T 18796—2012）、安徽省的地方标准《紫云英蜂蜜》（DB34/467—2004）、《洋槐蜂蜜》（DB34/466—2004）、《油菜蜂蜜》（DB34/468—2004）、山东省的地方标准《枣花蜂蜜》（DB37/T 2226—2012）、《刺槐蜂蜜》（DB37/T 2217—2012）、中国蜂产品协会团体标准《蜂蜜》（T/CBPA 0001—2015）等；旅游服务标准有国家标准《旅游娱乐场所基础设施管理及服务规范》（GB/T 26353—2010）、海南省地方标准《邮轮旅游服务规范》（DB46/T 493—2019）、浙江省地方标准《采摘体验基地旅游服务规范》（DB33/T 915—2018）、广东省地方标准《农家乐旅游服务规范》（DB44/T 1184—2013）、福建省地方标准《永春牛姆林旅游服务规范》（DB35/T 1188—2011）、河北省地方标准《河北省乡村旅游服务质量标准》（DB13/T 1009—2009）、丽江市旅游协会团体标准《丽江市导游服务规范》（T/LJLX 001—2017）等。

用《民法典》第 511 条第 1 项之规定,援引标准作为合同履行依据的需要。在法律生活中,这种需求究竟有多大?在理解和适用《民法典》第 511 条第 1 项时,阐明这一问题是必要的。一方面,可以帮助我们正确认识《民法典》第 511 条第 1 项的功能;另一方面,亦可借此把握《民法典》第 511 条第 1 项中"质量要求不明确"的确切内涵。

从我国实际情况看,这种法律需求并不大,绝大多数合同无适用《民法典》第 511 条第 1 项之需求。

首先,土地、艺术品、古董、文物以及旧货等特定物交易中,标的物的质量以物的现状为准,原则上无须引用标准。而且,它们也不属于标准化的对象,无相应的标准可作为质量的依据。因此,在特定物交易中,通常无适用《民法典》第 511 条第 1 项之必要。而且,在特定物交易中,标的物均有自己的特性,不具有品质上的可比性,因而也无"中等品质"之说。这也是传统民法关于填补质量条款漏洞只限于种类物合同的缘故,我国《民法典》第 511 条第 1 项虽无种类物合同之限定,解释上也当如此。

其次,在采用标准化方式组织生产的制度安排下,标准作为合同标的质量的依据进入合同,构成合同的条款,极大地减少了合同质量条款欠缺的情形,因而无适用《民法典》第 511 条第 1 项之需求。

我国历来重视标准化方法在生产中的应用,要求企业应当按照标准组织生产。早在 1962 年,国务院颁布的《工农业产品和工程建设技术标准管理办法》即规定"一切正式生产的工业产品,各类工程建设的设计、施工,由国家收购作为工业原料的出口的以及对人民生活有重大关系的重要农产品,都必须制订或者修订技术标准,并按照本办法的规定进行管理"(第 2 条)。并要求"一切生产企业,对于原料、材料和协作件的验收,半成品的检查,以及成品的检验,都必须按照技术标准进行。""一切工程建设的设计、施工和验收,都必须按照技术标准进行"(第 19 条)。1979 年国务院颁布的《标准化管理条例》进而明确规定:"凡正式生产的工业产品、重要的农产品、各类工程建设、环境保护、安全和卫生条件,以及其他应当统一的技术要求,都必须制订标准,并贯彻执行。"(第 2 条)1995 年,原国家技术监督局发布《全国消灭无标生产试点县实施方案》,在全国范围内开展"消灭无标生产"的试点工作。1998 年 11 月,原国家技术监督局发布《关于加强消灭无标生产工作若干意见的通知》,提出在总结试点工作经验的基础上"全力推进全国的消灭无标生产工作",要求"企业应当严格按标准组织生产和检验,做到产品无标准不生产,不合格产品不出厂"。在采用标准化方式组织生产的制度安排下,产品和服务被纳入了标准化的轨道,标准作为判定产品和服务的质量的基本依据的地位得以确立,从制度层面上杜绝了不符合标准或无标准的产品和服务流入市场。

为了加强对产品和服务符合标准的监督,2017 年修订的《标准化法》规定了企业执行标准自我声明公开制度,要求"企业应当公开其执行的强制性标准、推荐性标准、团体标准或者企业标准的编号和名称;企业执行自行制定的企业标准的,还应当公开产品、服务的功能指标和产品的性能指标"(第 27 条)。企业声明公开其执行标准的方式包括在全国标准信息公共服务平台(http://std.samr.gov.cn)上公开其执行标准以及在其产品包装或产品和服务的说明书中明示其执行标准。① 企业公开声明执行标准的私法意义在于,企业公开声明其产品或服务所执行的标准,构成了企业对其产品或服务的质量的承诺。当消费者或用户购买其产品或利用其服务时,企业公开声明执行的标准进入合同,成为合同的标的质量条款,即"标准条款"。在合同存在"标准条款"时,合同关于质量的要求是明确的。因此,企业公开声明执行标准在制度层面上使得合同质量条款的确定性有了保障,避免了合同质量条款欠缺情况的发生。

再次,如果法律已规定某些合同应援引有关标准且存在着该种标准,当合同质量条款欠缺时,应依据法律规定援引标准作为评判合同标的质量的依据,此时亦无适用《民法典》第 511 条第 1 项之需求。例如,《消防法》第 24 条规定:"消防产品必须符合国家标准;没有国家标准的,必须符合行业标准。禁止生产、销售或者使用不合格的消防产品以及国家明令淘汰的消防产品。"又如,《建筑法》第 52 条规定:"建筑工程勘察、设计、施工的质量必须符合国家有关建筑工程安全标准的要求……"再如,根据《煤炭法》第 45 条规定,如果合同对煤炭质量没有特殊约定的,"煤矿企业和煤炭经营企业供应用户的煤炭质量应当符合国家标准或者行业标准,质级相符,质价相符"。

上述说明,《民法典》第 511 条第 1 项规定的"质量要求不明确"不会成为合同的常态,援引标准以弥补质量条款欠缺的现实需求少之又少。

当然,现实需求大小并不是确定法律规则存在与否的理由。即便是"质量要求不明确"的情形少之又少,也不可否定《民法典》第 511 条第 1 项存在的制度价值。那么,在实践中,究竟在哪些情况下,会出现"质量要求不明确"即质量条款欠缺而需要依据《民法典》第 511 条第 1 项援引标准作为合同履行依据的情形? 对此,结合标准化的实际情况,分析如下:

(1)合同没有约定标的质量所执行的标准(包括未约定标的的检验标准或验收标准),并且无法依据合同有关信息确定所指向的标准。合同明确约定了

---

① 甘藏春、田世宏主编:《中华人民共和国标准化法释义》,中国法制出版社 2017 年版,第 70 页。

标的质量所执行的标准,当然不属于"质量要求不明确"的情形。合同虽然没有约定标的质量所执行的标准,但根据合同的信息能够确定所执行的标准,也不属于"质量要求不明确"的情形。例如,买卖合同的标的物是兰州产的百合干,合同约定应符合有关质量标准。虽然合同未明确约定标的的质量标准,但根据"百合干""兰州产"等信息,可以认定合同约定的"有关质量标准",是指甘肃省地方标准《地理标志产品 兰州百合》(DB62/T 412—2014)。如果合同约定的百合产地是广西壮族自治区,则合同约定的"有关质量标准"应指广西壮族自治区地方标准《百合》(DB45/T 264—2005)。因此,只有在合同未约定标准,且无法根据合同有关信息确定指向的标准时,才可认为属于质量条款欠缺的情形。例如,在"李十贵、房妹六等与潘康排装饰装修合同纠纷案"中,李十贵、房妹六与潘康排口头约定,将某号房屋的墙体瓷砖、地砖的铺贴工程交由潘康排进行施工,双方之间仅约定主要装修项目为房屋铺贴地砖、墙砖,装修材料由李十贵、房妹六提供,没有就工程的质量验收标准等作出约定。① 本案即属于合同质量条款欠缺的情形。

(2)合同约定的标的质量标准不存在。合同约定的标的质量标准事实上不存在或者无法查实,等同于合同未约定标准,应认为是质量条款欠缺的情形。例如,在"范卫付与盐城天邦饲料科技有限公司渔业承包合同纠纷、买卖合同纠纷案"中,合同双方签订的鱼饲料买卖合同约定,范卫付向天邦公司购买的鱼饲料执行天邦公司企业标准,但在诉讼中,天邦公司未能提交其企业标准。② 因此,本案买卖合同也属于合同质量条款欠缺的情形。

(3)合同约定了某项标准或某类标准,但该项标准或该类标准并不适用于合同的标的。这是一种"张冠李戴"的情形,由于约定的标准不适用于合同的标的,因此就合同标的的质量而言,应属于质量条款欠缺的情形。例如,在"吕芝培与广州茶里电子商务有限公司网络购物合同纠纷案"中,吕芝培通过茶里公司设在天猫网站的网店先后购买了茶里春光集礼盒共计 19 盒,产品外盒标签注明"配料表:蒙顶毛峰、龙井、碧螺春"和"产品标准号 GB/T 18650—2008"。经查,"GB/T 18650—2008"是指龙井茶的推荐性国家标准,碧螺春的推荐性国家标准是"GB/T 18957—2008",产地在四川的"蒙顶毛峰"尚无标准。③ 在本案中,合同约定的龙井茶推荐性国家标准不适用于含有龙井、碧螺春、蒙顶毛峰三种配料的茶叶,属于"张冠李戴",也构成合同质量条款欠缺的情形。

① 广东省清远市中级人民法院(2016)粤 18 民终 239 号民事判决书。
② 江苏省高级人民法院(2016)苏民终 226 号民事判决书。
③ 广东省广州市中级人民法院(2015)穗中法民二终字第 2176 号民事判决书。

（4）合同约定了某项标准，但该项标准已被新标准替代，导致合同约定的标准条款失效。从合同的内容来看，当事人约定的是旧标准，但旧标准已经失效，此时也应认定合同约定的"质量要求不明确"。这里有两种情形：一是新旧标准编号不同，新标准替代了旧标准。例如，在"丛春生与哈尔滨家乐福超市有限公司新阳店买卖合同纠纷案"①中，原告 2015 年在被告处购买了 85 瓶美味黄瓜罐头，食品标签标示的产品执行标准是"QB/T 3618"。经查，"QB/T3618"的全称是轻工行业标准《黄瓜美味罐头》（QB/T 3618—1999），该标准已于 2014 年 10 月 1 日被新的轻工行业标准《黄瓜罐头》（QB/T 4625—2014）所代替。在本案中，由于新旧标准的编号不同，它们不属于同一标准，因此就原被告之间的买卖合同而言，由于旧标准已被新标准替代，合同约定的质量标准不应继续执行，合同出现了质量条款欠缺的情形。二是新旧标准的编号相同，但版本年号不同，如果合同约定的标准标明了年号，那么新标准替代旧标准时应认定合同约定的旧标准已被废止，合同存在"质量要求不明确"的情形。但如果合同约定的标准没有标明年号，参照标准化原理，引用标准未注明日期的，应适用其最新版本，②此时则不存在合同质量条款欠缺的情形。

（5）合同标的质量条款因不符合强制性标准而无效。根据《标准化法》第 2 条第 3 款关于"强制性标准必须执行"的规定以及第 25 条关于"不符合强制性标准的产品、服务，不得生产、销售、进口或者提供"的规定，如果合同约定的质量要求不符合强制性标准，则违背了《标准化法》的上述规定。这种情形应属于《民法典》第 153 条第 1 款规定的"违反法律、行政法规的强制性规定"的情形，依法应认定合同约定的质量条款无效。当合同质量条款被认定无效时，构成质量条款欠缺的情形。

四、援引标准

《民法典》第 511 条第 1 项关于援引标准的规定可分为两个部分：前半段是"质量要求不明确的，按照强制性国家标准履行；没有强制性国家标准的，按照推荐性国家标准履行；没有推荐性国家标准的，按照行业标准履行"；后半段是"没有国家标准、行业标准的，按照通常标准或者符合合同目的的特定标准履行"。

---

① 哈尔滨市道里区人民法院(2016)黑 0102 民初 1376 号民事判决书。
② 白殿一、王益谊等：《标准化基础》，清华大学出版社 2019 年版，第 121 页。

(一)国家标准、行业标准

《民法典》第 511 条第 1 项前半段所列强制性国家标准、推荐性国家标准和行业标准,均为标准化意义上的标准,它们是我国标准体系的重要成员。按照前半段的规定,强制性国家标准、推荐性国家标准、行业标准被援引时存在着顺位,强制性国家标准具有优先被援引的效力。这一规定较之原《合同法》第 62 条第 1 项前半段笼统地规定"按照国家标准、行业标准履行",标准援引的先后次序清楚,也符合标准化法关于强制性标准与推荐性标准实施效力不同的规定。然而,必须指出的是,从标准的技术要求来看,优先援引强制性国家标准,对合同当事人而言,并不是"高"的质量要求,而是"低"的质量要求。按照《标准化法》第 21 条的规定,推荐性国家标准、行业标准等标准的技术要求,均不得低于强制性国家标准的技术要求。这就意味着与推荐性国家标准、行业标准等标准相比,强制性国家标准规定的技术要求属于"低"的质量要求,而不是"高"的质量要求。不过,由于强制性国家标准设定的是产品和服务的安全技术指标,守住了安全这一底线,[①]因此它可以满足合同质量条款欠缺时合同履行的要求,能够满足合同目的的要求。同时,以比较法的视野来观察,也不难发现,《民法典》第 511 条第 1 项确立的优先援引强制性国家标准的规则,较之于传统民法所规定的"中等品质"要求,彰显的是产品和服务"安全"这一品质要求,具有鲜明的个性。

根据《民法典》第 511 条第 1 项前半段规定援引标准时,应注意的问题是,虽然《标准化法》规定的强制性标准只有强制性国家标准一种类型,行业标准和地方标准均为推荐性标准(第 2 条第 2 款),但由于标准化体制改革尚未到位,实际上仍存在着强制性的行业标准。例如,国家药品监督管理局批准发布的医药行业标准《高频喷射呼吸机》(YY 0042—2018)、《射频消融导管》(YY 0778—2018),原环境保护部批准发布的环境行业标准《环境标志产品技术要求　食具消毒柜》(HJ 2550—2018)、《环境标志产品技术要求　家用洗碗机》(HJ 2549—2018),均为强制性行业标准。按照国务院 2015 年印发的《深化标准化工作改革方案》的要求,强制性行业标准应逐渐整合为强制性国家标准。根据这一改革精神,当不存在相应的强制性国家标准可援引时,强制性行业标准应优先于推荐性国家标准而被援引。

---

① 2015 年 12 月 17 日,国务院办公厅印发的《国家标准化体系建设发展规划(2016—2020 年)》(国办发〔2015〕89 号)明确提出"强制性标准守底线、推荐性标准保基本、企业标准强质量"。

(二)"通常标准""特定标准"

《民法典》第511条第1项后半段中的"通常标准"或者"符合合同目的的特定标准"并非标准化意义上的标准。关于"通常标准",人们解释为不低于合同履行地的平均水平,即当事人提供的产品或服务的质量是合理的且最低质量要求要达到平均水平;关于"符合合同目的的特定标准",则解释为依据当事人订立合同的目的来确定的标准。[①] 这种理解固然符合立法的旨意,但存在着不确定性。笔者认为,在适用《民法典》第511条第1项后半段时,应与适用前半段一样,充分利用标准化的成果;只有在穷尽了标准化的成果既无标准可供援引时,才可按照对"平均水平"或"合同目的"的理解对合同标的的质量要求作出认定。

在我国标准体系中,除了《民法典》第511条第1项前半段规定的强制性国家标准、推荐性国家标准、行业标准外,还有地方标准、团体标准和企业标准。这些标准无疑可以作为"通常标准"或"特定标准",在没有强制性国家标准、推荐性国家标准和行业标准的情况下,用来确定合同标的的质量。此外,国际标准和外国标准,也可以作为"通常标准"或"特定标准",用来确定合同标的的质量。

依据《民法典》第511条第1项后半段之规定援引标准与前半段不同,可作为"通常标准"或"特定标准"援引的各类标准之间不存在先后的顺位,只要能满足法律上"通常"或"合同目的"的要求,均可被援引作为质量条款欠缺时合同履行的依据。然而,在具体援引标准时,应考虑以下几点。

(1)合同的标的为具有地方特色的产品或服务,应优先援引地方标准。我国幅员辽阔,民族众多,自然条件和民族生活习惯差异大,依《标准化法》第13条规定,"为满足地方自然条件、风俗习惯等特殊技术要求",省级人民政府以及经省级人民政府批准的设区的市可以制定地方标准。当合同的标的是具有地方特色的产品或服务时,如无国家标准和行业标准可供援引,而有地方标准时,基于地方标准制定主体(地方人民政府)的权威性和公信力,优先援引地方标准作为合同履行的依据,较之援引团体标准和企业标准,更符合"通常标准"的要求。如果地方标准属于强制性标准(例如,食品安全地方标准[②]),那么基于标准

[①]　最高人民法院民法典贯彻实施工作领导小组编:《中华人民共和国民法典合同编理解与适用》(一),人民法院出版社2020年版,第352～353页。

[②]　《食品安全法》分别规定了食品安全国家标准(第27条)和食品安全地方标准(第29条),并明确规定"食品安全标准是强制执行的标准"(第25条)。因此,虽然《标准化法》第2条第2款明确规定,地方标准属于推荐性标准,但食品安全地方标准却是强制性标准。

的强制实施效力,强制性地方标准不仅应当优先于团体标准和企业标准而被援引,还应优先于推荐性地方标准而被援引。

(2)团体标准较之于企业标准,应优先被援引。团体标准的制定主体是行业协会等社会团体,企业标准的制定主体是企业。团体标准较之企业标准,其所规定的产品或服务的技术指标,更能反映同行业的要求,因而也更符合"通常标准"的要求。而且,当某一产品或服务存在着团体标准和企业标准时,援引团体标准较之于援引企业标准,更具公平性。因为,当某企业提供的产品或服务尚无国家标准、行业标准、地方标准且合同也未明确约定其质量要求时,援引其他企业的标准意味着采用 A 企业的标准来衡量 B 企业提供的产品或服务的质量,这在 B 企业看来是不公平的。而援引团体标准就不存在这样的问题。

(3)在涉外合同中,如合同标的为进口产品,应优先适用进口产品生产地国家(地区)的标准或者国际标准。关于这一点,《中华人民共和国进出口商品检验法》(以下简称《进出口商品检验法》)关于进口商品适用标准的规定和《中华人民共和国食品安全法》(以下简称《食品安全法》)关于进口食品适用标准的规定,可供参照。《进出口商品检验法》第 7 条规定:"列入目录的进出口商品,按照国家技术规范的强制性要求进行检验;尚未制定国家技术规范的强制性要求的,应当依法及时制定,未制定之前,可以参照国家商检部门指定的国外有关标准进行检验。"《食品安全法》也规定,进口的食品应当符合我国食品安全国家标准(第 38 条第 1 款);进口尚无食品安全国家标准的食品,由境外出口商、境外生产企业或者其委托的进口商向国务院卫生行政部门提交所执行的相关国家(地区)标准或者国际标准,国务院卫生行政部门对相关标准进行审查,认为符合食品安全要求的,决定暂予适用(第 39 条)。援引进口产品生产地国家(地区)的标准或者国际标准,符合"合同目的"和"通常标准"的要求。

五、程序问题

《民法典》第 511 条第 1 项之适用所涉及的程序问题,包括标准的查明和叙说两个方面。

(一)标准的查明

在诉讼过程中,依据《民法典》第 511 条第 1 项规定援引标准,存在着一个标准的查明问题,究竟是应由法官依职权援引,还是应由当事人举证,不无疑问。这一问题与标准是否具有法律属性、是否属于法的范畴有关。如果认为标准具有法律属性,属于法的范畴,那么应由法官依职权援引;如果认为标准不具有法律属性,不属于法的范畴,那么原则上应由当事人举证。

　　一般来说,团体标准、企业标准以及国际标准和外国标准不具有法律属性,不属于法的范畴,学界对此应无争议。但是,关于国家标准、行业标准和地方标准,尤其是其中的强制性标准,主张其具有法律属性,属于法的范畴,无论是在理论界还是在法律实务界,均大有人在。[①] 笔者认为,虽然标准与法律均属于规范的范畴,但无论是制定主体、制定程序还是实施监督,标准与法律都存在根本的区别。[②] 在规范意义上,标准本质上并不具有法律规范所具有的权利义务内容,只具有科学技术上的合理性。标准在法律上所具有的规范效力不是来自标准本身,而是来自法的规定。[③] 强制性标准也是如此。强制性标准的强制性效力,并非源自其拥有强制性标准这一名称,而是《标准化法》第 2 条第 3 款关于"强制性标准必须执行"的规定。

　　因此,在诉讼中,标准只具有作为案件事实认定依据的意义,而不具有作为行为违法性判定依据的意义,判定当事人行为违法的依据是法律。例如,在事实为涉案食品的微生物含量超过食品安全标准规定限量的纠纷案中,认定涉案食品微生物超标的依据是食品安全标准,而不是合同法;但判定涉案食品生产经营者违约并承担违约责任的依据是合同法,而不是食品安全标准。标准所具有的证明案件事实的意义,表明它应属于证据的范畴,而非法律的范畴。因此,根据《民事诉讼法》第 64 条第 1 款关于证明责任的规定,依《民法典》第 511 条第 1 项之规定,援引标准作为判定合同标的质量的依据,原则上应由当事人举证,而不由法官依职权援引。

　　但是,标准具有很强的专业技术性,且体系庞杂,并非一般人所能掌握,在适用《民法典》第 511 条第 1 项时,所应援引的标准甚至可能不为当事人所知悉,因此单纯强调当事人举证,不利于案件事实的查明。在此情况下,法院亦可依据《民事诉讼法》第 64 条第 2 款之规定,主动"调查收集"适用于涉案标的质量的标准。在标准的查明问题上,无论是由当事人举证还是法院依职权调查收

---

　　① 　关于标准具有法律属性的主张,参见柳经纬:《评标准法律属性论——兼谈区分标准与法律的意义》,载《现代法学》2018 年第 5 期。

　　② 　白桦、洪生伟等人对标准与法律的制定、实施和监督检查("生命周期过程")进行了对比分析,揭示了二者的区别。参见白桦、洪生伟:《立法和制定标准的比较分析和研究——法律与标准生命周期过程比较分析之一》,载《标准科学》2009 年第 2 期;齐陵、齐格奇、洪生伟:《执法和实施标准的比较分析和研究——法律与标准生命周期过程比较分析之二》,载《标准科学》2009 年第 7 期;白桦、洪生伟:《法律和标准实施监督检查的比较分析和研究——法律与标准生命周期过程比较分析之三》,载《标准科学》2010 年第 3 期。

　　③ 　柳经纬:《标准的规范性与规范效力——基于标准著作权保护问题的视角》,载《法学》2014 年第 8 期。

集,均可借助于标准服务机构,查明所援引的标准。例如,由国家市场监督检查总局和国家标准化管理委员会主管、国家市场监督检查总局国家标准技术审评中心主办的全国标准信息公共服务平台(http://std.samr.gov.cn)和中国标准信息服务网(https://www.sacinfo.cn),前者设有"国家标准""行业标准""地方标准""团体标准""企业标准""国际标准""国外标准"①栏目,收录了各种类型的标准或标准信息;后者则提供国际标准(ISO、IEC 等)以及德国、法国、西班牙等国外标准的在线订阅和销售服务。此外,国家卫生健康委员会、住房和城乡建设部、生态环境部、农业农村部、工业和信息化部等国家部委官网公布的标准信息,也可以为国家标准和行业标准的查明提供帮助。例如,国家卫生健康委员会食品安全标准与监测评估司定期发布的"食品安全国家标准目录",有助于人们查明涉案食品质量纠纷所适用的食品安全国家标准(属强制性国家标准)。

合同当事人就涉案标的质量产生争议时,委托具有资质的鉴定人对涉案标的进行质量鉴定,是查明标准的有效方式。鉴定是鉴定人运用科学技术或者专门知识对诉讼涉及的专门性问题进行鉴别和判断并提供鉴定意见的活动。②《民事诉讼法》第 76 条规定,当事人可以就查明事实的专门性问题向人民法院申请鉴定;当事人未申请鉴定,人民法院对专门性问题认为需要鉴定的,应当委托具备资格的鉴定人进行鉴定。鉴定人具备专业知识,熟悉本专业领域的标准,鉴定人依据标准对合同标的质量进行鉴定并出具鉴定意见,③既是对合同标的质量进行评判的过程也是援引标准的过程。鉴定对于查明所援引的标准,较之其他方法,更具专业性和权威性。例如,在成都市中级人民法院 2020 年审结的"成都宜格尚品服饰有限公司、高彩艳买卖合同纠纷案"中,由于买卖双方签订的童装系列产品《经销合同》未约定产品质量标准,湖北省纤维制品检测中心随州分中心根据当事人的委托,依据纺织行业标准《针织儿童服装》(FZ/T 73045—2013)和国家标准《消费品使用说明 纺织品和服装的使用说明》(GB 5296.4—2012),对样品进行了检验,作出部分指标不符合标准的检验结论。湖

---

① "国际标准"栏目收录有国际标准组织(ISO)和国际电工组织(IEC)的标准信息;"国外标准"栏目收录有美国标准学会(ANSI)、英国标准学会(BSI)、欧洲标准学会(CEN)、德国标准学会(DIN)、澳大利亚标准学会(SA)、新西兰标准学会(NZSO)、韩国标准协会(KATS)等国的标准和标准信息。见全国标准信息公共服务平台,http://std.samr.gov.cn/gw,2020年 11 月 2 日访问。

② 《全国人民代表大会常务委员会关于司法鉴定管理问题的决定》第 1 条,《司法鉴定程序通则》第 2 条。

③ 《司法鉴定程序通则》第 23 条要求,司法鉴定人进行鉴定,应当遵守和采用该专业领域的技术标准、技术规范和技术方法。

北省纤维制品检测中心随州分中心所援引的标准以及依此标准作出的鉴定意见得到法院的认可。①

(二)标准的叙说

裁判文书是人民法院审理案件过程和裁判结果的载体。② "释法说理"是对裁判文书的基本要求。③ 人民法院在适用《民法典》第 511 条第 1 项规定时,应当根据"释法说理"的要求,对援引标准作出符合该项规定的说明。裁判文书关于援引标准的说明应包括四个层面的内容。

(1)对"质量要求不明确"即质量条款欠缺的具体情形作出说明,这是适用《民法典》第 511 条第 1 项的前提。究竟是因为合同没有约定具体的质量要求,还是因为约定的质量条款无效;如属约定的质量条款无效,则无效的理由是什么? 这些都应当在裁判文书中交代清楚。

(2)必须明确交代援引标准的法律依据,即《民法典》第 511 条第 1 项,而不是越过该项规定直接援引标准。这是因为标准并不具有当然的适用效力,即便是强制性标准也是如此。之所以在质量条款欠缺时援引强制性标准作为合同履行的依据,依据的是《民法典》第 511 条第 1 项之规定,而不是依据强制性标准依法具有的强制实施效力。例如,在上述"成都宜格尚品服饰有限公司、高彩艳买卖合同纠纷案"中,法院对援引标准的法律依据(原《合同法》第 62 条第 1 项)作了明确的交代,从而依据鉴定结构作出的鉴定意见,认定宜格公司向高彩艳提供的服装不符合国家标准及行业标准,构成了违约行为。

(3)应当对为什么援引此项标准而不是彼项标准作出说明。如果援引的是强制性国家标准,那么《民法典》第 511 条第 1 项规定的强制性国家标准优先适用规则,即是理由。如果援引的是推荐性国家标准,则应当说明,经法院查明涉案合同标的不存在着强制性国家标准,方可援引推荐性国家标准。如果援引的是行业标准,则应当说明经法院查明涉案标的不存在国家标准。例如,在浙江省高级人民法院 2019 年审理的"严玉霞、郑克定作合同纠纷再审案"中,对在无国家标准的情况下援引行业标准,作了特别说明。法院认为,《合同法》第 62 条第 1 项规定,质量要求不明确的,按照国家标准、行业标准履行。在"实木复合"

---

① 四川省成都市中级人民法院(2020)川 01 民终 365 号民事判决书。

② 参见胡云腾:《论裁判文书的说理》,载《法律适用》2009 年第 3 期。

③ 2014 年,十八届四中全会通过《中共中央关于全面推进依法治国若干重大问题的决定》,提出要"加强法律文书释法说理"。2018 年,最高人民法院印发《关于加强和规范裁判文书释法说理的指导意见》(法发〔2018〕10 号),阐明了裁判文书释法说理的重要性,对裁判文书释法说理提出了具体的要求。

无国家标准的情况下,二审法院适用物资管理行业标准《木质门》(WB/T 1024—2006),认定本案郑克提供给严玉霞的木门基本符合"实木复合门"的行业定义"并无不当"。[①] 如果依据《民法典》第511条第1项后半段之规定,援引地方标准、团体标准、企业标准,或者在涉外合同中援引国际标准或国外标准,均应当对此作出涉案标的无国家标准、行业标准的说明。尤其是在合同当事人对援引标准(包括鉴定人所采用的标准)存在异议时,裁判文书更应当对所援引标准作出说明。

(4)应当对所援引的标准与涉案合同标的的符合性作出说明。标准是一种规范性文件,每一项标准都有其特定的适用对象。标准的适用对象载明于标准文本第一章"范围"(有的称为"总则"),有的标准在"范围"中只规定了其适用的对象;有的标准不仅规定了其适用的对象还规定了其不适用的对象。前者如食品安全国家标准《干酪》(GB 5420—2011)第1章"范围"规定:"本标准适用于成熟干酪、霉菌成熟干酪和未成熟干酪。"后者如国家标准《头部防护　安全帽》(GB 2811—2019)第1章"范围"规定,"本标准适用于作业场所头部防护所用的安全帽","本标准不适用于消防、应急救援、运动用和车用头部防护用品"。如果合同标的属于标准"范围"所规定的适用对象,表明该标准与合同标的之间存在符合性,如果合同标的不属于标准"范围"所规定的适用对象,尤其是"范围"明确规定的不适用对象,则不存在符合性。只有与合同标的存在符合性的标准才能被援引为合同履行的依据,如果援引的标准与合同标的之间不存在符合性,则不能被援引为合同履行的依据。因此,依据《民法典》第511条第1项规定援引标准时应对所援引的标准与涉案合同标的的符合性作出说明,从而确保援引标准的正确,避免出现"张冠李戴"的情形。

六、规则完善

《民法典》第511条规定:"当事人就有关合同内容约定不明确,依据前条规定仍不能确定的,适用下列规定……"因此,本条适用应以第510条为基础。第510条规定:"合同生效后,当事人就质量、价款或者报酬、履行地点等内容没有约定或者约定不明确的,可以协议补充;不能达成补充协议的,按照合同相关条款或者交易习惯确定。"依据上述规定,如果合同质量条款欠缺,只要是当事人未能达成补充协议,且不能按照合同相关条款或者交易习惯予以确定时,即可适用第511条第1项之规定。

---

① 浙江省高级人民法院(2019)浙民申4660号民事裁定书。

然而,诸如前引《消防法》第 24 条、《建筑法》第 52 条以及《煤炭法》第 45 条以及《进出口商品检验法》第 7 条、《食品安全法》第 38 条第 1 款,在法律对合同标的的质量所适用的标准作了明确规定时,如果当事人就标的的质量标准没有约定或者约定不明确,又不能依据《民法典》第 510 条之规定达成补充协议时,应首先依据有关法律的规定,根据其指引而援引标准。此时,并不适用《民法典》第 511 条第 1 项之规定。例如,《煤炭法》第 45 条规定:"煤矿企业和煤炭经营企业供应用户的煤炭质量应当符合国家标准或者行业标准,质级相符,质价相符。用户对煤炭质量有特殊要求的,由供需双方在煤炭购销合同中约定。"根据这一规定,如果供需双方未对煤炭质量的特殊要求作出约定,应直接依据该条规定援引有关煤炭质量的国家标准或行业标准,在具体处理上,应按照先强制性国家标准、次推荐性国家标准、后行业标准的顺位,优先适用强制性国家标准。① 此时,援引标准作为合同履行的依据并不需要依据《民法典》第 511 条第 1 项之规定。由此可见,《民法典》第 511 条第 1 项之适用,除了当事人不能达成补充协议外,还应该看法律有无特别规定,并非只要当事人不能达成补充协议,即可依据《民法典》第 511 条之规定援引标准。因此,《民法典》第 510 条和第 511 条所构建的质量条款欠缺时援引标准的规则存在着明显的缺漏。

对于这种缺漏,应当在未来民法典的司法解释中,对质量条款欠缺时援引标准的规则予以完善,即:当事人对产品或者服务的质量要求约定不明确且不能达成补充协议的,如果法律对产品或者服务的质量应符合有关标准有规定,应当依据法律规定;法律没有规定的,依据《民法典》第 511 条第 1 项规定。

第四节　标准与违约责任

一、标准与违约责任的承担

标准经当事人的约定而进入合同后,构成合同的条款,对合同当事人具有行为指引和评价的作用。合同当事人应当按照合同约定的标准交付标的物或提供服务,如果当事人不履行合同约定的交付标的物或提供服务的义务,或者交付的标的物或者提供的服务不符合约定标准的要求,依法构成违约行为,违

---

① 全国标准信息公共服务平台收录的煤炭质量国家标准有《中国煤炭分类》(GB/T 5751—2009)、《煤炭质量分级》(GB/T 15224—2010),均为推荐性国家标准。

约方应当承担违约责任。

依据《民法典》合同编第8章（"违约责任"）的规定，违约责任的承担方式包括继续履行、采取补救措施（如修理、重作、更换等）、支付违约金、承担定金责任、赔偿损失。在实践中，违约金、定金、赔偿损失的形式主要是金钱，罕有约定其他物质形式的，因此支付违约金、承担定金责任和赔偿损失原则上与标准不存在关联。继续履行涉及产品和服务，修理、重作、更换的对象是产品，均可能与标准产生联系。这种联系表现在当合同约定了产品或服务的标准时，或者虽未约定但依据《民法典》第511条第1项而适用有关标准作为合同标的质量的依据时，违约方承担继续履行或修理、重作、更换的责任，应以符合标准为满足。

例如，"修理、重作、更换"责任的承担，如果卖方交付的产品为不合格品，依据《民法典》之规定使其承担"更换"责任，自然是更换为合格品，产品质量是否合格，评定的依据是产品的质量标准。又如，在工程建设合同纠纷中，如果施工单位未按照有关施工标准进行施工，导致工程质量不合格而无法通过验收，建设单位可以依据《民法典》的规定，要求施工单位承担"修理"或"重作"的责任，修理或重作的结果应当达到工程质量标准或验收标准的要求。

又如，"继续履行"责任的承担，作为一种违约责任，继续履行意味着守约方可以请求法院判决并强制违约方履行合同义务。如果合同义务是交付符合约定质量标准的产品，那么违约方继续履行合同应当交付符合质量标准的产品；如果合同的义务是提供符合服务标准的服务（如工程施工），那么违约方继续履行合同应符合标准的要求。《民事诉讼法》第252条规定，对法律文书指定的行为，被执行人未按执行通知履行的，"人民法院可以委托有关单位或者其他人完成，费用由被执行人承担"。如果法院委托第三方完成法律文书确定的行为，而该行为需以标准作为评价依据（如施工单位继续履行工程施工任务的情形），那么第三方代为完成法律文书确定的行为，也应满足相关质量标准或验收标准的要求。

违约赔偿就其物质形式而言，通常与标准没有关联，法院也不会判决违约方支付的货币必须符合标准，尽管存在着货币印制的质量标准。然而，在《民法典》第591条所规定的情况下，违约赔偿的金额却与标准存在联系。《民法典》第591条规定："当事人一方违约后，对方应当采取适当措施防止损失的扩大；没有采取适当措施致使损失扩大的，不得就扩大的损失请求赔偿。""当事人因防止损失扩大而支出的合理费用，由违约方负担。"本条第1款规定了守约方在违约方违约后有责任（"应当"）采取适当措施防止损失的扩大。这是一项"不真正义务",①守约方采取适当措施防止损失扩大的义务并无对应的权利存在,即违约方并不享有要求守约方采取适当措施防止损失扩大的权利;如果守约方没有采取适当措施造成损失的扩大,只是不得要求违约方赔偿因其未采取适当措施造成扩大的部分损失,并不存在守约方因未尽采取措施的义务而应承担民事责任的问题。如果守约方在违约方违约后采取了适当措施防止了损失的扩大,那么依据本条第2款规定,守约方可以对因此而支出的合理费用,要求违约方赔偿。由此可见,守约方获得"合理费用"的赔偿与其为防止损失而采取的措施"适当"有关。如果守约方采取的措施"适当",其因此而支出的费用属于"合理费用",可以获得赔偿。如果守约方采取的措施"不适当",其因此支出的费用不属于"合理费用",则不能获得赔偿。那么,如何衡量守约方为防止损失的扩大而采取的措施"适当"? 在涉及标准的合同中,标准提供了评价的依据。例如,在工程建设中,如果建筑材料供应商没有按照合同约定及时提供建筑材料,势必导致工程停工而造成损失。此时,依据《民法典》第591条第1款规定,工程建设方"采取适当措施"防止损失的扩大,最"适当"的做法是及时从市场购进同类建筑材料,保证工程建设得以进行,以减少因停工造成的损失。如果工程建设方及时从市场购进同类建筑材料而避免了停工造成的损失,其为此支出的超出供应商供货价款的费用(即市场价与供货合同价款的差价)属于"合理费用",依据第2款的规定,可以获得赔偿。工程建设方从市场购进同类建筑材料而多支出的费用是否合理,与所购同类建筑材料的质量有关。如果购进的同类建筑材料的质量高于合同约定的建筑材料的质量,按照"一分钱一分货"的市场规律,自然会产生多支出的费用,此时多支出的市场差价不属于"合理费用",不能获得赔偿。只有工程建设方从市场购进的同类建筑材料的质量与合同约定的建筑材料质量相同时,其多支出的市场差价才是"合理费用",才能获得赔偿。在工程建筑材料的质量问题上,通常离不开相应的质量标准。由此可见,在建筑材料供货合同中,标准对于《民法典》第591条的适用,尤其是对"合理费用"的赔偿,具有决定性的作用。这种情形也存在于其他情形类似的合同领域,如建设方提供原材料的工程建设承包合同、仓储保管合同。

二、标准与责任竞合

《民法典》第186条规定:"因当事人一方的违约行为,损害对方人身权益、财产权益的,受损害方有权选择请求其承担违约责任或者侵权责任。"本条是关

---

① 关于不真正义务,参见柳经纬:《感悟民法》,人民法院出版社2006年版,第46～63页。

于违约责任和侵权责任竞合的规定,本条规定旨在为合同当事人的人身财产权益因违约行为而受到损害时,提供侵权救济。在违约责任和侵权责任竞合中,违约方承担违约责任是因为他有违约行为,违反了合同约定的义务;违约方承担侵权责任则是因为他的违约行为侵害了守约方的"人身、财产权益",违反了法律关于保护包括守约方在内的他人人身财产安全的法定义务。因此,违约责任与侵权责任的竞合,发生在同一行为既违反了约定义务又违反了法定义务的场合。如果只是违反约定义务而没有违反法定义务,只发生违约责任而不发生侵权责任,不存在责任竞合。如果只是违反了法定义务而没有违约定义务,则只发生侵权责任而不发生违约责任,也不存在责任竞合。

标准与违约责任与侵权责任竞合的联系在于,合同当事人一方不符合标准要求的履约行为在违反合同约定(约定义务)的同时违背了关于保护他人人身财产安全的法定义务。这种情形的出现与标准体系中担负着保护人身财产安全功能的强制性标准有关。《标准化法》第 10 条第 1 款规定:"保障人身健康和生命财产安全、国家安全、生态环境安全以及满足经济社会管理基本需要的技术要求,应当制定强制性国家标准。"同时,《标准化法》第 2 条第 3 款规定:"强制性标准,必须执行。"因此,遵守强制性标准,确保产品或服务符合强制性标准的要求,是生产经营者的法定义务,此项法定义务旨在"保障人身健康和生命财产安全、国家安全、生态环境安全"。如果生产经营者提供的产品或提供的服务不符合强制性标准,也就违反了保障人身财产安全的法定义务。当生产的产品或提供的服务不符合强制性标准发生在合同领域,那么生产经营者的违约行为就可能既违反了合同约定的义务又违反了保障包括合同相对人在内的他人人身财产安全的法定义务,从而构成违约责任和侵权责任的竞合。

例如,在食品安全领域,食品安全标准是强制性标准,食品安全标准旨在从科学技术上为确保食品安全生产和食品安全评价提供依据,确保食品无毒、无害,符合应当有的营养要求,对人体健康不造成任何急性、亚急性或者慢性危害。食品安全保障的宗旨与《民法典》第 186 条规定的保护"人身、财产权益"一致。如果生产经营者在其食品标签载明执行食品安全国家标准,消费者购买食品时,该项食品安全国家标准进入消费合同,成为消费合同的质量条款。如果消费者购买的食品不符合所执行的食品安全国家标准的要求,那么生产经营者首先违反了消费合同的义务,构成违约行为;同时,生产经营者销售的食品因存在安全风险,势必给消费者人身健康造成损害,因此生产经营者的违约行为同时可构成侵权行为,由此产生了责任竞合。消费者依据《民法典》第 186 条规定,可以选择提出违约之诉要求生产经营者承担违约责任,或者提起侵权之诉,要求生产经营者承担侵权责任。

在司法实践中,消费者因购买的食品不符合食品安全标准而引起的纠纷,大多属于责任竞合的情形,无论法院是判决退货还款还是赔偿损失(包括惩罚性赔偿),少有属于违约之诉的,多数属于侵权之诉。消费者索取惩罚性赔偿的主要法律依据是《消费者权益保护法》第 55 条第 1 款和《食品安全法》第 148 条第 2 款。前者规定:"经营者提供商品或者服务有欺诈行为的,应当按照消费者的要求增加赔偿其受到的损失,增加赔偿的金额为消费者购买商品的价款或者接受服务的费用的三倍;增加赔偿的金额不足五百元的,为五百元。法律另有规定的,依照其规定。"后者规定"生产不符合食品安全标准的食品或者经营明知是不符合食品安全标准的食品,消费者除要求赔偿损失外,还可以向生产者或者经营者要求支付价款十倍或者损失三倍的赔偿金;增加赔偿的金额不足一千元的,为一千元。但是,食品的标签、说明书存在不影响食品安全且不会对消费者造成误导的瑕疵的除外"。依据上述两款提起的索赔诉讼,均为侵权之诉。

在考察标准与责任竞合之关系时,需要考虑下述特殊情形:《标准化法》规定,推荐性标准、团体标准和企业标准的技术要求不得低于强制性标准,国家鼓励制定技术要求高于强制性标准的团体标准和企业标准。依《标准化法》的规定,合同当事人约定的标准可以不是强制性标准,而是技术要求高于强制性标准的推荐性标准或团体标准和企业标准的技术要求。在这种情形下,只有在违约方提供的产品或服务既不符合约定的标准又不符合强制性标准时,才能发生责任竞合。如果只是不符合约定的标准而没有不符合强制性标准,那么违约方只是违反合同义务但没有违反法定义务,不发生责任竞合,守约方可以提起违约之诉,而不得提起侵权之诉。例如,在食品安全纠纷中,最高人民法院民一庭组织编写的《最高人民法院关于食品药品纠纷司法解释理解与适用》一书较为谨慎地表明了这一意见。作者指出:"如果经鉴定证明食品实际上不符合食品安全标准,消费者请求适用《食品安全法》关于惩罚性赔偿的规定进行处理的,人民法院应当支持;如果经鉴定证明食品达到了食品安全标准,但尚未达到其采用的高标准(根据上下文关系,原文指'推荐性标准',但根据《食品安全法》的规定,'严于'食品安全标准的是企业标准。——引者注),也可以认定其构成违约,承担违约责任。"[①]

---

① 最高人民法院民事审判第一庭编著:《最高人民法院关于食品药品纠纷司法解释理解与适用》,人民法院出版社 2015 年版,第 98 页。

第四章

标准与侵权责任法 ■

第一节　侵权责任法中的标准

一、侵权责任法关于标准的规定

　　1986 年《民法通则》第六章（"民事责任"）第三节（"侵权的民事责任"）已有关于标准对侵权责任之影响的规定。《通则》第 122 条规定："因产品质量不合格造成他人财产、人身损害的,产品制造者、销售者应当依法承担民事责任。"第 124 条规定："违反国家保护环境防止污染的规定,污染环境造成他人损害的,应当依法承担民事责任。"前条中的"产品质量不合格"是产品侵权责任构成要件之一,"合格"与否的判定依据是产品质量标准。1979 年国务院颁布的《标准化管理条例》第 20 条明确规定："一切生产企业对于原料、材料和协作件的验收,半成品的检查,以及成品的检验,都必须按照标准进行。符合标准的产品由检验部门填发合格证;不符合标准的产品,一律不列入计划完成数,不计产值,不准出厂。"后条中的"国家保护环境防止污染的规定",是指环境法的规定。1979 年颁行的《环境保护法(试行)》多处规定了企事业单位排放污染物必须符合国家标准。例如,该法第 6 条第 1 款规定："一切企业、事业单位的选址、设计、建设和生产,都必须充分注意防止对环境的污染和破坏。……各项有害物质的排放必须遵守国家规定的标准。"第 19 条第 1 款规定："一切排烟装置、工业窑炉、机动车辆、船舶等,都要采取有效的消烟除尘措施,有害气体的排放,必须符合国家规定的标准。"①企事业单位违反环境法关于"有害物质的排放必须遵守国家规定的标准"规定,超标排放污染物,污染环境,应承担环境侵权责任。

2009 年《侵权责任法》多有关于标准对侵权责任之影响的规定。其中的标准或现或隐。"现"的如第 58 条规定:"有下列情形之一的,推定医疗机构有过错:(一)违反法律、行政法规、规章以及其他有关诊疗规范的规定;……"本条中的"诊疗规范"是指医疗卫生标准,如卫生行业标准《感染性腹泻诊断标准》(WS 271—2007)、《传染性非典型肺炎诊断标准》(WS 286—2008)、《静脉治疗护理技术操作规范》(WS/T 443—2013)。"隐"的如第 41 条规定:"因产品存在缺陷造成他人损害的,生产者应当承担侵权责任。"本条未明文规定标准,标准则"隐"在"产品缺陷"认定的后面,本条中的"产品缺陷"需通过《产品质量法》的规定予以认定。《产品质量法》第 46 条规定:"本法所称缺陷,是指产品存在危及人身、他人财产安全的不合理的危险;产品有保障人体健康和人身、财产安全的国家标准、行业标准的,是指不符合该标准。"标准是判定产品缺陷最直接的依据。此外,第 59 条规定的"药品、消毒药剂、医疗器械的缺陷,或者输入不合格的血液"致人损害的侵权责任,第 65 条规定的污染环境致人损害的侵权责任,第 70 条规定的民用核设施发生核事故致人损害的侵权责任等,标准也隐在法律规定的背后,需通过适用其他相关的法律规定,才能发现标准与侵权责任的关系。

《民法典》"侵权责任"编(第七编)是以《侵权责任法》为基础编纂而成的,基本上承袭了《侵权责任法》有关标准对侵权责任影响的规定。其中,直接规定标准的只有第六章("医疗损害责任")的三个条文,即第 1222 条,"患者在诊疗活动中受到损害,有下列情形之一的,推定医疗机构有过错:(一)违反法律、行政法规、规章以及其他有关诊疗规范的规定……",第 1224 条"患者在诊疗活动中受到损害,有下列情形之一的,医疗机构不承担赔偿责任:(一)患者或者其近亲属不配合医疗机构进行符合诊疗规范的诊疗……",第 1227 条:"医疗机构及其医务人员不得违反诊疗规范实施不必要的检查。"上述三个条文中的"诊疗规范",是指医疗卫生标准。侵权责任编的其他有些规定,虽然没有直接规定标准,但其适用与标准有着密切的联系。第四章("产品责任")的核心概念是"产

---

①　《环境保护法(试行)》的其他规定还包括第 18 条第 2 款:"加强企业管理,实行文明生产,对于污染环境的废气、废水、废渣,要实行综合利用、化害为利;需要排放的,必须遵守国家规定的标准;一时达不到国家标准的要限期治理;逾期达不到国家标准的,要限制企业的生产规模。"第 20 条第 1 款:"禁止向一切水域倾倒垃圾、废渣。排放污水必须符合国家规定的标准。"第 23 条:"散发有害气体、粉尘的单位……劳动环境的有害气体和粉尘含量,必须符合国家工业卫生标准的规定。"第 25 条:"严防食品在生产、加工、包装、运输、储存、销售过程中的污染。加强食品检验,不符合国家卫生标准的食品,严禁出售、出口和进口。"

品缺陷",如何认定产品存在缺陷,最重要的依据是产品质量标准,包括食品安全标准、农产品质量安全标准等。第六章("医疗损害赔偿")中,第 1223 条中的药品、消毒产品、医疗器械缺陷,输入的血液不合格的认定,需依据标准。第七章("环境污染和生态破坏责任")所称"环境污染"和"生态破坏"的事实认定需依据标准,包括环境质量标准、污染物排放标准、土壤污染风险管控标准、环境检测方法标准。第八章("高度危险责任")中,"核事故"的认定需要依据核辐射标准;非法占有高度危险物致人损害的,所有人、管理人"对防止非法占有尽到高度注意义务"的认定也需要依据标准。第十章"建筑物和物件损害责任"中,建筑物建设单位与施工单位证明"不存在质量缺陷"的认定,公共道路管理人"尽到清理、防护、警示等义务"的认定,也与标准关系密切。

二、其他法律关于标准的规定

在我国,除了《民法典》"侵权责任"编外,《产品质量法》《食品安全法》等法律也规定了侵权责任,涉及领域包括产品侵权责任、食品安全侵权责任、农产品安全侵权责任、环境污染和生态破坏侵权责任、工程建设质量缺陷责任、医疗侵权责任、机动车交通事故责任、安全生产事故责任等。其中,有些法律的规定与《民法典》"侵权责任"编第四章至第九章关于特殊侵权责任的规定存在联系,它们与《民法典》"侵权责任"编构成特别法与普通法的关系。《民法典》第 11 条规定:"其他法律对民事关系有特别规定的,依照其规定。"因此,特别侵权法的规定具有优先适用的效力。在特别侵权法没有规定时,则适用《民法典》"侵权责任"编的规定。特别侵权法关于标准的规定,内容丰富且具体,标准对侵权行为的事实认定所起的作用更为直接。

(一)产品侵权责任

《民法典》"侵权责任"编第四章规定了产品侵权责任,与之对应的特别法是《产品质量法》《食品安全法》《药品管理法》《特种设备安全法》等法律。《产品质量法》该法第 41 条第 1 款规定:"因产品存在缺陷造成人身、缺陷产品以外的其他财产损害的,生产者应当承担赔偿责任。"(《民法典》第 1202 条)第 42 条第 1款规定:"由于销售者的过错使产品存在缺陷,造成人身、他人财产损害的,销售者应当承担赔偿责任。"标准与产品责任的联系在于标准为产品缺陷的认定提供了具体的依据。《产品责任法》第 46 条规定:"本法所称缺陷,是指产品存在危及人身、他人财产安全的不合理的危险;产品有保障人体健康和人身、财产安全的国家标准、行业标准的,是指不符合该标准。"依据本条规定,以"保障人体健康和人身、财产安全"的标准为依据认定产品缺陷,较之"不合理的危险"更为具体且便捷。

根据《产品质量法》第2条第2款规定,产品是指经过加工、制作,用于销售的产品。按照这一规定,食品、药品、特种设备也属于产品的范畴。《食品安全法》《药品管理法》《特种设备安全法》也有关于依标准认定产品缺陷和侵权责任的规定。

《食品安全法》第147条规定:"违反本法规定,造成人身、财产或者其他损害的,依法承担赔偿责任……"本条所谓"本法规定"包括该法第4条、第33条等。第4条第2款规定:"食品生产经营者应当依照法律、法规和食品安全标准从事生产经营活动,保证食品安全……"第33条规定:"食品生产经营应当符合食品安全标准……"如果生产销售的食品不符合食品安全标准,造成消费者人身财产损害,生产经营者应当承担侵权责任。《食品安全法》第148条进而规定:"消费者因不符合食品安全标准的食品受到损害的,可以向经营者要求赔偿损失,也可以向生产者要求赔偿损失。接到消费者赔偿要求的生产经营者,应当实行首负责任制,先行赔付,不得推诿;属于生产者责任的,经营者赔偿后有权向生产者追偿;属于经营者责任的,生产者赔偿后有权向经营者追偿。""生产不符合食品安全标准的食品或者经营明知是不符合食品安全标准的食品,消费者除要求赔偿损失外,还可以向生产者或者经营者要求支付价款十倍或者损失三倍的赔偿金;增加赔偿的金额不足一千元的,为一千元。但是,食品的标签、说明书存在不影响食品安全且不会对消费者造成误导的瑕疵的除外。"在本条规定中,食品"不符合食品安全标准"构成了食品安全侵权责任发生的条件。

《药品管理法》第92条规定:"药品的生产企业、经营企业、医疗机构违反本法规定,给药品使用者造成损害的,依法承担赔偿责任。"本条中的"本法规定"与药品质量有关的是第48条、第49条和第52条。第48条规定:"禁止生产(包括配制)、销售假药。"假药包括两种:"药品所含成份与国家药品标准规定的成份不符"和"以非药品冒充药品或者以他种药品冒充此种药品。"第49条规定:"禁止生产、销售劣药。"劣药是指"药品成分的含量不符合国家药品标准"的情形。第52条第1款则对"直接接触药品的包装材料和容器"的质量作了规定,要求"必须符合药用要求,符合保障人体健康、安全的标准"。如果药品不符合国家药品标准、直接接触药品的包装材料和容器不符合标准,造成用药人的损害,生产经营者和医疗机构应承担侵权责任。

《特种设备安全法》第97条规定:"违反本法规定,造成人身、财产损害的,依法承担民事责任。""本法规定"与产品质量有关的是第8条、第19条和第27

条。第 8 条第 1 款规定:"特种设备①生产、经营、使用、检验、检测应当遵守有关特种设备安全技术规范及相关标准。"第 19 条规定:"特种设备生产单位应当保证特种设备生产符合安全技术规范及相关标准的要求,对其生产的特种设备的安全性能负责。不得生产不符合安全性能要求和能效指标以及国家明令淘汰的特种设备。"第 27 条第 1 款规定:"特种设备销售单位销售的特种设备,应当符合安全技术规范及相关标准的要求,其设计文件、产品质量合格证明、安装及使用维护保养说明、监督检验证明等相关技术资料和文件应当齐全。"如果特种设备不符合安全标准,造成他人损害,生产经营者应承担侵权责任。

(二)农产品安全责任

《农产品质量安全法》第 2 条第 1 款规定:"本法所称农产品,是指来源于农业的初级产品,即在农业活动中获得的植物、动物、微生物及其产品。"农产品侵权责任适用《农产品质量安全法》的规定。②《农产品质量安全法》第 54 条第 1 款规定:"生产、销售本法第三十三条所列农产品,给消费者造成损害的,依法承担赔偿责任。"第 33 条规定了五种"不得销售"的农产品:(1)含有国家禁止使用的农药、兽药或者其他化学物质的;(2)农药、兽药等化学物质残留或者含有的重金属等有毒有害物质不符合农产品质量安全标准的;(3)含有的致病性寄生虫、微生物或者生物毒素不符合农产品质量安全标准的;(4)使用的保鲜剂、防腐剂、添加剂等材料不符合国家有关强制性的技术规范的;(5)其他不符合农产品质量安全标准的。上述(2)(3)(4)(5)四种"不得销售"的农产品均属不符合农产品安全标准的农产品。如果生产销售不符合安全标准的农产品,造成他人损害,生产者、销售者应承担侵权责任。

(三)医疗侵权责任

医疗侵权责任,即医疗损害责任,是指医疗机构在诊疗(诊断、治疗、护理)活动中因其或医务人员的过错造成患者损害而承担的侵权责任。《民法典》侵权责任编第六章规定了医疗损害责任,关于医疗侵权责任的特别法规定包括

---

① 《特种设备安全法》第 2 条第 2 款:"本法所称特种设备,是指对人身和财产安全有较大危险性的锅炉、压力容器(含气瓶)、压力管道、电梯、起重机械、客运索道、大型游乐设施、场(厂)内专用机动车辆,以及法律、行政法规规定适用本法的其他特种设备。"

② 农产品的法律适用与《食品安全法》存在交叉关系。根据《食品安全法》第 2 条第 2 款的规定,供食用的源于农业的初级产品(食用农产品)的质量安全管理适用《农产品质量安全法》的规定,但"食用农产品的市场销售、有关质量安全标准的制定"等,适用《食品安全法》的规定。

《药品管理法》《疫苗管理法》《献血法》等。前述《药品管理法》第 92 条规定："药品的生产企业、经营企业、医疗机构违反本法规定,给药品使用者造成损害的,依法承担赔偿责任。""医疗机构"所承担的侵权责任总是发生在给患者诊疗过程中,由于使用假药、劣药造成患者的损害,属于医疗侵权责任。与药品侵权可能发生在非诊疗的场合(如患者自行购买非处方药)不同的是,疫苗和血液制品的使用只能在诊疗过程中,因此因疫苗、血液制品的质量或者使用给患者造成损害的侵权责任属于医疗侵权责任。

《疫苗管理法》第 96 条规定："因疫苗质量问题造成受种者损害的,疫苗上市许可持有人应当依法承担赔偿责任。""疾病预防控制机构、接种单位因违反预防接种工作规范、免疫程序、疫苗使用指导原则、接种方案,造成受种者损害的,应当依法承担赔偿责任。"第 1 款中的"疫苗质量问题"认定的依据是标准,该法第 24 条第 1 款规定："疫苗应当按照经核准的生产工艺和质量控制标准进行生产和检验,生产全过程应当符合药品生产质量管理规范的要求。"第 2 款中的"工作规范"属于标准。

《献血法》第 22 条规定："医疗机构的医务人员违反本法规定,将不符合国家规定标准的血液用于患者……给患者健康造成损害的,应当依法赔偿……"这一规定明确标准与医疗机构承担侵权责任的联系,医疗机构承担侵权责任是由于给患者使用了"不符合国家规定标准的血液"。

(四)环境生态侵权责任

《民法典》"侵权责任"编第七章规定了"污染环境和生态破坏责任"。关于"污染环境和生态破坏责任"有关的特别法包括《环境保护法》《海洋环境保护法》《土壤污染防治法》《水污染防治法》《大气污染防治法》《固体废物污染环境防治法》《环境噪声污染防治法》《放射性污染防治法》等。《环境保护法》作为环境和生态保护的基本法,对污染环境和生态侵权责任作了概括的规定。该法第 64 条规定："因污染环境和破坏生态造成损害的,应当依照《中华人民共和国侵权责任法》的有关规定承担侵权责任。"《民法典》颁布后,《侵权责任法》同时废止。① 因此,本条关于污染环境和生态破坏责任的法律适用,应使用《民法典》侵权责任编的规定。但是,在海洋环境保护、土壤污染防治、水污染防治、大气污染防治、固体废物污染环境防治、噪声污染防治等具体污染环境和生态破坏责

---

① 《民法典》第 1260 条:"本法自 2020 年 1 月 1 日起施行。《中华人民共和国婚姻法》《中华人民共和国继承法》《中华人民共和国民法通则》《中华人民共和国收养法》《中华人民共和国担保法》《中华人民共和国合同法》《中华人民共和国物权法》《中华人民共和国侵权责任法》《中华人民共和国民法总则》同时废止。"

任的法律适用上,依据《民法典》第 11 条的规定,仍需适用特别法的规定。

《海洋环境保护法》第 90 条第 1 款规定:"造成海洋环境污染损害的责任者,应当排除危害,并赔偿损失……"关于污染海洋环境的认定,标准提供了重要的依据。该法第 29 条规定:"向海域排放陆源污染物,必须严格执行国家或者地方规定的标准和有关规定。"第 34 条规定:"含病原体的医疗污水、生活污水和工业废水必须经过处理,符合国家有关排放标准后,方能排入海域。"第 36 条规定:"向海域排放含热废水,必须采取有效措施,保证邻近渔业水域的水温符合国家海洋环境质量标准,避免热污染对水产资源的危害。"排污不符合排放标准或环境质量标准,构成环境侵权,排污者应承担侵权责任。

《土壤污染防治法》第 96 条规定:"污染土壤造成他人人身或者财产损害的,应当依法承担侵权责任。"(第 1 款)"土壤污染责任人无法认定,土地使用权人未依照本法规定履行土壤污染风险管控和修复义务,造成他人人身或者财产损害的,应当依法承担侵权责任。"(第 2 款)标准与土壤污染侵权的联系表现在两个方面:一是标准与"污染土壤"的认定,如第 87 条规定:"违反本法规定,向农用地排放重金属或者其他有毒有害物质含量超标的污水、污泥……"第 89 条规定:"违反本法规定,将重金属或者其他有毒有害物质含量超标的工业固体废物、生活垃圾……"二是标准与修复责任的承担,第 40 条规定:"实施风险管控、修复活动中产生的废水、废气和固体废物,应当按照规定进行处理、处置,并达到相关环境保护标准。""实施风险管控、修复活动中产生的固体废物以及拆除的设施、设备或者建筑物、构筑物属于危险废物的,应当依照法律法规和相关标准的要求进行处置。"

《水污染防治法》第 80 条第 1 款规定:"因水污染受到损害的当事人,有权要求排污方排除危害和赔偿损失。"关于排污造成水污染的认定,其重要的依据是标准,该法第 30 条第 2 款规定:"向水体排放含低放射性物质的废水,应当符合国家有关放射性污染防治的规定和标准。"第 31 条规定:"向水体排放含热废水,应当采取措施,保证水体的水温符合水环境质量标准。"第 32 条:"含病原体的污水应当经过消毒处理;符合国家有关标准后,方可排放。"第 45 条规定:"向城镇污水集中处理设施排放水污染物,应当符合国家或者地方规定的水污染物排放标准。"第 47 条第 1 款规定:"使用农药,应当符合国家有关农药安全使用的规定和标准。"如果违反上述规定,超标排污,即可构成水污染,排污者应当承担侵权责任。

《大气污染防治法》第 62 条第 1 款规定:"造成大气污染危害的单位,有责任排除危害,并对直接遭受损失的单位或者个人赔偿损失。"关于造成大气污染的认定,其重要的依据是标准。该法第 13 条规定:"向大气排放污染物的,其污染物排放浓度不得超过国家和地方规定的排放标准。"第 24 条第 1 款规定："国家推行煤炭洗选加工,降低煤的硫份和灰份,限制高硫份、高灰份煤炭的开采。新建的所采煤炭属于高硫份、高灰份的煤矿,必须建设配套的煤炭洗选设施,使煤炭中的含硫份、含灰份达到规定的标准。"第 3 款规定："禁止开采含放射性和砷等有毒有害物质超过规定标准的煤炭。"第 32 条第 1 款规定："机动车船向大气排放污染物不得超过规定的排放标准。"第 36 条第 2 款规定："严格限制向大气排放含有毒物质的废气和粉尘;确需排放的,必须经过净化处理,不超过规定的排放标准。"第 39 条规定："向大气排放含放射性物质的气体和气溶胶,必须符合国家有关放射性防护的规定,不得超过规定的排放标准。"如果向大气排放污染物超过标准,属于"造成大气污染"的情形,排放者应承担侵权责任。

《固体废物污染环境防治法》第 84 条第 1 款规定："受到固体废物污染损害的单位和个人,有权要求依法赔偿损失。"第 85 条规定："造成固体废物污染环境的,应当排除危害,依法赔偿损失,并采取措施恢复环境原状。"标准与固体废物污染环境侵权责任的联系在于,固体废物污染环境与违反标准有关。《固体废物污染环境防治法》第 25 条第 4 款规定："进口的固体废物必须符合国家环境保护标准,并经质量监督检验检疫部门检验合格。"第 33 条第 2 款规定："建设工业固体废物贮存、处置的设施、场所,必须符合国家环境保护标准。"第 44 条规定："建设生活垃圾处置的设施、场所,必须符合国务院环境保护行政主管部门和国务院建设行政主管部门规定的环境保护和环境卫生标准。"第 58 条第 2 款规定："贮存危险废物必须采取符合国家环境保护标准的防护措施……"违反上述规定的标准,造成固体废物污染环境的,污染人应承担侵权责任。

《环境噪声污染防治法》第 61 条第 1 款规定："受到环境噪声污染危害的单位和个人,有权要求加害人排除危害;造成损失的,依法赔偿损失。"本条中的"环境噪声污染"需依据标准认定。该法第 2 条第 2 款："本法所称环境噪声污染,是指所产生的环境噪声超过国家规定的环境噪声排放标准,并干扰他人正常生活、工作和学习的现象。"因此,产生噪声超过环境噪声排放标准,即可构成"环境噪声污染",生产经营者应当承担侵权责任。

《放射性污染防治法》关于放射性污染侵权责任的规定,与《环境噪声污染防治法》的规定相似。该法第 59 条规定："因放射性污染造成他人损害的,应当依法承担民事责任。"根据第 62 条第 1 项规定,放射性污染是指"由于人类活动造成物料、人体、场所、环境介质表面或者内部出现超过国家标准的放射性物质或者射线"。因此,关于放射性的国家标准,是认定"放射性污染"的依据,如果放射性超过国家标准构成"放射性污染",造成污染者应承担侵权责任。

（五）安全事故责任

《安全生产法》第 111 条规定："生产经营单位发生生产安全事故造成人员伤亡、他人财产损失的，应当依法承担赔偿责任……"安全事故的发生常常是由不执行安全生产的标准所致。因此，《安全生产法》第 10 条第 2 款规定："生产经营单位必须执行依法制定的保障安全生产的国家标准或者行业标准。"

《电力法》第 28 条第 1 款规定了供电企业应当保证"供电质量符合国家标准"的义务。第 59 条第 2 款规定，电力企业违反本法第 28 条的规定，未保证供电质量给用户造成损失的，应当依法承担赔偿责任。

第二节　标准与侵权责任的前提义务

一、侵权责任与法定义务

依学界通说，罗马法未严格区分责任与义务（债务），区分责任与义务是日耳曼法的贡献。[①] 我国自清末继受大陆法系私法以来，也接受了责任与义务区分的理论，并予以发扬光大。[②] 依据责任与义务区分的理论，责任是违反义务的后果，义务是责任产生的前提。在私法上，义务可分为约定义务和法定义务。前者依据合同约定而产生，也称合同义务；后者依据法律的规定而产生。行为人违反的义务不同，产生的责任也有区别。违反约定（合同）义务应承担违约责任，违反法定义务则需承担侵权责任。[③] 因此，法定义务是产生侵权责任的前提，行为人只有违反法定义务才应依法承担侵权责任。

法定义务的特点在于它的法定性，不以当事人的意志为必要，也不能依当事人的合意予以免除。根据义务的来源和义务主体的不同，法定义务可分为两种情形：一是源自法的一般观念，依据权利的不可侵犯性，任何人均负有不得侵犯他人权利之义务，即为法定义务。这种法定义务可以由法律予以明确规定，如《民法典》第 3 条规定："民事主体的人身权利、财产权利以及其他合法权益受法律保护，任何组织或者个人不得侵犯。"但是，如果法律没有作出规定，依据权

---

① 林诚二：《民法理论与问题研究》，中国政法大学出版社 2000 年版，第 206—207 页。

② 最能体现责任与义务区分的立法是 1986 年颁布的《民法通则》，该法将债（第五章第二节）和民事责任（第六章）分别规定。《民法典》沿袭了《民法通则》的这一成例。

③ 王利明：《侵权责任法》，中国人民大学出版社 2016 年版，第 6 页。

利不可侵犯的一般观念,亦可确立任何人不得侵犯权利之义务。这种法定义务的基本特点是义务主体的不特定性、内容的不作为性。这是一种针对所有人设定的普遍性义务。[①] 二是法律针对特定人(此"特定人"非指"张三""A 公司"等具体人,而指"生产者""经营者"之类特定业者)设定的具有特定内容的义务。这种义务的基本特点是义务主体特定、内容特定,只有法律规定的特定人才负此项义务。例如,《民法典》第 293 条规定:"建造建筑物,不得违反国家有关工程建设标准,妨碍相邻建筑物的通风、采光和日照。"依此规定,义务主体是特定的建筑物建造者而非任何组织或个人,所负的义务是"不得违反国家有关工程建设标准,妨碍相邻建筑物的通风、采光和日照"的具体义务而非一般性意义上的不侵犯他人权益的义务。在我国现行法中,后一种情形极为普遍,规定此种法定义务的既包括《民法典》,也包括其他众多的法律,如《产品质量法》《食品安全法》《环境保护法》《消防法》《道路交通安全法》等等。实际上,后一种法定义务多为前一种法定义务的具体化,其意义在于保护特定之权利,同样反映了权利之不可侵犯性的观念。如前述《民法典》第 293 条规定的义务旨在保护相邻人之权利。

二、标准构成法定义务的内容

在第一种法定义务的情形中,标准与法定义务没有直接的联系;但在第二种法定义务的情形中,却不难发现标准与法定义务的直接联系。这种联系表现在:遵守标准构成了特定人法定义务的具体内容,义务人履行义务应满足标准的技术要求,义务人遵守了标准,也就履行了法定义务。例如,前引《民法典》第 293 条规定的相邻建筑物通风、采光、日照关系中,建筑物的建造人所负的不得妨碍相邻建筑物的通风、采光和日照的义务,与国家有关工程建设标准之间存在着直接的联系。不得妨碍相邻建筑物的通风、采光、日照,是建筑物的建造人依据该条规定所负的义务,但此项义务的具体内容如何,则需依据国家有关工程建设标准确定。我国现行关于建筑物通风、采光、日照的工程建设国家标准有《建筑采光设计标准》(GB 50033—2013)、《建筑日照计算参数标准》(GB/T 50947—2014)、《城市居住区规划设计规范》(GB 50180—2018)。这些标准具体规定了建筑物通风、采光、日照的技术要求。这就意味着,如果建筑人建造的建筑物符合上述标准的技术要求,那么即可认定其履行了第 293 条规定的义务;如果建筑人建造的建筑物不符合上述标准的技术要求,则应认定建造人违反了

---

① 　邱雪梅:《民事责任体系重构》,法律出版社 2009 年版,第 57 页。

第 293 条规定的义务。离开了上述国家标准的技术要求,我们将难以确定《民法典》第 293 条规定的建筑物建造人的义务,也难以判断建筑人的建造人是否履行了此项义务,是否违反了相邻关系的法律规定。

在我国现行法中,约有 40% 的法律规定了标准。在这些法律中,大多数规定了特定人应当遵守标准的义务,尤其是上述规定侵权责任的特别法中,大量的条文是关于遵守标准义务的规定。它们规定的遵守标准的义务,构成了侵权责任的前提义务。

法律关于遵守标准义务的规定,表达方式多种多样。有的将标准作为生产经营活动的依据加以规定,要求生产经营行为应当符合标准,如《消防法》第 9 条规定:“建设工程的消防设计、施工必须符合国家工程建设消防技术标准。”《水污染防治法》第 45 条规定:“向城镇污水集中处理设施排放水污染物,应当符合国家或者地方规定的水污染物排放标准。”《固体废物污染环境防治法》第 25 条第 4 款规定:“进口的固体废物必须符合国家环境保护标准,并经质量监督检验检疫部门检验合格。”有的将标准列在法律之后,要求人们一并遵守,如《食品安全法》第 39 条第 2 款规定:“生产食品添加剂应当符合法律、法规和食品安全国家标准。”《安全生产法》第 32 条第 2 款规定:“生产经营单位生产、经营、运输、储存、使用危险物品或者处置废弃危险物品,必须执行有关法律、法规和国家标准或者行业标准……”有的将不符合标准的行为列入禁止性行为,要求人们必须遵守标准,如《海洋环境保护法》第 49 条规定:“海洋工程建设项目,不得使用含超标准放射性物质或者易溶出有毒有害物质的材料。”《药品管理法》第 49 条规定,禁止生产销售成分含量不符合国家药品标准的药品(劣药)。

三、构成法定义务内容的标准类型

根据《标准化法》第 2 条的规定,我国标准体系由国家标准、行业标准、地方标准和团体标准、企业标准构成。国家标准分为强制性标准和推荐性标准,行业标准和地方标准均为推荐性标准。强制性标准具有强制实施效力,企业必须执行。《标准化法》第 25 条还规定:“不符合强制性标准的产品、服务,不得生产、销售、进口或者提供。”因此,标准与法定义务的联系首先是强制性国家标准,遵守强制性国家标准构成了生产经营者的法定义务。这主要是由于,强制性标准是“保障人身健康和生命财产安全、国家安全、生态环境安全以及满足经济社会管理基本需要的技术要求”(《标准化法》第 10 条第 1 款)。赋予保障人身健康和生命财产安全、国家安全、生态环境安全和社会管理基本需要的标准以强制性,也是各国标准化的基本做法。

在我国现行法律中,标准与法定义务的联系不限于强制性国家标准,还包括政府主导制定的推荐性国家标准、行业标准和地方标准。① 依据《标准化法》第2条第2款的规定,这些政府主导制定的标准均为推荐性标准,并不具有强制实施效力,但是在法律特别规定的情况下,它们也可以获得强制实施的效力,从而构成法定义务的内容。法律的特别规定有以下三种情形。

一是将地方标准归入强制性标准的范畴,赋予地方标准以强制性。例如,《食品安全法》规定,食品安全标准是强制执行的标准(第25条),食品安全标准包括食品安全国家标准(第27条)和食品安全地方标准(第29条)。又如,依据《土壤污染防治法》第12条规定,土壤污染风险管控标准包括国家土壤污染风险管控标准和地方土壤污染风险管控标准,均为强制性标准。依据《食品安全法》《土壤污染防治法》的特别规定,地方标准具有强制性,遵守地方标准构成了生产经营者法定义务的内容。②

二是法律将推荐性国家标准、行业标准纳入应遵守的标准的范围。例如,《消防法》第24条规定:"消防产品必须符合国家标准;没有国家标准的,必须符合行业标准。"第26条规定:"建筑构件、建筑材料和室内装修、装饰材料的防火性能必须符合国家标准;没有国家标准的,必须符合行业标准。"上述规定中的"国家标准"包括推荐性国家标准。依据《消防法》的特别规定,推荐性国家标准和行业标准都被纳入生产经营者应当遵守的标准的范围,遵守推荐性标准和行业标准构成了法定义务的内容。

三是法律笼统地规定生产经营者应遵守"国家有关标准",而未明确指向国家标准。例如,《城市房地产管理法》第26条规定:"房地产开发项目的设计、施工,必须符合国家的有关标准和规范。"依我国标准化体制,行业标准与国家标准一样也被冠以"中华人民共和国"字样。例如,住房和城乡建设部2019年发布的《装配式钢结构住宅建筑技术标准》(JGJT 469—2019),全称是"中华人民共和国建筑行业标准《装配式钢结构住宅建筑技术标准》(JGJT 469—2019)"。依据解释,该标准也属于《城市房地产管理法》第26条规定的"国家的有关标准和规范",可以构成房地产设计、施工单位法定义务的内容。

就我国现行法而言,可以构成侵权责任前提义务内容的标准主要限于政府

---

① 在我国标准体系中,国家标准、行业标准和地方标准属于政府主导制定的标准,团体标准和企业标准属于市场主体自主制定的标准。参见甘藏春、田世宏主编:《中华人民共和国标准化法释义》,中国法制出版社2017年版,第29页。

② 这一规定与现行标准化法的规定不一致。按照《标准化法》第2条第2款的规定,强制性标准只有强制性国家标准一种类型,行业标准、地方标准均为推荐性,这里没有给强制性的行业标准和地方标准留下制度的空间。

主导制定的标准,不包括团体标准、企业标准、国际标准以及外国标准。这是因为,这些标准既非强制性标准,也不属于法定应当被遵守的标准,它们与私法的联系只是通过合同约定途径进入合同领域,因此它们只与约定义务产生联系,可以成为违约责任的前提义务的内容,而不与法定义务产生联系,不能成为侵权责任的前提义务的内容。尽管在违约责任上存在着责任竞合的情形,但责任竞合的前提是当事人的违约行为同时"侵害对方人身、财产权益"(《民法典》第186条),基于人身财产权的不可侵犯性,发生责任竞合应以违约行为同时违反法定义务为必要。当合同的标的存在着强制性的质量标准或依法应遵守的质量标准时,发生责任竞合的法定义务才与这些标准发生联系。因此,责任竞合并不意味着非政府主导制定的标准与法定义务发生联系,可以构成侵权责任之法定义务的内容。[1]

第三节　标准与侵权责任构成

一、标准与侵权责任构成概述

(一)侵权责任构成

侵权责任的构成,是指行为人依据侵权法承担侵权责任必须具备的要件。如果欠缺侵权责任的构成要件,侵权责任就不能成立。通说认为,侵权责任的构成要件包括不法行为、损害、因果关系和过错,但是由于责任承担方式的不同和主观归责原则的不同,不同情形下的侵权责任构成会有区别。这种区别主要在于损害、因果关系和过错,而不是不法行为,如不存在不法行为,任何形式的侵权责任都谈不上,因此不法行为是承担侵权责任的最基本的必备的要件。

根据《民法典》第179条关于民事责任承担方式的规定、第1000条关于侵害人格权责任、第1167条关于危及人身财产安全责任的规定以及其他有关规定,侵权责任的承担方式包括停止侵害、排除妨害、消除危险、赔礼道歉、恢复名誉、消除影响、赔偿损失。另据《民法典》第1234条规定,在生态破坏责任中,生态环境能够修复的,侵权人应承担生态修复责任。不同的责任承担方式对责任

---

[1]　关于标准与责任竞合的关联,参见柳经纬:《标准的类型划分及其私法效力》,载《现代法学》2020年第2期。

构成的要求不完全相同。例如停止侵害,只要求行为人有不法行为,而不论是否存在损害、行为人有无过错,受害人就可以请求停止侵害。又如赔礼道歉、恢复名誉和消除影响,属于非财产责任形式,加害人的行为造成受害人名誉受损,名誉损害是社会对受害人的评价的降低,与行为人的不法行为有关系,但法官只能根据其社会经验和对社会的认知来评判,很难用一般因果关系来衡量。只有赔偿损失和生态修复责任要求不法行为、损害和因果关系。

侵权责任的归责原则有过错责任、过错推定和无过错责任。在过错归责情况下,行为人承担侵权责任应当具备主观过错;但在无过错归责的情况下,不论有无主观过错,行为人都应承担侵权责任。在主观归责问题上,过错责任是基础,现代侵权法的无过错责任是在过错责任的基础上发展而来的,如果没有过错责任,也就无所谓无过错责任。

在侵权法理论上,人们讨论的侵权责任构成,主要是指损害赔偿责任的构成。在侵权法的发展史上,自从金钱补偿替代同态复仇而成为侵权救济的方式以后,损害赔偿责任由于其在侵权救济中得到广泛适用,成为侵权责任的主要形式,损害赔偿责任受到格外的关注。任何一部侵权法的著作,都是围绕着损害赔偿责任而展开,以致损害赔偿成为侵权责任的同义语,侵权责任的构成与损害赔偿责任的构成具有同一意义,二者可以互换使用。

侵权责任的构成可分为一般侵权责任的构成与特殊侵权责任的构成。关于前者,学界存在三要件说与四要件说之别,三要件说认为侵权责任的构成要件是过错、损害和因果关系;四要件说认为侵权责任的构成要件是不法行为(违法性)、损害、因果关系和过错。[①] 关于后者,则需依据《民法典》侵权责任编关于特殊侵权责任的规定和特别侵权法关于侵权责任的规定,通常包括过错推定和无过错责任。过错推定本质上仍属于过错责任的范畴,只是在过错的认定上有别于一般过错责任,在一般过错责任,行为人的过错应由受害人证明,而在过错推定,如存在法定的情形,就可推定行为人有过错,无需受害人证明。无过错责任无需过错要件,即不论行为人有无过错,行为人均应依据法律规定承担侵权责任。

与侵权责任构成相关的制度是免责事由,如果存在免责事由,行为人不承担责任或者减轻责任。根据《民法典》的规定,免责事由包括不可抗力(第 180 条)、正当防卫(第 181 条)、紧急避险(第 182 条)、受害人故意(第 1174 条)、第三人原因(第 1175 条)、受害人同意(第 1176 条)、自助行为(第 1177 条)。此外,权利行使和无因管理也可构成免责事由。上述免责事由中,正当防卫、紧急

---

① 王利明:《侵权责任研究》(上卷),中国人民大学出版社 2010 年版,第 300 页。

避险、自助行为、权利行使、无因管理、受害人同意(允诺)属于违法阻却事由。[①]"阻却"具有抗辩的意义,是一种有效的抗辩。在侵权责任构成中,"阻却"的对象是违法性,阻却事由的存在表明行为人的行为具有合法性,不构成不法行为,因而不对他人的损害承担赔偿责任。

(二)标准与侵权责任构成要件的联系

在侵权责任构成问题上,三要件说与四要件说的理论分野在于过错是否"吸收"了违法性,从而导致不法行为丧失了作为一般侵权责任构成要件的独立地位。三要件说认为过错"吸收"了违法性,"没有必要将不法作为侵权责任的独立要件"。[②]四要件说则认为,如果认为过错"吸收"了违法性,"无异于将创建法律秩序的任务委身于当事人的过错,实为过错概念难以承受之重"。[③]

我国民法学的传统是主张四要件说,[④]四要件说仍为当下学界通说,但最近二三十年来,三要件说的影响越来越大,一定程度上还影响到立法和法律的解释。[⑤] 本章讨论标准与侵权责任构成之关系,仍采取四要件说。而且,正如本章以下关于标准与违法性和过错之关系的分析所表明的,在无过错责任的情形,使行为人承担侵权责任的原因是其行为的违法性,三要件说所主张的过错"吸收"违法性之说理论上难以成立,也不符合我国法律的实际情况。

根据四要件说,一般侵权责任的构成要件包括不法行为、损害、因果关系和过错。损害是受害人因他人的不法行为而遭受的人身财产损失,与标准没有直接关系,因此因果关系也与标准无直接关系。由于标准在侵权法中构成了前提义务的内容,因此标准对于侵权责任构成的意义在于,行为人违反标准依法构成对法定义务的违反,违反法定义务依法构成不法行为或过错。因此,标准与侵权责任构成要件的联系是不法行为和过错。

---

① 王泽鉴:《侵权行为法第一册 基本理论、一般侵权行为》,王慕华发行,三民书局、台大法学院福利社经销,2000 年修订版,第 264~279 页。

② 孔祥俊、杨丽:《侵权责任要件研究》(下),载《政法论坛》1992 年第 2 期。另见王利明:《侵权责任研究》(上卷),中国人民大学出版社 2010 年版,第 301 页。

③ 张新宝:《侵权责任构成要件研究》,法律出版社 2007 年版,第 12 页。

④ 作为 20 世纪五十年代我国民法学的代表作,《中华人民共和国民法基本问题》一书采用了四要件说。参见中央政法干部学校民法教研室编著:《中华人民共和国民法基本问题》,法律出版社 1958 年版,第 324~337 页。

⑤ 全国人大常委会法制工作委员会组织编写的《中华人民共和国侵权责任法释义》,在解释第 6 条的"过错责任"时,采用了四要件说,但没有使用"不法行为"或"行为的违法性"概念,而使用了"行为"概念,但内容则是义务之违反。参见王胜明主编:《中华人民共和国侵权责任法释义》(第 2 版),法律出版社 2013 年版,第 42~50 页。

二、标准与违法性

(一)概述

侵权行为之可非难性(可谴责性)包括违法性和过错,首先是违法性。行为之违法本质上是行为人违反了法律规定的作为或不作为的义务,实施了与法律规定相悖的行为。在侵权法上,行为违法性的判定有两种情形:一是行为人实施了侵害民事权利的行为,违背了民事权利不可侵犯的法定义务,构成违法;二是行为人实施的行为违背了法律明文规定的义务,也构成违法。

标准与行为违法性的关系,表现为对符合标准与否的行为的法律评价上。以标准为依据,可以将人们的行为分为符合标准的行为和不符合标准的行为。前者可称为"合标"行为,如产品符合质量标准,排污符合排污标准(不超标,也称"达标")、检验符合检验方法标准;后者可称为"违标"行为,如企业超标准排放污染物、食品不符合食品安全标准、检验不符合检验方法标准等。

(二)"违标"行为的违法性

对"违标"行为的法律评价,较为明了。如果标准被纳入法律而成为法定义务的内容,那么根据法律的规定,如果行为人的行为不符合标准的要求,即可认定为不法行为。例如,《食品安全法》第 33 条规定,"食品生产经营应当符合食品安全标准",如果生产经营者提供的食品不符合食品安全标准的技术要求,即违反了法律规定的义务,构成不法行为。又如,《大气污染防治法》第 13 条规定:"向大气排放污染物的,其污染物排放浓度不得超过国家和地方规定的排放标准。"如果生产企业排放污染物超过国家和地方规定的排放标准,也就违反了法律规定的义务,构成不法行为。因此,在"违标"行为的法律评价上,可以采取"违标"即违法的模式。

需要指出的是,"违标"即违法,并不意味着标准可以成为认定不法行为的法律依据。在"违标"与违法问题上,标准只是不法行为认定的事实依据而非法律依据,不法行为认定的依据是法律而非标准。例如,食品安全国家标准《面包糕点》(GB 7099—2015)第 3 章规定了"原料要求""感官要求""理化指标""污染物限量""微生物限量""食品添加剂和食品营养强化剂"等指标要求,如果某面包店生产的面包经抽样检验,其大肠菌群、霉菌等微生物含量超过该标准规定的限量,那么可认定该面包店生产的面包存在"微生物超标"的事实。但这仅仅是一个事实认定,而非违法性认定。如要认定该面包店的行为违法,则须依据

《食品安全法》第 33 条关于"食品生产经营应当符合食品安全标准"的规定。这也就是说,认定面包店行为违法的依据是《食品安全法》而不是面包标准,但在认定面包店的不法行为时,其生产的面包微生物超标却是必要的事实,如无这一事实,也就无从认定其行为违法。其他"违标"情形的违法性认定也是如此。因此,在"违标"与违法问题上,"违标"属于单纯的事实认定问题,违法则属于法律评价问题。"违标"认定是违法认定的必要基础,违法是在"违标"的事实基础上对"违标"行为作出的法律评价。后续讨论的"合标"行为的法律评价也是如此。

(三)"合标"行为的违法性问题

对"合标"行为的法律评价,通常并不能从"违标"即违法的评价模式中推导出行为"合标"即合法的评价模式。

依通常之法理,如果行为人没有违背法定义务,法律上应认定其行为不具违法性。据此,在遵守标准成为法定义务的内容时,如果行为人的行为符合标准的技术要求,也应认定其行为满足了法定义务的要求而不具违法性,也就是说,"合标"应该合法。然而,情况并非完全如此。

在环境侵权领域,最高人民法院 2015 年发布的《关于审理环境侵权责任纠纷案件适用法律若干问题的解释》第 1 条第 1 款规定:"因污染环境造成损害,不论污染者有无过错,污染者应当承担侵权责任。污染者以排污符合国家或者地方污染物排放标准为由主张不承担责任的,人民法院不予支持。"本条前半段讲的是无过错责任,后半段讲的是不得以"合标"行为为由主张免责。依此司法解释,在环境污染侵权责任中,"合标"行为不足以构成免责的抗辩事由。这也就是说,企业排污虽然合标,但是究竟还是污染了环境,造成损害,因此具有违法性,排污企业仍应承担责任。例如,在天津市高级人民法院 2002 年审结的"迁安第一造纸厂等与孙有礼等养殖损害赔偿上诉案"①中,河北省迁安化工有限责任公司作为该案被告 8 家排污企业之一,虽然排污符合标准,但仍应对养殖户的损害负责。法院给出的理由是其"不能提供排放工业废水入海的行为与被上诉人养殖水产品死亡不存在因果关系的相关证据"。

在产品责任领域,《产品质量法》第 41 条第 2 款规定了产品侵权责任的三项免责事由:(1)未将产品投入流通;(2)产品投入流通时,引起损害的缺陷尚不存在;(3)将产品投入流通时的科学技术水平尚不能发现缺陷的存在,"合标"行为不在法定的免责事由之列。亦有学者以药品为例,认为"合标"只是"符合行

---

① 天津市高级人民法院(2002)津高民四字第 008 号民事判决书。

政规范的根据",并不是说产品就不构成"缺陷"。① 人们认为,产品缺陷是指其存在危及人身、他人财产安全的不合理的危险,然而,标准可能并未覆盖该产品的全部安全性能指标(特别是新产品),符合标准不等于符合了该产品的全部安全性能指标,因此符合标准的产品造成损害的,仍可认定其存在缺陷。②

关于上述"合标"行为并不当然获得合法性评价的情形,较为说服力的解释是,作为一种技术要求,强制性标准"不能完全承载私法上安全价值的需求"。③虽然依据《标准化法》第10条规定,标准也具有人身财产安全保障的功能,④与侵权法的宗旨具有一致性,但是标准承载的安全价值体现在其可量化的指标上,如食品产品安全标准中的污染物限量、微生物限量,而侵权法所承载的安全是一个不设界的终极目标,以有限的量化指标应对不设界的终极目标,二者之间难免存在差距。所谓标准不能承受私法上安全价值之重,原因就在于此间存在的差距。

然而,也存在另一种情形,即"合标"行为可以获得合法的评价。前述最高人民法院关于环境侵权纠纷的司法解释似乎没有将不得以"合标"行为主张免责的话说死。该解释第1条第2款规定:"污染者不承担责任或者减轻责任的情形,适用海洋环境保护法、水污染防治法、大气污染防治法等环境保护单行法的规定;相关环境保护单行法没有规定的,适用侵权责任法的规定。"前述《环境噪声污染防治法》和《放射性污染防治法》关于侵权责任的规定,即属于特别规定的情形。《环境噪声污染防治法》第61条第1款规定:"受到环境噪声污染危害的单位和个人,有权要求加害人排除危害;造成损失的,依法赔偿损失。"依本条规定,环境噪声污染责任以"环境噪声污染"为必要条件。何为环境噪声污染? 该法第2条第2款规定:"本法所称环境噪声污染,是指所产生的环境噪声超过国家规定的环境噪声排放标准,并干扰他人正常生活、工作和学习的现象。"可见,在环境噪声侵权中,如果产生的噪声没有超过环境噪声排放标准,依第2条第2款规定,不足以构成环境噪声污染;不构成环境噪声污染,依第61

---

① 宋华琳:《论政府规制与侵权法的交错——以药品规制为例证》,载《比较法研究》2008年第2期,第42页。

② 王胜明主编:《中华人民共和国侵权责任法释义》(第2版),法律出版社2013年版,第250页。

③ 谭启平:《符合强制性标准与侵权责任承担的关系》,载《中国法学》2017年第4期,第184页。

④ 《标准化法》第10条第1款:"对保障人身健康和生命财产安全、国家安全、生态环境安全以及满足经济社会管理基本需要的技术要求,应当制定强制性国家标准。"

条第 1 款,不承担侵权责任。①《放射性污染防治法》第 59 条规定:"因放射性污染造成他人损害的,应当依法承担民事责任。"依据本条规定,放射污染侵权责任以"放射性污染"为必要。该法第 62 条第 1 项规定:"放射性污染,是指由于人类活动造成物料、人体、场所、环境介质表面或者内部出现超过国家标准的放射性物质或者射线。"由此亦可见,在放射性污染侵权责任中,放射性物质或射线没有超过国家标准,不构成"放射性污染",也就不承担侵权责任。

在产品责任领域,虽然《产品质量法》未将"合标"行为列入免责的法定事由,但在食品药品侵权责任中也存在"合标"免责的情形。2013 年,最高人民法院发布《关于审理食品药品纠纷案件适用法律若干问题的规定》,其第 7 条规定:"食品、药品虽在销售前取得检验合格证明,且食用或者使用时尚在保质期内,但经检验确认产品不合格,生产者或者销售者以该食品、药品具有检验合格证明为由进行抗辩的,人民法院不予支持。"依据本条规定可以推导出,食品药品既有产品合格证明,且在保质期内经检验也是合格的,生产经营者以其药品食品合格(即符合质量标准)为由进行抗辩,人民法院应予以支持。此时,符合标准也可以得到合法性的评价。

上述说明,由于标准与法律的目标之间存在的差距,"合标"行为未必合法;但在法律特别规定的情况下,"合标"行为可以获得合法的评价。

从侵权责任构成的角度看,由于环境侵权责任、产品侵权责任均属于无过错责任,法律关于行为人以其行为符合标准的要求为由进行抗辩,无论该抗辩是否成立,是否应得到法院的支持,都说明了违法性作为侵权责任构成要件的独立地位。在抗辩不成立的情形,其违法性表现为,即便符合标准,仍造成他人损害,属于违法性认定的侵害他人权利的情形;在抗辩成立的情形,其违法性表现为,符合标准,属于违法性认定的未违反法律规定义务的情形。如果以"过错"吸收违法性而否定违法性要件的独立地位,势必使得无过错责任失去了法律追究其责任的原因,也使得"合标"抗辩失去了对象。因为,按照过错"吸收"违法性之说,违法性已被过错吸收而失去了作为侵权责任构成要件的独立性,那么在无过错责任中,不论行为人有无过错均应承担侵权责任,就等于说不论行为人有无违法均应承担侵权责任。这显然是不能成立的,也有违法治的理念。按照过错"吸收"违法性之说,违法性失去作为侵权责任要件的独立要件,那么在无过错责任中,法律规定"合标"抗辩的对象不可能是过错,也就意味着不可能是违法性(因为它被过错吸收了),当然更不可能是损害和因果关系,这

---

① 相关案例参见:北京市第四中级人民法院(2020)京 04 民终 356 号民事判决书、北京市第四中级人民法院(2020)京 04 民终 358 号民事判决书。

就意味着"合标"抗辩没有对象。没有对象的抗辩在法律上毫无价值。因此,过错"吸收"违法性之说难以成立,违法性作为侵权责任的构成要件,尤其是作为无过错责任的要件,仍然是不可或缺的。

三、标准与过错

(一)概述

过错是指行为人行为之时的心理状态,包括故意和过失。行为人明知其行为会造成他人的损害仍有意为之或者轻信可以避免而为之,是故意。行为人应当预见也能预见其行为会给他人造成损害由于疏忽而没有预见从而造成他人的损害,是过失,过失包括一般过失和重大过失。行为人故意实施不法行为,固然应承担侵权责任,过失实施不法行为,同样也应承担侵权责任。因此,在行为人是否应承担侵权责任问题上,故意与过失以及过失程度区分并无区别。由于故意与过失对行为人是否承担侵权责任没有区别,行为人只要存在过失就承担侵权责任,因此法律规定和理论研究关注的重点是过失,只有在免责和某些特殊情况下,才会被提及故意或过失的程度(重大过失)。[①]

关于过失的认定,存在主观标准说和客观标准说两说。主观标准说主要考察行为人的心理状态,认为行为人应当预见也能够预见其行为可能造成他人损害而疏于预见从而实施行为造成他人损害,即具有过失。客观标准说引入合理人(善良管理人)(通俗讲,合理人就是通常的人、普通的人)的预见性标准,认为行为造成他人的损害,如果合理人能够预见到而行为人没有预见到从而造成损害的,即具有过失。客观标准说为过失的认定提供了相对统一的规则,避免了主观标准说关注行为人的心理状态引起的受害人举证困难、过失认定因人而异

[①]　参见《民法典》第 44 条第 2 款:"财产代管人因故意或者重大过失造成失踪人财产损失的,应当承担赔偿责任。"第 316 条:"拾得人在遗失物送交有关部门前,有关部门在遗失物被领取前,应当妥善保管遗失物。因故意或者重大过失致使遗失物毁损、灭失的,应当承担民事责任。"第 1174 条:"损害是因受害人故意造成的,行为人不承担责任。"第 1183 条第 2 款:"因故意或者重大过失侵害自然人具有人身意义的特定物造成严重精神损害的,被侵权人有权请求精神损害赔偿。"第 1185 条:"故意侵害他人知识产权,情节严重的,被侵权人有权请求相应的惩罚性赔偿。"第 1238 条:"民用航空器造成他人损害的,民用航空器的经营者应当承担侵权责任;但是,能够证明损害是因受害人故意造成的,不承担责任。"第 1244 条:"承担高度危险责任,法律规定赔偿限额的,依照其规定,但是行为人有故意或者重大过失的除外。"

等司法困扰,有利于受害人保护。客观标准说代表着侵权法的发展方向,[①]获得了学者普遍的推崇。[②]

当然,客观标准说并非完全统一了所有过失认定的标准。它根据人的专业性与非专业性将过失认定分为两种基本类型:一是一般人的过失认定;二是专业人士的过失认定。专业人士(如医生、律师、会计师、鉴定人等)的过失认定标准要比一般人的过失认定标准要高。[③] 产品或服务的生产经营者,在所在行业领域,也属于专业人士一类。

(二)标准与过失认定客观化

注意义务是过失认定中的一个核心概念,行为人是否有过失,依是否违反注意义务而定,违反注意义务即有过失,不违反注意义务则无过失。按照客观标准说,过失的认定不以行为人的注意义务为依据,而以合理人(善良管理人)的注意义务为依据,合理人的注意义务独立于行为人,呈现出外部化的状态。在注意义务外部化的情况下,它可以转化为一般的社会行为规范,尤其是在专业领域,它常常被转化为专业领域的行为规范,如医师执业规范、律师执业规范、会计师执业规范、鉴定人执业规范、生产经营规范。这种行为规范包括数以万计的各种技术标准,如产品质量标准、食品安全标准、药品标准、卫生规范、诊疗规范、污染物排放标准等等。这些标准对于从事该行业经营的经营者来说,就是合理人注意义务的依据。因此,在这些行业领域,经营者如不符合标准,可构成违反合理人的注意义务,即具有过失。

标准之所以能够成为行业领域合理人注意义务的依据,原因在于标准是利益相关方之间达成的共识、标准所体现的科技进步和由此所具有的标准的权威性。国家标准《标准化工作指南》(GB/T 20000—2014)是一项指导标准化工作的基本文件,《标准化工作指南第1部分:标准化和相关活动的通用术语》(GB/T 20000.1—2014)第5.3条规定,标准是"通过标准化活动,按照规定的程序经协商一致制定,为各种活动或其结果提供规则、指南或特性,供共同使用和重复使用的文件"。该条"注一"强调"标准宜以科学、技术和经验的综合成果为基础"。所谓"协商一致",表明标准的制定在经营者、用户、消费者和技术人员等

---

① 王利明:《侵权责任研究》(上卷),中国人民大学出版社2010年版,第331页。

② 参见王泽鉴:《侵权行为法(第一册)基本理论、一般侵权行为》,三民书局2000年修订版,第297页;张新宝:《侵权责任构成要件研究》,法律出版社2007年版,第464页;王利明:《侵权责任研究》(上卷),中国人民大学出版社2010年版,第332页。

③ 全国人大常委会法制工作委员会民法室编:《中华人民共和国侵权责任法:条文说明、立法理由及相关规定》,北京大学出版社2010年版,第22页。

利益相关各方之间取得"最大可能"的共识("协议")。① 这种共识建立在科学、技术的发展水平和经验的基础上,体现了科学技术进步的新成果。为了确保标准的质量和获得利益相关各方的共识,《标准化法》第 16 条规定了标准化技术委员会在标准的起草和技术审查的作用。② 国家市场监督管理总局 2017 年发布的《全国专业标准化技术委员会管理办法》对技术委员会的组成、职责等作了规定,最大限度地保证了技术委员会的专业性和代表性。③ 技术委员会负责标准的起草和技术审查,为标准的质量和获得利益相关方的共识提供了组织保障。经协商一致而制定的标准,表明了利益相关各方的共同立场,能够得到各方的认可而具有了权威性。④ 正是标准的权威性,使得它能够被所在行业采用作为生产经营活动的规范。以行业所认可的生产经营规范,作为该行业领域合理人注意义务的客观依据,应该说是最合适不过了。不仅如此,标准的定期复审,还可确保标准所规定的技术要求保持"与时俱进"的状态,以适应科学技术进步和社会发展的需要,从而使得标准所在行业领域的合理人的注意义务得到适时的更新,而不至于落后于社会经济的发展。

包括标准在内的行业规范还可以通过法律的规定而成为法定义务的内容,成为过失认定的法定依据。例如,《执业医师法》第 22 条规定,医师在执业活动中应当"遵守法律、法规,遵守技术操作规范";《医疗机构管理条例》第 25 条规定:"医疗机构执业,必须遵守有关法律、法规和医疗技术规范。"上述规定中的"技术操作规范",包括疾病诊疗规范、护理规范、卫生规范等,属于技术标准。⑤ 如果医疗机构、医务人员在疾病诊疗中违反了技术操作规范,即可认定具有过失(《侵权责任法》第 1222 条)。又如,《食品安全法》第 33 条规定:"食品生产经

---

① ［印］魏尔曼:《标准化是一门科学》,中国科学技术情报研究所编辑,科学技术文献出版社 1980 年版,第 19 页。

② 《标准化法》第 16 条:"制定推荐性标准,应当组织由相关方组成的标准化技术委员会,承担标准的起草、技术审查工作。制定强制性标准,可以委托相关标准化技术委员会承担标准的起草、技术审查工作。未组成标准化技术委员会的,应当成立专家组承担相关标准的起草、技术审查工作。标准化技术委员会和专家组的组成应当具有广泛代表性。"

③ 《全国专业标准化技术委员会管理办法》第 7 条:"技术委员会由委员组成,委员应当具有广泛性和代表性,可以来自生产者、经营者、使用者、消费者、公共利益方等相关方。来自任意一方的委员人数不得超过委员总数的 1/2。教育科研机构、有关行政主管部门、检测及认证机构、社会团体等可以作为公共利益方代表。"

④ ［印］魏尔曼:《标准化是一门科学》,中国科学技术情报研究所编辑,科学技术文献出版社 1980 年版,第 19 页。

⑤ 医疗行业标准如:卫生行业标准《感染性腹泻诊断标准》(WS 271—2007)、《放射性皮肤疾病护理规范》(WS/T 475—2015)。

营应当符合食品安全标准。"如果食品生产经营者违反食品安全标准,即可认定具有过失。

标准是对特定产品、服务和过程规定的技术要求,其特点是指标量化且可证实。① 例如,国家标准《地表水环境质量标准》(GB 3838—2002)将地表水质分为5类,详细规定了5类地表水环境质量的24个基本项目的限值,规定了地表水环境质量基本项目的分析方法和适用的检验方法标准。除5类地表水质标准外,该项标准还规定了"集中式生活饮用水源地补充项目标准限值"和"集中式生活饮用水源地特定项目标准限值"及其分析方法和适用的检验方法标准。又如,食品安全国家标准《蜂蜜》(GB 14963—2011)规定了蜂蜜的"蜜源""感官指标""理化指标""污染物限量""兽药残留限量和农药残留限量""微生物限量",并规定了相应的检验方法和所适用的检验方法标准。在过失认定客观化的情形中,指标量化且可证实的标准为所属行业领域的经营者的过失认定提供了便捷的依据,依据标准认定行为人的过失具有客观性,也更具权威性。

(三)过错与违法性的交织

当注意义务被转化为具体的行为规范时,过失的认定与法律规定的义务就联系在一起,违反这些行为规范,不仅违反了合理人的注意义务,构成过失;而且也违反了法律的规定,构成违法行为。在这里,违法性与过失呈现出交织的状态,难以区分。从注意义务的角度来看,是过失问题;从法律规定的角度来看,则是违法性问题。例如,《执业医师法》《医疗机构管理条例》规定,医务人员、医疗机构应当遵守医疗技术规范,如果医务人员违反医疗技术规范,既违反了注意义务,构成过错(《民法典》第1222条),但同时也违反了《执业医师法》《医疗机构》的规定,构成违法行为。

对于过失认定的客观化导致的过失与违法性交织的法律现象,人们常常只看到行为人过失的一面,而忽略了行为违法性的一面。例如,《中华人民共和国侵权责任法释义》一书在过失认定上,首先考虑的是"行为人是否违反了法律、

---

① 国家标准《标准化工作导则第2部分:标准中规范性技术要素内容的确定方法》(GB/T 1.2—2002)第5.3.1条规定:"不论产品标准的目的如何,只应列入那些能被证实的技术要求。"第5.3.3条规定:"……如果没有一种试验方法能在较短的时间内证实产品是否符合稳定性、可靠性或寿命等要求,则不应规定这些要求。……"根据第5章关于"要求"的规定,上述以产品标准为例所阐述的可证实性原则也可适用于"过程标准"和"服务标准"的编制。在标准化中,用以证实"要求"的方法包括测量、测试、试验以及观测和判断。

行政法规明确规定的义务",其次才考虑"行为人是否违反了一个合理人的注意义务"。[1] 不少学者也将违反具有行业规范作为过失认定的法定依据。[2] 大致是由于这个原因,过失与违法性交织的现象,在三要件说里被描述为过错"吸收"了违法性。当然,这个说法未必准确,因为在过失与违法性交织的状态下,我们很难判断究竟是过错"吸收"了违法性还是违法性"吸收"了过错。

第四节　标准与侵权责任的承担

根据《民法典》第 179 条规定,民事责任的承担方式包括停止侵害;排除妨碍;消除危险;返还财产;恢复原状;修理、重作、更换;继续履行;赔偿损失;支付违约金;消除影响、恢复名誉;赔礼道歉。第 1234 条规定的生态环境损害的"修复责任",可归入恢复原状。上述民事责任的承担方式,除违约金、继续履行只适用于违约责任外,其余均可适用于侵权责任。其中,消除影响、恢复名誉与赔礼道歉适用于精神损害,与标准没有关联;返还财产适用于侵占财产,也与标准没有关联;其他责任承担方式则或多或少与标准有所关联。这种关联主要体现在以下两个方面。

一、标准为侵权责任提供了可量化的评判依据

侵权责任的承担存在这一个评判问题。假设法院判决被告承担赔偿损失的责任,被告按照判决规定的期限支付了规定数量的货币,算是履行了判决规定的义务。如果法院判决被告承担的是其他形式的责任,被告应如何为才算履行了法院判决中规定的义务? 在侵权责任的承担中,停止侵害、排除妨害、消除危险、恢复原状和修理、重作、更换以及生态破坏的修复责任,均存在着如何为才算是履行了法院判决的义务的问题。对于这样的问题,似乎理论上少有涉及。

标准对侵权责任承担的作用在于,它可以为某些侵权责任的承担提供评判的依据。

---

[1]　王胜明主编:《中华人民共和国侵权责任法释义》(第 2 版),法律出版社 2013 年版,第 42～50 页。

[2]　张新宝:《侵权责任构成要件研究》,法律出版社 2007 年版,第 471～472 页;王利明:《侵权责任法研究》(上卷),中国人民大学出版社 2010 年版,第 347 页。

　　例如停止侵害责任,在一般侵权纠纷中,情况并不复杂,通常只要行为人不继续不法行为即可。但是,在污染环境侵权纠纷中,并非仅仅不作为这么简单。最高人民法院《关于审理环境侵权责任纠纷案件适用法律若干问题的解释》第13条规定:"人民法院应当根据被侵权人的诉讼请求以及具体案情,合理判定污染者承担停止侵害、排除妨碍、消除危险、恢复原状、赔礼道歉、赔偿损失等民事责任。"假定某企业因排放污染物超标致人损害,法院依受害人请求判决该企业承担"停止侵害"的责任,那么如何算是停止侵害呢? 是责令企业停止排放污染物? 还是责任企业不得超标排放污染物? 如果排污企业是合法经营的企业,那么答案应当是后者而不是前者。如果是前者,污染物排放是停止了,但企业得关门停止生产。这既不符合环境侵权救济制度的本意,也不利于社会经济的发展。如果是后者,责令企业排放污染物符合标准,达到环境可承受的限度,既为受害人提供了合理的救济,又不致企业生产停止,符合社会经济发展的要求。因此,在环境侵权纠纷中,判定被告是否履行了判决"停止侵害"的义务,评判依据是排污标准。例如,在辽宁省沈阳市皇姑区人民法院 2016 年审理的"薛×诉沈阳中耀房地产开发(沈阳)有限公司商品房销售合同纠纷案"①中,原告因建筑物内电梯室内噪声标准超过《社会生活环境噪声排放标准》(GB22337—2008)而提起诉讼,请求判令被告将电梯修复达到《社会生活环境噪音排放标准》(GB22337—2008)规范,法院支持了原告的请求,判决被告:于本判决生效之日起三十日内修复电梯,将电梯运行噪声降至符合《噪音排放标准》(GB22337—2008)规范的标准。

　　又如生态修复责任,《民法典》第 1234 条规定:"违反国家规定造成生态环境损害,生态环境能够修复的,国家规定的机关或者法律规定的组织有权请求侵权人在合理期限内承担修复责任。侵权人在期限内未修复的,国家规定的机关或者法律规定的组织可以自行或者委托他人进行修复,所需费用由侵权人负担。"这里,无论是侵权人承担修复责任还是侵权人承担费用由有关组织或第三人进行修复,都存在如何进行损害修复的评判问题。有关环境质量的标准可以为生态修复提供评判的依据。例如,在"张玉山、邝达尧与广州市人民检察院水污染责任纠纷环境民事公益诉讼案"②中,法院判决,张玉山、邝达尧应自判决发生法律效力之日起三个月内共同修复大石古水塘水质到"地表水第 V 类水标准";逾期未修复的,由人民法院选定具有专业资质的机构代为修复,修复费用由张玉山、邝达尧共同承担。此所谓"地表水第 V 类水标准",是指原国家环境

①　辽宁省沈阳市皇姑区人民法院(2016)辽 0105 民初 2855 号民事判决书。
②　广东省高级人民法院(2018)粤民终 2466 号民事判决书。

保护总局和国家质量监督检验检疫总局 2002 年发布的强制性国家标准《地表水环境质量标准》(GB 3838—2002)。该项标准将地表水环境质量标准分为 5 类,并详细规定了各类水质的"水温""pH 值""溶解氧"等 24 个基本项目的限值,第五类为"Ⅴ类"。无论是由当事人张玉山、邝达尧自行修复还是由专业机构"代为修复",均应以《地表水环境质量标准》(GB 3838—2002)规定的"Ⅴ类"地表水环境质量标准为评判依据,只有修复后的受污染地的地表水各项指标均符合"Ⅴ类"的限值要求,才算是履行了法院判决的义务。

　　除了停止侵害责任、生态修复责任外,排除妨害、消除危险、恢复原状和修理、重作、更换,也存在着如何评判的问题,如果存在着标准,那么标准也可以在这些责任中担负着评判依据的角色。

二、标准对共同侵权责任分担的影响

　　在因涉及标准的共同侵权行为中,被告之行为"合标"还是"违标"对损害赔偿责任的分担具有一定的作用。《民法典》第 1231 条规定:"两个以上侵权人污染环境、破坏生态的,承担责任的大小,根据污染物的种类、浓度、排放量,破坏生态的方式、范围、程度,以及行为对损害后果所起的作用等因素确定。"例如,在"迁安第一造纸厂等与孙有礼等养殖损害赔偿上诉案"[1]中,河北省迁安化工有限责任公司和其他 7 家企业排放的工业废水污染了海域,致使孙有礼等养殖户的水产品死亡。化工公司与其他 7 家企业不同的是,其排污符合标准,而其他 7 家企业均为超标排污。法院在审理本案中,对排污达标企业和排污超标企业作了区别对待。二审法院认为:"本案上诉人化工公司被环保部门确定为达标排放企业,属于国家许可的正常经营活动……在承担民事责任上应与超标排放的企业有所区别",因而对化工公司作出单独赔偿、不与其他 7 家超标排放企业承担连带责任的判决。在本案中,化工公司虽然排污符合标准,但仍应对养殖户的损害负责,法院给出的理由是其"不能提供排放工业废水入海的行为与被上诉人养殖水产品死亡不存在因果关系的相关证据",因而法院推定其符合标准的排污行为与养殖户的损害之间存在因果关系。关于区分"合标"行为与"违标"行为,究竟是基于行为合法性还是过错的考量,有学者认为是后者:"如果合法排放污染物,则可认定为没有主观过错或者过错较小,如果违法排放污染物,则可认定为存在主观过错。"[2]"在加害人内部责任分担方面,作为主观过

---

①　天津市高级人民法院(2002)津高民四字第 008 号民事判决书。

②　唐忠辉:《环境共同侵权研究》,中国政法大学 2011 年博士学位论文,第 105 页。

错的判定标准之一,排放标准对于责任的划分具有重要参考价值……对于达标排放的污染者,法院可以适当减轻其责任分担比例,对于超标排放的,则可适当增加其责任比例。"[1]

---

① 唐忠辉:《环境共同侵权研究》,中国政法大学 2011 年博士学位论文,第 106 页。

第五章

标准与消费者保护 ■

第一节　消费者权利与经营者义务

一、消费者权利

消费者运动是消费者自发的或有组织的以争取社会公正、保护自己合法利益、改善其生活地位为目的同损害消费者利益行为进行斗争的一种社会运动。消费者运动首先发生在 20 世纪初的美国，随后逐渐波及世界各地，20 世纪 60 年代以后成为世界范围内的维护消费者整体利益的行动（其标志是 1960 年国际消费者组织联盟［IOCU］的成立）。

消费者运动的宗旨是争取消费者的基本权利，以改变消费者在市场经济中的弱势群体地位。1962 年 3 月 15 日，美国总统肯尼迪在美国国会发表《关于保护消费者利益的总统特别咨文》，提出了著名的四项消费者权利，即安全的权利、了解真相的权利、选择的权利、意见被听取的权利。[①] 1969 年，美国总统尼克松进而提出消费者的第五项权利，即索赔的权利。1985 年 4 月，第 39 届联合国大会一致通过了《保护消费者准则》，确立了消费者保护准确的目标是"保护消费者的健康和安全不受危害""促进和保护消费者的经济利益""使消费者有机会取得足够资料，让他们能够按照个人愿望和需要作出知情的选择""消费者

---

①　为了纪念消费者权利的提出，国际消费者联盟（IOCU）将 3 月 15 日定为"消费者权利日"，并于每年 3 月 15 日举行消费者权利日活动。中国消费者协会从 1997 年起，开展消费者权益日"年主题"活动，取得了良好的社会效果。

教育,包括关于消费者所作选择的环境、社会和经济影响的教育""提供有效的消费者赔偿办法""享有建立消费者团体和其他有关团体或组织的自由,而这种组织对于影响到它们的决策过程有表达意见的机会"和"促进可持续消费形式",旨在全球范围内推进消费者权利的实现。

我国改革开放以后,随着商品经济的发展,"短斤少两""假冒伪劣"等损害消费者权益的问题也逐渐显露出来,保护消费者权益不受损害被提到议事日程上来。1984年12月,国务院批准成立中国消费者协会,在全国范围内有组织地开展保护消费者合法权益的活动。1993年10月,第八届全国人大常委会第四次会议通过了《消费者权益保护法》(2009年、2013年修订),为保护消费者权益提供了法律依据。《消费者权益保护法》第2章集中规定了消费者的9项权利。

(1)安全权,即消费者在购买、使用商品和接受服务时享有人身、财产安全不受损害的权利,消费者有权要求经营者提供的商品和服务,符合保障人身、财产安全的要求(第7条)。

(2)知情权,即消费者享有知悉其购买、使用的商品或者接受的服务的真实情况的权利,消费者有权根据商品或者服务的不同情况,要求经营者提供商品的价格、产地、生产者、用途、性能、规格、等级、主要成分、生产日期、有效期限、检验合格证明、使用方法说明书、售后服务,或者服务的内容、规格、费用等有关情况(第8条)。

(3)选择权,即消费者享有自主选择商品或者服务的权利,消费者有权自主选择提供商品或者服务的经营者,自主选择商品品种或者服务方式,自主决定购买或者不购买任何一种商品、接受或者不接受任何一项服务;消费者在自主选择商品或者服务时,有权进行比较、鉴别和挑选(第9条)。

(4)公平交易权,即消费者享有公平交易的权利,消费者在购买商品或者接受服务时,有权获得质量保障、价格合理、计量正确等公平交易条件,有权拒绝经营者的强制交易行为(第10条)。

(5)索赔权,即消费者因购买、使用商品或者接受服务受到人身、财产损害的,享有依法获得赔偿的权利(第11条)。

(6)组织权,即消费者享有依法成立维护自身合法权益的社会组织的权利(第12条)。

(7)受教育权,即消费者享有获得有关消费和消费者权益保护方面的知识的权利(第13条)。

(8)人格尊严受尊重的权利,即消费者在购买、使用商品和接受服务时,享有人格尊严、民族风俗习惯得到尊重的权利,享有个人信息依法得到保护的权利(第14条)。

(9)监督和批评建议权,即消费者享有对商品和服务以及保护消费者权益工作进行监督的权利,有权检举、控告侵害消费者权益的行为和国家机关及其工作人员在保护消费者权益工作中的违法失职行为,有权对保护消费者权益工作提出批评、建议(第15条)。

此外,《消费者权益保护法》第3章"经营者的义务"中还规定了消费者无理由退货的权利,即经营者采用网络、电视、电话、邮购等方式销售商品,除定作商品、鲜活易腐产品、数字商品外,消费者有权自收到商品之日起七日内退货,且无需说明理由(第25条)。

二、经营者义务

权利与义务相应,一方享有权利意味着他方负有义务。在消费法律关系中,消费者的相对方是经营者,与消费者权利相对应的是经营者义务,消费者权利的实现有赖于经营者义务的履行。《消费者权益保护法》第3章规定了经营者的义务。

(1)诚信经营义务。《消费者权益保护法》第16条规定,"经营者向消费者提供商品或者服务,应当恪守社会公德,诚信经营,保障消费者的合法权益,不得设定不公平、不合理的交易条件,不得强制交易"。第26条规定:"经营者在经营活动中使用格式条款的,应当以显著方式提请消费者注意商品或者服务的数量和质量、价款或者费用、履行期限和方式、安全注意事项和风险警示、售后服务、民事责任等与消费者有重大利害关系的内容,并按照消费者的要求予以说明;经营者不得以格式条款、通知、声明、店堂告示等方式,作出排除或者限制消费者权利、减轻或者免除经营者责任、加重消费者责任等对消费者不公平、不合理的规定,不得利用格式条款并借助技术手段强制交易。"

(2)经营信息披露义务。《消费者权益保护法》第20条规定:"经营者向消费者提供有关商品或者服务的质量、性能、用途、有效期限等信息,应当真实、全面,不得作虚假或者引人误解的宣传;经营者对消费者就其提供的商品或者服务的质量和使用方法等问题提出的询问,应当作出真实、明确的答复。经营者提供商品或者服务应当明码标价。"第21条规定:"经营者应当标明其真实名称和标记;租赁他人柜台或者场地的经营者,应当标明其真实名称和标记。"第28条规定:"采用网络、电视、电话、邮购等方式提供商品或者服务的经营者,以及提供证券、保险、银行等金融服务的经营者,应当向消费者提供经营地址、联系方式、商品或者服务的数量和质量、价款或者费用、履行期限和方式、安全注意事项和风险警示、售后服务、民事责任等信息。"

(3)消费者安全保障义务。《消费者权益保护法》第 18 条规定:"经营者应当保证其提供的商品或者服务符合保障人身、财产安全的要求;对可能危及人身、财产安全的商品和服务,应当向消费者作出真实的说明和明确的警示,并说明和标明正确使用商品或者接受服务的方法以及防止危害发生的方法;宾馆、商场、餐馆、银行、机场、车站、港口、影剧院等经营场所的经营者,应当对消费者尽到安全保障义务。"第 19 条进而规定:"经营者发现其提供的商品或者服务存在缺陷,有危及人身、财产安全危险的,应当立即向有关行政部门报告和告知消费者,并采取停止销售、警示、召回、无害化处理、销毁、停止生产或者服务等措施;采取召回措施的,经营者应当承担消费者因商品被召回支出的必要费用。"

(4)产品和服务瑕疵担保责任。《消费者权益保护法》第 23 条规定:"经营者应当保证在正常使用商品或者接受服务的情况下其提供的商品或者服务应当具有的质量、性能、用途和有效期限;经营者以广告、产品说明、实物样品或者其他方式表明商品或者服务的质量状况的,应当保证其提供的商品或者服务的实际质量与表明的质量状况相符;经营者提供的机动车、计算机、电视机、电冰箱、空调器、洗衣机等耐用商品或者装饰装修等服务,消费者自接受商品或者服务之日起六个月内发现瑕疵,发生争议的,由经营者承担有关瑕疵的举证责任。"第 24 条规定:"经营者提供的商品或者服务不符合质量要求的,消费者可以依照国家规定、当事人约定退货,或者要求经营者履行更换、修理等义务;没有国家规定和当事人约定的,消费者可以自收到商品之日起七日内退货;七日后符合法定解除合同条件的,消费者可以及时退货,不符合法定解除合同条件的,可以要求经营者履行更换、修理等义务。"

(5)消费者信息保护义务。《消费者权益保护法》第 29 条规定:"经营者收集、使用消费者个人信息,应当遵循合法、正当、必要的原则,明示收集、使用信息的目的、方式和范围,并经消费者同意;经营者收集、使用消费者个人信息,应当公开其收集、使用规则,不得违反法律、法规的规定和双方的约定收集、使用信息;经营者及其工作人员对收集的消费者个人信息必须严格保密,不得泄露、出售或者非法向他人提供;经营者应当采取技术措施和其他必要措施,确保信息安全,防止消费者个人信息泄露、丢失。在发生或者可能发生信息泄露、丢失的情况时,应当立即采取补救措施;经营者未经消费者同意或者请求,或者消费者明确表示拒绝的,不得向其发送商业性信息。"

(6)尊重消费者人格尊严的义务。《消费者权益保护法》第 27 条规定:"经营者不得对消费者进行侮辱、诽谤,不得搜查消费者的身体及其携带的物品,不得侵犯消费者的人身自由。"

(7)接受消费者监督的义务。《消费者权益保护法》第 17 条规定:"经营者应当听取消费者对其提供的商品或者服务的意见,接受消费者的监督。"

消费者权利和经营者义务均具有法定性,当事人不得以协议予以限制或排除。《消费者权益保护法》关于消费者权利和经营者义务的规定,改变了私法自治原则下合同的权利和义务由当事人约定的权利义务配置机制,体现了对在交易中处于弱势一方的消费者给予特别保护的消费者保护政策,彰显了弱势群体保护的现代法治精神。

第二节　标准化与消费者保护

一、保护消费者利益是标准化的目的

国际著名标准化专家桑德斯指出,"几乎所有标准都是为使用产品的人们的最终利益而制订的","保护消费者的利益,无疑是标准化的最重要的目的之一"。他还指出,通过标准来保护消费者利益的重要性,越来越被标准化发展的事实所证实,并得到公认。[①] 在英国,英国政府与英国标准协会(BSI)签订的《关于认可国家标准机构的谅解备忘录》指出,双方均认可"标准化是支持许多政府政策的一个关键因素,包括市场竞争、创新、减少贸易壁垒、公平交易、保护消费者利益、环境保护和公共采购"[②]。在德国,联邦政府与德国标准化协会(DIN)签订的《联邦政府与标准化协会合作协议》第 1 条第 2 款约定,"DIN 在制定标准时,在工作的各个方面需要考虑公众利益,需要特别保证所起草的标准能够作为技术要求在立法中、在影响公共管理的事务中以及执法行动中引用"。该款中的"公众利益"包括"安全、健康、环境保护、消费者保护"等。[③] 在俄罗斯,《俄罗斯联邦技术法规法》规定,颁布技术法规的目的在于保护人的生命、健康和财产的"安全"(第 6 条),标准化的目的在于提高人的生命健康和财产的"安全水平"(第 11 条)。在我国,《标准化法》第 1 条开宗明义地规定:"为了加强标

---

① ［英］桑德斯主编:《标准化的目的与原理》,中国科学技术情报研究所编辑,科学技术文献出版社 1974 年版,第 5 页。

② 刘春青等:《美国英国德国日本和俄罗斯标准化概论》,中国质检出版社、中国标准出版社 2012 年版,第 223 页。

③ 刘春青等:《美国英国德国日本和俄罗斯标准化概论》,中国质检出版社、中国标准出版社 2012 年版,第 256 页、第 259 页。

准化工作,提升产品和服务质量,促进科学技术进步,保障人身健康和生命财产安全,维护国家安全、生态环境安全,提高经济社会发展水平,制定本法。"其间的"提升产品和服务质量""保障人身健康和生命财产安全",直接体现了消费者保护的宗旨。

为了贯彻消费者保护的宗旨,国际标准化组织(ISO)设立了"消费者政策委员会"(COPOLCO),其职责是:"研究如何帮助消费者从标准化中获益,以及提升消费者在国家和国际标准化工作中的参与度";"搭建信息交流平台,加强消费领域消费者参与标准制定与实施的经验交流,交流消费者感兴趣的国家和国际标准化工作中的其他议题";"就 ISO 当前及今后可能进行的标准化与合格评定工作相关事宜,从全体消费者角度向理事会提供咨询意见";"就是否有必要结合消费者需求,在 ISO 内制定新政策、修改原政策或采取系列措施,向理事会提供咨询意见"(《国际标准化组织(ISO)议事规则》第 16 条)。我国国家标准化管理委员会于 2017 年设立消费者政策委员会。作为研究标准化与消费者政策的议事机构,消费者政策委员会负责对标准化工作中涉及市场需求和消费业态、消费方式、消费安全、消费者利益诉求等共性问题进行研究分析,提出标准化工作政策建议。①

二、标准的制定与消费者保护

标准化是制定标准和实施标准的活动,保护消费者利益首先体现在标准的制定上,标准应当反映消费者的需求。由于标准化的对象不同,消费者的需求也有区别,标准化组织制定的标准应反映出在不同标准化对象上消费者的不同需求。印度著名标准化专家魏尔曼指出:"为使不同类型消费者的利益都得到充分保护,最后确定的标准应反映出各类型消费者的不同要求。"②我国《食品安全法》第 24 条明确规定:"制定食品安全标准,应当以保障公众身体健康为宗旨,做到科学合理、安全可靠。"《农产品质量安全法》第 12 条也规定:"制定农产品质量安全标准应当充分考虑农产品质量安全风险评估结果,并听取农产品生产者、销售者和消费者的意见,保障消费安全。"

为了使标准化组织制定的标准能够反映消费者的需求,作为标准制定规范之一的国家标准《标准化工作指南第 6 部分:标准化良好行为规范》(GB/T

---

① 《国家标准委消费者政策委员会成立》,载中华人民共和国中央人民政府网站,http://www.gov.cn/xinwen/2017-10/22/content_5233669.htm,2022 年 2 月 18 日访问。

② [印]魏尔曼:《标准化是一门科学》,中国科学技术情报研究所编辑,科学技术文献出版社 1980 年版,第 271 页。

20000.6—2006）第 7.4 条明确要求"国家标准化活动的参与应由标准化机构和国家标准机构按其协商一致的程序来组织，该程序应均衡反映各相关方利益，诸如制造商、用户、消费者等"。《消费者权益保护法》进而将消费者组织"参与制定有关消费者权益的"强制性标准，列入消费者组织的职责（第 37 条）。这些规定为消费者参与标准的制定提供了标准化和法律的依据。

根据我国法律的规定，消费者参与标准的制定，具体表现在以下四个方面。

第一，消费者对标准的制定有建议权。《强制性国家标准管理办法》第 10 条第 2 款规定："社会团体、企业事业组织以及公民可以向国务院标准化行政主管部门提出强制性国家标准的立项建议……"《地方标准管理办法》第 8 条也规定："社会团体、企业事业组织以及公民可以向设区的市级以上地方标准化行政主管部门或者有关行政主管部门提出地方标准立项建议。"这里的"社会团体"包括消费者组织，"公民"也就是消费者。

第二，标准立项应当了解消费者的需求。《强制性国家标准管理办法》（国家市场监督管理总局令第 25 号）第 12 条规定："国务院有关行政主管部门提出强制性国家标准项目前，应当充分征求国务院其他有关行政主管部门的意见，调查企业事业组织、社会团体、消费者和教育、科研机构等方面的实际需求，对项目的必要性和可行性进行论证评估。"《地方标准管理办法》（国家市场监督管理总局令第 26 号）第 10 条也规定："设区的市级以上地方标准化行政主管部门应当对有关行政主管部门、企业事业组织、社会团体、消费者和教育、科研机构等方面的实际需求进行调查，对制定地方标准的必要性、可行性进行论证评估，并对立项申请是否符合地方标准的制定事项范围进行审查。"

第三，消费者参与专业标准化技术委员会（TC）工作。专业标准化技术委员会是标准化机构内部设立的"在特定领域内，从事标准的编制工作的标准化技术组织"，主要职责是负责标准的起草和技术审查工作。[①] 专业标准化技术委员会的组成人员中必须有消费者代表。《全国专业标准化技术委员会管理办法》（国家质量监督检验检疫总局令第 191 号，国家市场监督管理总局令第 31 号修订）第 7 条规定："技术委员会由委员组成，委员应当具有广泛性和代表性，可以来自生产者、经营者、使用者、消费者、公共利益方等相关方。来自任意一方的委员人数不得超过委员总数的 1/2。教育科研机构、有关行政主管部门、检测及认证机构、社会团体等可以作为公共利益方代表。"消费者代表参与技术委员会的工作，有助于使所制定的标准充分体现消费者的需求。

---

① 　白殿一、王益谊等：《标准化基础》，清华大学出版社 2020 年版，第 64 页。

第四,标准草案应公开征求消费者组织和消费者的意见。《强制性国家标准管理办法》(国家市场监督管理总局令第 25 号)第 22 条规定:"组织起草部门应当以书面形式向涉及的有关行政主管部门以及企业事业组织、社会团体、消费者组织和教育、科研机构等方面征求意见。"《地方标准管理办法》(国家市场监督管理总局令第 26 号)第 13 条规定:"起草单位应当征求有关行政主管部门以及企业事业组织、社会团体、消费者组织和教育、科研机构等方面意见,并在设区的市级以上地方标准化行政主管部门门户网站向社会公开征求意见。公开征求意见的期限不少于三十日。"

除上述国家部委的文件外,一些地方标准化规章也对消费者参与标准的制定作了明确的规定。例如,《重庆市地方标准管理办法》(重庆市人民政府令第 317 号)第 11 条规定,标准立项应当调查"有关行政主管部门、企业、社会团体、消费者和教育、科研机构等方面的实际需求"。《江苏省团体标准管理办法(试行)》(苏市监规〔2020〕4 号)第 9 条规定:"制定团体标准应当遵循开放、透明、公平的原则,吸纳生产者、经营者、使用者、消费者、教育科研机构、检测及认证机构、政府部门等相关方代表参与,充分吸收各方的共同需求。支持消费者和中小企业代表参与团体标准制定。"

消费者参与标准制定的制度安排,为标准化组织制定的标准反映消费者的需求提供了制度保障,有助于从生产经营的依据这一源头开始,落实消费者保护政策,对消费者权利的实现具有重要的意义。

三、标准的实施与消费者保护

制定标准不是标准化的目的,标准得到实施才是标准化的最终目的。[①] 只有标准得到实施,标准化才具有现实的意义和制度价值。桑德斯指出,"标准化的效果只有在标准被实行时才能表现出来。制订、出版标准不过是为了达到目标而采取的手段。即使出版的标准内容很好,而在生产或消费的所有场合没有被实施,那就没有任何价值"。[②]

标准的制定者是标准化组织,标准化组织不是立法机关,因此其制定的标准不是法律,并不当然具有法的约束力。标准本身也是一种产品,是标准化组织制定的供生产经营者选用的作为其产品或服务依据的产品,标准是否被生产

---

① 沈同、邢造宇、张丽虹主编:《标准化理论与实践》,中国计量出版社 2010 年版,第 280 页。

② [英]桑德斯主编:《标准化的目的与原理》,中国科学技术情报研究所编辑,科学技术文献出版社 1974 年版,第 8 页。

经营者所采用,取决于生产经营者的自愿。因此,标准是自愿性的,而非强制性的,标准的实施以自愿为原则。这是标准市场的一项原则,也是标准化的一项原则。但是,在涉及人的生命健康和财产等安全尤其消费者安全问题上,各国均采用法律强制的方式,通过法律引用标准,保障标准的实施。桑德斯指出,"现在比过去更强调安全是标准化的主要目的之一",有关安全的要求"必须在标准中规定下来,并用法律强制执行"。[1]

采取法律强制的方式实施标准,其形式是技术法规。技术法规是世界贸易组织(WTO)规则《技术性贸易壁垒协定》(《TBT 协定》)确立的一个概念,指"规定强制执行的产品特性或其相关工艺和生产方法、包括适用的管理规定在内的文件"(《TBT 协定》附件第 1 条)。在我国国家标准《标准化工作指南第 1 部分:标准化和相关活动的通用术语》(GB/T 20000.1—2014)中,技术法规被定义为"规定技术要求的法规"(第 5.7.1 条)。《TBT 协定》规定了技术法规的"合法目标",它是制定技术法规应秉持的宗旨,也是制定技术法规的必要限度。"合法目标"包括国家安全要求、防止欺诈行为、保护人类健康或安全、保护动物或植物的生命或健康及保护环境(第 2 条第 2 款)。《TBT 协定》关于技术法规的"合法目标"的规定,透过 WTO 的机制,转化为各成员国或地区制定技术法规的宗旨。例如,《越南标准和技术法规法》第 3 条规定:"技术法规是指产品、商品、服务、过程、环境以及社会经济活动中其他主体必须遵守以确保安全、卫生和人类健康的在技术特性和管理要求范围方面的规定,用于保护动物、植物和环境,维护国家利益和安全、消费者利益以及满足其他方面的基本要求。"《俄罗斯联邦技术法规法》第 6 条规定,颁布技术法规的目的应为:保护人的生命或健康、自然人或法人的财产、国家或地方的财产,保护环境、动物和植物的生命或健康,防止对采购方造成误导的行为。

技术法规关于技术要求的规定,可以是直接规定技术要求,也可以是通过引用标准提供技术要求,或者将标准的内容纳入法律之中。[2] 引用标准或者将标准的内容纳入法律之中,表明了技术法规与标准存在着密切的联系,标准是制定技术法规的基础。《TBT 协定》明确要求,各成员国或地区"如需制定技术法规,而有关国际标准已经存在或即将拟就,则各成员应使用这些国际标准或其中的相关部分作为其技术法规的基础"(第 2 条第 4 款)。《越南标准和技术法规法》规定,除不适用于越南的地理气候和国家利益外,制定技术法规必须

① [英]桑德斯主编:《标准化的目的与原理》,中国科学技术情报研究所编辑,科学技术文献出版社 1974 年版,第 5 页。
② 国家标准《标准化工作指南第 1 部分:标准化和相关活动的通用术语》(GB/T 20000.1—2014)第 5.7.1 条"技术法规"。

"以国际标准、地区标准和国外标准为依据"(第 6 条第 4 款)。《俄罗斯联邦技术法规法》也规定"国际标准和(或)国家标准可全部或部分用作起草技术法规的基础"(第 7 条第 8 款)。

为了鼓励各成员国在技术法规中引用标准,国际标准化组织(ISO)和国际电工委员会(IEC)于 2007 年发布了一份指导性文件《在技术法规中使用和引用 ISO 和 IEC 标准》(Using and Referencing ISO and IEC Standards for Technical Regulations)。该文全面分析了在技术法规中引用 ISO 和 IEC 标准的便利和益处,介绍了在技术法规中使用和引用标准的方法。[①] 2014 年,ISO/IEC 发布了新的《使用和引用 ISO 和 IEC 标准来支持公共政策》(Using and Referencing ISO and IEC Standards to Support Public Policy》,该文分析了使用 ISO 和 IEC 国际标准来支持政策举措的优势和好处,包括在立法或法规中引用国际标准,以及使用它们来支持其他类型的公共政策决策或行动。[②]

以标准为基础制定技术法规,标准由此获得法律保障其实施的效力。标准化所承载的保护消费者的功能作用,通过技术法规这种方式而得到实现。

我国现行法虽然未采用技术法规的概念,但是作为规定技术要求的法律规范,技术法规却遍布于我国法律之中。其表现形式主要有二:一是法律关于强制性标准的规定;二是法律关于采用标准的规定。

强制性标准是我国标准体系中至为重要的一种类型。强制性标准的"强制性"并非由于其被标示为"强制性标准",而是由于法律的规定,其强制性实施效力来自法律的赋予。[③] 这就是《标准化法》第 2 条第 3 款规定的"强制性标准必须执行"。这一规定将所有标示为强制性的标准纳入法律之中,构成了我国技术法规的主要表现形式。[④]

根据我国现行法律规定,强制性标准包括强制性国家标准和强制性地方标准两种。强制性国家标准由国务院批准发布或者授权批准发布,[⑤]强制性国家标准适用的领域是"保障人身健康和生命财产安全、国家安全、生态环境安全以

---

① 付淑云译:《在技术法规中使用和引用 ISO 和 IEC 标准》,载《信息技术与标准化》2008 年第 3 期、第 4 期、第 5 期、第 6 期、第 8 期。

② 见 ISO 网站,https://www.iso.org/publication/PUB100358.html,2022 年 3 月 6 日访问。

③ 郭济环:《我国技术法规概念刍议》,载《科技与法律》2010 年第 2 期。

④ 在我国加入世界贸易组织(WTO)的谈判过程中,参与谈判的专家认为,我国的强制性标准就是 WTO 规则中的技术法规。参见中国标准化研究院:《标准是这样炼成的——当代中国标准化的口述历史》,中国质检出版社、中国标准出版社 2014 年版,第 87 页。

⑤ 从实际情况来看,强制性国家标准的发布机构是国家部委,包括国家市场监督管理总局、国家标准化管理委员会、国家卫生健康委员会、生态环境部、住房和城乡建设部。

及满足经济社会管理基本需要的技术要求"(《标准化法》第 10 条)。强制性地方标准是强制性国家标准的补充,同样关涉人的生命健康等安全。例如,《食品安全法》第 29 条规定:"对地方特色食品,没有食品安全国家标准的,省、自治区、直辖市人民政府卫生行政部门可以制定并公布食品安全地方标准,报国务院卫生行政部门备案。食品安全国家标准制定后,该地方标准即行废止。"

除了强制性标准外,其他类型的标准被法律引用也具有强制实施的效力,这些引用标准的法律规定,也属于技术法规。例如,《产品质量法》第 13 条规定:"可能危及人体健康和人身、财产安全的工业产品,必须符合保障人体健康和人身、财产安全的国家标准、行业标准……""禁止生产、销售不符合保障人体健康和人身、财产安全的标准和要求的工业产品。"《旅游法》第 79 条规定:"旅游经营者应当严格执行安全生产管理和消防安全管理的法律、法规和国家标准、行业标准,具备相应的安全生产条件,制定旅游者安全保护制度和应急预案。"上述规定中的"国家标准""行业标准"不限于强制性标准,也包括推荐性标准。依据上述规定,推荐性标准被法律引用,也具有强制实施效力,成为技术法规的一种情形。

与技术法规相联系的又一标准实施方式是产品的强制性认证(CCC 认证),其对于消费者保护的意义更为凸显。2009 年,原国家质量监督检验检疫总局发布的《强制性产品认证管理规定》(国家质量监督检验检疫总局令第 117 号,2022 年 9 月 29 日国家市场监督管理总局令第 61 号修订)第 2 条规定:"为保护国家安全、防止欺诈行为、保护人体健康或者安全、保护动植物生命或者健康、保护环境,国家规定的相关产品必须经过认证,并标注认证标志后,方可出厂、销售、进口或者在其他经营活动中使用。"按照第 9 条关于认证规则的规定,"产品所对应的国家标准、行业标准和国家技术规范的强制性要求"是认证规则应当包括的内容,也是对认证机构产品进行认证的依据。根据国家市场监督管理总局 2020 年第 18 号公告发布的《强制性认证产品目录》,纳入强制性认证的产品共 17 大类 103 种,包括电线电缆、电路开关、低压电器、家用和类似用途设备、电子产品、照明电器、车辆、儿童用品、家用燃气器具等,无不涉及消费者的人身财产安全。

第三节　标准与消费者权利

一、标准对于消费者权利实现的意义

在市场经济条件下,生产与消费的分离,生产与消费关系的基本面是决定与被决定的关系,生产决定着消费,生产者生产什么,消费者就消费什么。消费者所处的被动地位规定了消费者受害具有不同于一般侵害的特征,消费者受害通常不是因生产经营者直接实施的加害行为所致,而是由购买和使用生产经营者提供的有瑕疵的产品和服务所致。典型如消费者食用所购买的不安全食品导致健康受损,有质量缺陷的电器产品发生爆炸造成消费者的人身财产损害。因此,消费者权利实现的重点主要不在于消费者如何积极行使其权利,而在于规制产品和服务的生产经营行为,在于生产经营者切实履行其生产经营无害于消费者的产品和服务的义务。生产经营者履行对消费者所承担的义务,提供的产品和服务不存在损害消费者权益的瑕疵,那么消费者的权利也就实现了。

标准对于消费者权利实现的作用,就在于为产品和服务的生产经营行为提供技术规范,为评判生产经营者提供的商品和服务是否存在有害于消费者的瑕疵提供依据,为生产经营者是否切实履行对消费者所承担的提供无害于消费者的产品和服务的义务提供判断依据。生产经营者按照标准的要求从事产品和服务的生产经营行为,向消费者提供的产品和服务符合标准的要求,切实履行对消费者所承担的提供符合标准要求的产品和服务的义务,那么消费者受害就可以避免或者消费者受害时可以得到及时救济,消费者权利就可以得到实现。反之,如果生产经营者不按照标准的要求从事生产经营,提供的产品和服务不符合标准的要求,没有切实履行向消费者提供符合标准的产品和服务的义务,消费者受害就难以避免,消费者的权利就无法实现。因此,标准对消费者权利实现所具有的作用,在法律上表现为经营者负有提供的产品和服务符合标准要求的义务。例如,《产品质量法》第13条规定:"可能危及人体健康和人身、财产安全的工业产品,必须符合保障人体健康和人身、财产安全的国家标准、行业标准;未制定国家标准、行业标准的,必须符合保障人体健康和人身、财产安全的要求。"《食品安全法》第33条规定"食品生产经营应当符合食品安全标准"。《农产品质量安全法》第32条规定"销售的农产品必须符合农产品质量安全标准"。正是通过经营者履行提供符合标准的产品和服务的义务,消费者的权利得以实现。

二、标准与消费者安全权

(一)消费者安全权

消费者安全权,是指消费者在购买、使用商品和接受服务时享有人身财产安全不受损害的权利(《消费者权益保护法》第 7 条第 1 款)。消费者的安全权是自然人的生命权、健康权、身体权和财产不受侵害的权利在消费者保护法上的体现,是消费者最为基本的权利,没有安全权,消费者的其他权利也将失去意义。

消费者的安全权包括以下三项内容:一是消费者有权要求经营者提供的商品和服务符合保障人身、财产安全的要求,确保消费者的人身财产不因产品和服务的质量缺陷而遭受损害。二是如果产品或服务存在可能危及人身财产安全的风险而这种风险是不可排除的,消费者有权要求经营者对可能危及人身财产安全的产品和服务作出真实的说明和明确的警示并说明和标明正确使用商品或者接受服务的方法以及防止危害发生的方法,确保消费者正确使用产品和利用服务,防止损害的发生。三是消费者有权要求经营者提供具有必要安全保障的消费场所,确保消费者不因消费场所存在的不安全风险发生而受到损害。

(二)经营者的安全义务

与消费者安全权对应的是经营者的安全义务。《消费者权益保护法》第 18 条规定:"经营者应当保证其提供的商品或者服务符合保障人身、财产安全的要求。对可能危及人身、财产安全的商品和服务,应当向消费者作出真实的说明和明确的警示,并说明和标明正确使用商品或者接受服务的方法以及防止危害发生的方法。""宾馆、商场、餐馆、银行、机场、车站、港口、影剧院等经营场所的经营者,应当对消费者尽到安全保障义务。"第 19 条进而规定:"经营者发现其提供的商品或者服务存在缺陷,有危及人身、财产安全危险的,应当立即向有关行政部门报告和告知消费者,并采取停止销售、警示、召回、无害化处理、销毁、停止生产或者服务等措施。采取召回措施的,经营者应当承担消费者因商品被召回支出的必要费用。"

除了《消费者权益保护法》外,其他法律也有关于经营者安全义务的规定。《产品质量法》第 26 条规定:"生产者应当对其生产的产品质量负责。""产品质量应当符合下列要求:(一)不存在危及人身、财产安全的不合理的危险,有保障人体健康和人身、财产安全的国家标准、行业标准的，应当符合该标准；（二）具备产品应当具备的使用性能，但是，对产品存在使用性能的瑕疵作出说明的除外；（三）符合在产品或者其包装上注明采用的产品标准，符合以产品说明、实物样品等方式表明的质量状况。"《食品安全法》第4条规定："食品生产经营者对其生产经营食品的安全负责。""食品生产经营者应当依照法律、法规和食品安全标准从事生产经营活动，保证食品安全，诚信自律，对社会和公众负责，接受社会监督，承担社会责任。"《农产品质量安全法》第7条规定："农产品生产经营者应当对其生产经营的农产品质量安全负责。""农产品生产经营者应当依照法律、法规和农产品质量安全标准从事生产经营活动，诚信自律，接受社会监督，承担社会责任。"《旅游法》专章（第六章）规定了"旅游安全"。该法第79条规定："旅游经营者应当严格执行安全生产管理和消防安全管理的法律、法规和国家标准、行业标准，具备相应的安全生产条件，制定旅游者安全保护制度和应急预案。""旅游经营者应当对直接为旅游者提供服务的从业人员开展经常性应急救助技能培训，对提供的产品和服务进行安全检验、监测和评估，采取必要措施防止危害发生。""旅游经营者组织、接待老年人、未成年人、残疾人等旅游者，应当采取相应的安全保障措施。"《安全生产法》也以专章（第二章）规定了生产经营单位的安全生产义务。该法第20条："生产经营单位应当具备本法和有关法律、行政法规和国家标准或者行业标准规定的安全生产条件；不具备安全生产条件的，不得从事生产经营活动。"《化妆品监督管理条例》第6条规定："化妆品注册人、备案人对化妆品的质量安全和功效宣称负责。""化妆品生产经营者应当依照法律、法规、强制性国家标准、技术规范从事生产经营活动，加强管理，诚信自律，保证化妆品质量安全。"1994年，原国家技术监督局、建设部、国家旅游局、公安部、劳动部、国家工商行政管理局联合发布的《游艺机和游乐设施安全监督管理规定》（技监局发〔1994〕08号）第4条规定："游艺机和游乐设施的设计和生产，必须符合国家《游艺机和游乐设施安全标准》及有关安全要求。"第13条规定："游乐园（场）等运营单位，必须有健全的安全管理制度和紧急救护措施。对各项游艺机、游乐设施要分别制定操作规程，运行管理人员守则，定期检查维修保养等制度。操作、管理、维修人员必须经过培训，考试合格后持证上岗。"

（三）安全标准

消费者安全涉及产品、服务的质量和经营场所安全，产品、服务以及经营场所是否安全，是否存在不安全风险，属于科学技术问题。对此问题，法律并不能直接给出答案，也无法给出评价的依据。以科学、技术和经验为基础制定的产品、服务和场所的安全标准则可以给出答案,提供评判的依据,从而为经营者安全义务的履行和消费者安全权的实现提供技术支撑。以下以食品安全为例,分析标准对经营者安全义务的履行和消费者安全权的实现的作用。

"民以食为天",食品安全是消费者安全最为重要的领域。《食品安全法》关于食品生产经营者义务的规定,除第 4 条原则性规定外,涵盖了食品原料食品添加剂、食品相关产品①的采购,食品的生产、加工、包装、运输、储藏、销售和进口等各个环节,食品生产经营过程中涉及的食品添加剂、食品相关产品、运输工具等相关事项,确立了全过程、全领域的食品生产经营者义务,并将食品安全标准引入法律,使生产经营者的义务内化为遵守食品安全标准的义务。关于食品生产经营,第 33 条规定"食品生产经营应当符合食品安全标准""用水应当符合国家规定的生活饮用水卫生标准",第 34 条明令禁止生产经营"致病性微生物,农药残留、兽药残留、生物毒素、重金属等污染物质以及其他危害人体健康的物质含量超过食品安全标准限量的食品、食品添加剂、食品相关产品"以及"其他不符合法律、法规或者食品安全标准的食品、食品添加剂、食品相关产品"。关于食品添加剂,第 39 条规定"生产食品添加剂应当符合法律、法规和食品安全国家标准"。关于食品相关产品,第 41 条规定"生产食品相关产品应当符合法律、法规和食品安全国家标准"。关于食品生产各环节,第 46 条规定:"食品生产企业应当就下列事项制定并实施控制要求,保证所生产的食品符合食品安全标准:(一)原料采购、原料验收、投料等原料控制;(二)生产工序、设备、贮存、包装等生产关键环节控制;(三)原料检验、半成品检验、成品出厂检验等检验控制;(四)运输和交付控制。"关于采购,第 50 条第 1 款规定:"食品生产者采购食品原料、食品添加剂、食品相关产品,应当查验供货者的许可证和产品合格证明;对无法提供合格证明的食品原料,应当按照食品安全标准进行检验;不得采购或者使用不符合食品安全标准的食品原料、食品添加剂、食品相关产品。"关于食用农产品,第 49 条第 1 款规定:"食用农产品生产者应当按照食品安全标准和国家有关规定使用农药、肥料、兽药、饲料和饲料添加剂等农业投入品,严格执行农业投入品使用安全间隔期或者休药期的规定,不得使用国家明令禁止的农业投入品。禁止将剧毒、高毒农药用于蔬菜、瓜果、茶叶和中草药材等国家规定的农作物。"关于食品检验,第 52 条规定:"食品、食品添加剂、食品相关产品的生产者,应当按照食品安全标准对所生产的食品、食品添加剂、食品相关产品进行检验,检验合格后方可出厂或者销售。"关于餐饮服务,第 55 条第 1 款规

---

① 　食品相关产品是指用于食品的包装材料、容器、洗涤剂、消毒剂和用于食品生产经营的工具、设备(《食品安全法》第 2 条)。

定:"餐饮服务提供者应当制定并实施原料控制要求,不得采购不符合食品安全标准的食品原料。倡导餐饮服务提供者公开加工过程,公示食品原料及其来源等信息。"关于集中用餐食堂,第 57 条第 1 款规定:"学校、托幼机构、养老机构、建筑工地等集中用餐单位的食堂应当严格遵守法律、法规和食品安全标准;从供餐单位订餐的,应当从取得食品生产经营许可的企业订购,并按照要求对订购的食品进行查验。供餐单位应当严格遵守法律、法规和食品安全标准,当餐加工,确保食品安全。"关于餐具消毒,第 58 条第 1 款规定:"餐具、饮具集中消毒服务单位应当具备相应的作业场所、清洗消毒设备或者设施,用水和使用的洗涤剂、消毒剂应当符合相关食品安全国家标准和其他国家标准、卫生规范。"关于进入市场的食用农产品,第 66 条规定:"进入市场销售的食用农产品在包装、保鲜、贮存、运输中使用保鲜剂、防腐剂等食品添加剂和包装材料等食品相关产品,应当符合食品安全国家标准。"关于预包装食品,第 67 条规定预包装食品标签"应当标明"的事项,并规定:"食品安全国家标准对标签标注事项另有规定的,从其规定。"关于进口食品,第 92 条第 1 款规定:"进口的食品、食品添加剂、食品相关产品应当符合我国食品安全国家标准。"如无相关食品安全国家标准,第 93 条规定"由境外出口商、境外生产企业或者其委托的进口商向国务院卫生行政部门提交所执行的相关国家(地区)标准或者国际标准"。第 94 条进而规定:"境外出口商、境外生产企业应当保证向我国出口的食品、食品添加剂、食品相关产品符合本法以及我国其他有关法律、行政法规的规定和食品安全国家标准的要求,并对标签、说明书的内容负责。"

与法律规定食品生产经营者义务相对应的是食品安全标准对食品生产经营各环节和相关事项的全覆盖,为食品生产经营者安全义务的履行和消费者安全权的实现提供技术支撑。《食品安全法》专章(第三章)规定了食品安全标准,第 24 条规定了食品安全标准的宗旨是"保障公众身体健康",要求食品安全标准应做到"科学合理、安全可靠"。第 26 条规定了食品安全标准的内容,包括(1)食品、食品添加剂、食品相关产品中的致病性微生物,农药残留、兽药残留、生物毒素、重金属等污染物质以及其他危害人体健康物质的限量规定;(2)食品添加剂的品种、使用范围、用量;(3)专供婴幼儿和其他特定人群的主辅食品的营养成分要求;(4)对与卫生、营养等食品安全要求有关的标签、标志、说明书的要求;(5)食品生产经营过程的卫生要求;(6)与食品安全有关的质量要求;(7)与食品安全有关的食品检验方法与规程;(8)其他需要制定为食品安全标准的内容。

食品安全标准主要是食品安全国家标准,食品安全地方标准是食品安全国家标准的补充。根据《食品安全法》第 29 条规定,食品安全地方标准只限于"地方特色食品"①且"没有食品安全国家标准"的情形,如制定了食品安全国家标准,食品安全地方标准即行废止。根据国家卫生健康委员会食品安全标准与监测评估司 2023 年 1 月 11 日公布的《食品安全国家标准目录》,截至 2022 年 11 月,我国共发布食品安全国家标准 1478 项,涵盖了食品安全通用标准、食品产品标准、特殊膳食食品标准、食品添加剂质量规格及相关标准、食品营养强化剂质量规格标准、食品相关产品标准、食品生产经营规范标准、理化检验方法标准、微生物检验方法标准、毒理学检验方法与规程标准、农药残留检测方法标准、兽药残留检测方法标准。从原材料到成品,从加工、包装到检测,食品生产经营的全过程都被纳入食品安全标准规范的范围,实现了食品安全标准"从田间到餐桌"的全覆盖。

"食品安全"是食品安全法和食品安全标准共同的核心概念。《食品安全法》第 150 条(用语含义)将"食品安全"定义为"食品无毒、无害,符合应当有的营养要求,对人体健康不造成任何急性、亚急性或者慢性危害"。食品是否"无毒无害",是否符合"应当有的营养要求",是否会对人体健康造成"急性、亚急性或者慢性危害"? 这些均由食品安全标准提供答案。食品安全标准规定食品、食品添加剂、食品相关产品中的原料要求、理化指标、污染物限量、微生物限量等指标,为食品安全生产经营提供了依据,也为判定食品是否安全提供了依据。例如,《食品安全国家标准 饮料》(GB 7101—2015)第 3 章规定了饮料的技术要求,包括"原料要求""感官要求""理化指标""污染物限量和真菌毒素限量""农药残留量""微生物限量""食品添加剂和食品营养强化剂"等技术指标,第 3.3 条(理化指标)规定,金属罐装果蔬汁饮料,每升(L)中锌、铜、铁总和应小于等于(≤)20 毫克(mg);以杏仁为原料的饮料,每升(L)中氰化物(HCN)含量应小于等于(≤)0.05 毫克(mg);以大豆为原料的饮料,脲酶实验应为"阴性"。这不仅为饮料生产提供了依据,也为饮料是否安全提供了评价依据。生产经营者的饮料符合这些指标要求,应认定为符合食品安全要求的食品。如果不符合这些指标要求,则应认定为不符合食品安全要求的食品。

三、标准与消费者知情权、选择权

消费者知情权,是指消费者享有知悉其购买、使用的商品或者接受的服务

① 所谓"地方特色食品",是指在部分地域有 30 年以上传统食用习惯的食品。参见《国家卫生健康委员会办公厅关于进一步加强食品安全地方标准管理工作的通知》(国卫办食品函〔2019〕556 号)。http://law.foodmate.net/show-196486.html。访问时间 2022 年 12 月 19 日。

的真实情况的权利,消费者有权根据商品或者服务的不同情况,要求经营者提供商品的价格、产地、生产者、用途、性能、规格、等级、主要成分、生产日期、有效期限、检验合格证明、使用方法说明书、售后服务,或者服务的内容、规格、费用等有关情况(《消费者权益保护法》第 8 条)。与消费者知情权相对应的是经营者提供商品和服务信息的义务。《消费者权益保护法》第 20 条规定:"经营者向消费者提供有关商品或者服务的质量、性能、用途、有效期限等信息,应当真实、全面,不得作虚假或者引人误解的宣传。"

标准对于消费者知情权的作用,首先在于它在生产经营者与消费者建立了产品和服务的信息传达渠道,向消费者传达产品和服务的信息。桑德斯指出:"标准的第一个原始任务是在给生产者与购买者之间提供传达手段,列出所需物品的大小和性能,并增强购买者的信任感,使其在订购符合标准的物品时能相信其质量和可靠性。"[1]在现代社会,标准已经普遍应用于生产经营活动,标准所规定的产品或服务的技术要求,既是生产经营者生产产品和提供服务的依据,也是消费者了解商品和服务信息的依据,它是生产经营者与消费者之间进行商品和服务信息交换的媒介和桥梁。我们以内容相对简单的《食品安全国家标准 乳糖》(GB 25595—2018)为例。GB 25595—2018 为消费者提供了乳糖的产品信息,其内容包括:(1)什么是乳糖? GB 25595—2018 第 2 章("术语和定义")给"乳糖"下了定义,乳糖是指"从牛(羊)乳或乳清中提取出来的碳水化合物,以无水或含一分子结晶水的形式存在,或以这两种混合物的形式存在"。(2)乳糖应满足哪些技术指标? GB 25595—2018 第 3 章规定的"技术要求"包括原料要求、感官要求、理化指标、污染物限量。关于原料要求,第 3.1 条规定"原料应符合相应的食品标准和有关规定";关于感官要求,第 3.2 条规定,色泽为"白色或浅黄色",滋味、气味为"微甜无异味",状态为"晶体或粉状晶体";关于理化指标,第 3.3 条规定,每百克(100g)中,乳糖的含量应大于等于(≥)99.0克(g),水分应小于等于(≤)6.0 克(g),灰分应小于等于(≤)0.3 克(g);关于污染物限量,第 3.4 条规定"应符合 GB 2762 的规定"。GB 2762 的最新版本是《食品安全国家标准 食品中污染物限量》(GB 2762—2022),该标准规定,乳糖(属"食糖及淀粉糖"类)中铅(以 Pb 计)的限量和砷(总砷)(以 As 计)的限量,均为每公斤(kg)0.5 毫克(mg)。[2]

在标准中,更便于消费者了解商品和服务信息的是有关商品和服务的说明

---

① [英]桑德斯主编:《标准化的目的与原理》,中国科学技术情报研究所编辑,科学技术文献出版社 1974 年版,第 3 页。

② "Pb"是铅的化学符号;"As"是砷的化学符号。

书、标识和标签标准。它们或被规定在产品标准中,或者单独制定标准。在产品标准中规定产品标识和说明书的,如国家标准《婴儿摇篮的安全要求》(GB 30004—2013)。GB 30004—2013 第 7 章"标识和使用说明"规定婴儿摇篮应附有产品标识和说明书,并列出产品标识的内容和标示方法以及产品说明书的内容,包括产品的名称、规格、型号、适用年龄和体重、执行标准、安全警示、生产厂商和销售商等,目的是方便消费者了解和正确使用婴儿摇篮。单独制定说明书、标识、标签标准的,如《食品安全国家标准 预包装食品标签通则》(GB 7718—2011)。GB 7718—2011 详细规定了预包装食品(包括直接提供给消费者和间接提供给消费者)标签标示的基本原则和应当标示的内容及其标示方式,内容包括:食品名称,配料表,净含量和规格,生产者和(或)经销者的名称、地址和联系方式,生产日期和保质期,贮存条件,食品生产许可证编号,产品标准代号及其他需要标示的内容(如辐照食品、质量等级)。例如,关于食品名称,GB 7718—2011 规定:"应在食品标签的醒目位置,清晰地标示反映食品真实属性的专用名称。"(第 4.1.2.1 条)"当国家标准、行业标准或地方标准中已规定了某食品的一个或几个名称时,应选用其中的一个,或等效的名称。"(第 4.1.2.1.1 条)"无国家标准、行业标准或地方标准规定的名称时,应使用不使消费者误解或混淆的常用名称或通俗名称。"(第 4.1.2.1.2 条)"标示'新创名称'、'奇特名称'、'音译名称'、'牌号名称'、'地区俚语名称'或'商标名称'时,应在所示名称的同一展示版面标示 4.1.2.1 规定的名称。"(第 4.1.2.2 条)"当'新创名称'、'奇特名称'、'音译名称'、'牌号名称'、'地区俚语名称'或'商标名称'含有易使人误解食品属性的文字或术语(词语)时,应在所示名称的同一展示版面邻近部位使用同一字号标示食品真实属性的专用名称。"(第 4.1.2.2.1 条)"当食品真实属性的专用名称因字号或字体颜色不同易使人误解食品属性时,也应使用同一字号及同一字体颜色标示食品真实属性的专用名称。"(第 4.1.2.2.2 条)"为不使消费者误解或混淆食品的真实属性、物理状态或制作方法,可以在食品名称前或食品名称后附加相应的词或短语。如干燥的、浓缩的、复原的、熏制的、油炸的、粉末的、粒状的等。"(第 4.1.2.3 条)又如,关于生产日期和保质期,GB 7718—2011 规定:"应清晰标示预包装食品的生产日期和保质期。如日期标示采用'见包装物某部位'的形式,应标示所在包装物的具体部位。日期标示不得另外加贴、补印或篡改(标示形式参见附录 C)。"(第 4.1.7.1 条)"当同一预包装内含有多个标示了生产日期及保质期的单件预包装食品时,外包装上标示的保质期应按最早到期的单件食品的保质期计算。外包装上标示的生产日期应为最早生产的单件食品的生产日期,或外包装形成销售单元的日期;也可在外包装上分别标示各单件装食品的生产日期和保质期。"(第

4.1.7.2 条)"应按年、月、日的顺序标示日期,如果不按此顺序标示,应注明日期标示顺序(标示形式参见附录 C)。"(第 4.1.7.3 条)①

消费者选择权,是指消费者享有自主选择商品或者服务的权利,消费者有权自主选择提供商品或者服务的经营者,自主选择商品品种或者服务方式,自主决定购买或者不购买任何一种商品、接受或者不接受任何一项服务,消费者在自主选择商品或者服务时,有权进行比较、鉴别和挑选(《消费者权益保护法》第 9 条)。消费者的选择权以知情权为基础,消费者只有在了解商品和服务的基础上,才有可能对商品和服务进行比较、鉴别和挑选,才有可能正确选择自己所需的商品和服务。如果消费者不了解商品和服务,那么他就无从对商品和服务进行比较、鉴别和挑选,其对商品和服务的选择就是盲目的。商品和服务的标准尤其是有关商品和服务的说明书、标识和标签标准提供的商品和服务的信息,为消费者比较、鉴别和挑选商品与服务提供了依据。

第四节　标准与产品责任

《消费者权益保护法》第 11 条规定:"消费者因购买、使用商品或者接受服务受到人身、财产损害的,享有依法获得赔偿的权利。"与消费者索赔权相应的是经营者的损害赔偿责任。《消费者权益保护法》第七章("法律责任")对经营者的损害赔偿责任作了具体的规定,内容包括损害赔偿责任的法律适用(第 48 条)、人身伤害的赔偿范围(第 49 条)、侵害人格权益的赔偿等责任(第 50 条)、精神损害赔偿责任(第 51 条)、财产损害的赔偿责任(第 52 条)以及惩罚性赔偿

---

① GB 7718—2011 附录 C《部分标签项目的推荐标示形式》C.3 日期的标示:日期中年、月、日可用空格、斜线、连字符、句点等符号分隔,或不用分隔符。年代号一般应标示 4 位数字,小包装食品也可以标示 2 位数字。月、日应标示 2 位数字。日期的标示可以有如下形式:2010 年 3 月 20 日;2010 03 20;2010/03/20;20100320;20 日 3 月 2010 年;3 月 20 日 2010 年;(月/日/年);03 20 2010;03/20/2010;03202010。C.4 保质期的标示:保质期可以有如下标示形式:最好在……之前食(饮)用;……之前食(饮)用最佳;……之前最佳;此日期前最佳……;此日期前食(饮)用最佳……;保质期(至)……;保质期××个月(或××日,或××天,或××周,或×年)。

责任(第 54 条)等。①

在经营者责任中,产品责任对于消费者权益保护及消费者索赔权,至为重要。从标准与经营者责任的关系来看,产品责任也至为典型。本节将着重分析标准与产品责任的关联,阐明标准对于消费者权益保护的意义。

一、产品责任概念

产品责任,是指产品存在缺陷造成消费者的人身财产损害,该缺陷产品的生产经营者依法应承担的民事责任。产品责任属于侵权责任,《民法典》"侵权责任"编第四章对产品责任作了规定。除《民法典》"侵权责任"编第四章外,《民法典》"侵权责任"编第五章关于"药品、消毒产品、医疗器械的缺陷,或者输入不

---

① 《消费者权益保护法》第 48 条:"经营者提供商品或者服务有下列情形之一的,除本法另有规定外,应当依照其他有关法律、法规的规定,承担民事责任:(一)商品或者服务存在缺陷的;(二)不具备商品应当具备的使用性能而出售时未作说明的;(三)不符合在商品或者其包装上注明采用的商品标准的;(四)不符合商品说明、实物样品等方式表明的质量状况的;(五)生产国家明令淘汰的商品或者销售失效、变质的商品的;(六)销售的商品数量不足的;(七)服务的内容和费用违反约定的;(八)对消费者提出的修理、重作、更换、退货、补足商品数量、退还货款和服务费用或者赔偿损失的要求,故意拖延或者无理拒绝的;(九)法律、法规规定的其他损害消费者权益的情形。""经营者对消费者未尽到安全保障义务,造成消费者损害的,应当承担侵权责任。"第 49 条:"经营者提供商品或者服务,造成消费者或者其他受害人人身伤害的,应当赔偿医疗费、护理费、交通费等为治疗和康复支出的合理费用,以及因误工减少的收入。造成残疾的,还应当赔偿残疾生活辅助具费和残疾赔偿金。造成死亡的,还应当赔偿丧葬费和死亡赔偿金。"第 50 条:"经营者侵害消费者的人格尊严、侵犯消费者人身自由或者侵害消费者个人信息依法得到保护的权利的,应当停止侵害、恢复名誉、消除影响、赔礼道歉,并赔偿损失。"第 51 条:"经营者有侮辱诽谤、搜查身体、侵犯人身自由等侵害消费者或者其他受害人人身权益的行为,造成严重精神损害的,受害人可以要求精神损害赔偿。"第 52 条:"经营者提供商品或者服务,造成消费者财产损害的,应当依照法律规定或者当事人约定承担修理、重作、更换、退货、补足商品数量、退还货款和服务费用或者赔偿损失等民事责任。"第 55 条:"经营者提供商品或者服务有欺诈行为的,应当按照消费者的要求增加赔偿其受到的损失,增加赔偿的金额为消费者购买商品的价款或者接受服务的费用的三倍;增加赔偿的金额不足五百元的,为五百元。法律另有规定的,依照其规定。""经营者明知商品或者服务存在缺陷,仍然向消费者提供,造成消费者或者其他受害人死亡或者健康严重损害的,受害人有权要求经营者依照本法第四十九条、第五十一条等法律规定赔偿损失,并有权要求所受损失二倍以下的惩罚性赔偿。"

合格的血液造成患者损害的"赔偿责任的规定(第 1223 条[1]),《产品质量法》第 41 条第 1 款,[2]《食品安全法》第 147 条、第 148 条,[3]《农产品质量安全法》第 54 条,[4]《药品管理法》第 144 条,[5]《疫苗管理法》第 96 条,[6]《献血法》第 22 条,[7]《医疗器械监督管理条例》第 75 条[8]等,也是关于产品责任的规定。

在产品侵权责任制度中,所谓产品,是指"经过加工、制作,用于销售的产品"(《产品质量法》第 2 条第 1 款),其范围广泛,不仅一般的工业制品属于产品,食品、农产品、药品、血液制品、医疗器械等也属于产品。[9]

产品责任的责任主体是产品的生产经营者,包括生产者和销售者。《民法典》第 1202 条规定:"因产品存在缺陷造成他人损害的,生产者应当承担侵权责任。"第 1203 条第 1 款规定:"因产品存在缺陷造成他人损害的,被侵权人可以向产品的生产者请求赔偿,也可以向产品的销售者请求赔偿。"按照第 1204 条的规定,如果产品缺陷是因运输者、仓储者等第三人的过错造成的,仍应由产品的生产者、销售者承担赔偿责任,但产品的生产者、销售者赔偿后,有权向第三

---

① 《民法典》第 1123 条:"因药品、消毒产品、医疗器械的缺陷,或者输入不合格的血液造成患者损害的,患者可以向药品上市许可持有人、生产者、血液提供机构请求赔偿,也可以向医疗机构请求赔偿。患者向医疗机构请求赔偿的,医疗机构赔偿后,有权向负有责任的药品上市许可持有人、生产者、血液提供机构追偿。"

② 《产品质量法》第 41 条第 1 款:"因产品存在缺陷造成人身、缺陷产品以外的其他财产损害的,生产者应当承担赔偿责任。"

③ 《食品安全法》第 147 条:"违反本法规定,造成人身、财产或者其他损害的,依法承担赔偿责任……"第 148 条:"消费者因不符合食品安全标准的食品受到损害的,可以向经营者要求赔偿损失,也可以向生产者要求赔偿损失。……"

④ 《农产品质量安全法》第 54 条:"生产、销售本法第三十三条所列农产品,给消费者造成损害的,依法承担赔偿责任。""农产品批发市场中销售的农产品有前款规定情形的,消费者可以向农产品批发市场要求赔偿;属于生产者、销售者责任的,农产品批发市场有权追偿。消费者也可以直接向农产品生产者、销售者要求赔偿。"

⑤ 《药品管理法》第 144 条:"药品上市许可持有人、药品生产企业、药品经营企业或者医疗机构违反本法规定,给用药者造成损害的,依法承担赔偿责任。""因药品质量问题受到损害的,受害人可以向药品上市许可持有人、药品生产企业请求赔偿损失,也可以向药品经营企业、医疗机构请求赔偿损失。……"

⑥ 《疫苗管理法》第 96 条:"因疫苗质量问题造成受种者损害的,疫苗上市许可持有人应当依法承担赔偿责任。"

⑦ 《献血法》第 22 条:"医疗机构的医务人员违反本法规定,将不符合国家规定标准的血液用于患者的……给患者健康造成损害的,应当依法赔偿……"

⑧ 《医疗器械监督管理条例》第 75 条:"违反本条例规定……造成人身、财产或者其他损害的,依法承担赔偿责任。"

⑨ 程啸:《侵权责任法》,法律出版社 2015 年第 2 版,第 488～490 页。

人追偿。

除生产者、销售者外,产品责任的责任主体还包括法律特别规定的责任主体。例如,《药品管理法》第 144 条第 1 款规定:"因药品质量问题受到损害的,受害人可以向药品上市许可持有人、药品生产企业请求赔偿损失,也可以向药品经营企业、医疗机构请求赔偿损失。"药品上市许可持有人是指取得药品注册证书的企业或者药品研制机构等(《药品管理法》第 30 条第 1 款),药品上市许可持有人与药品生产企业者、药品经营企业不必是同一主体,药品上市许可持有人可以自行生产、销售药品,也可以委托药品生产企业和药品经营企业生产、销售(《药品管理法》第 32 条第 1 款、第 34 条第 1 款)。药品上市许可持有人即便与药品生产企业不属于同一主体,也应对因药品、疫苗质量问题致人损害承担赔偿责任。又如,根据《食品安全法》第 138 条第 3 款、第 139 条第 2 款、第 140 条第 2 款和第 3 款规定,食品检验机构出具虚假检验报告,食品认证机构出具虚假认证结论,食品广告的经营者、发布者设计、制作、发布虚假食品广告以及社会团体或者其他组织、个人在食品虚假广告或者其他虚假宣传中向消费者推荐食品,应当与食品生产经营者承担连带责任,这些特定主体也可以成为食品侵权责任的责任主体。[1]

有权请求生产经营者及其法律规定的特定主体承担产品侵权责任的人是因产品缺陷而遭受损害的人,即《民法典》第 1202 条和第 1203 条第 1 款中的"他人",受害人既包括产品的购买者,也包括非购买者的产品使用者以及其他因产品缺陷而遭受人身财产损害的人,任何人因产品缺陷而遭受损害,都有权请求产品的生产经营者以及法律规定的特定主体承担赔偿责任。

二、标准与产品缺陷的认定

产品责任属于无过错责任。依据《民法典》第 1202 条规定,构成产品侵权责任须具备三个要件:产品具有缺陷、须有缺陷产品造成受害人损害的事实、缺陷产品与损害事实之间存在因果关系。在产品责任构成要件中,标准的作用在

---

[1]　《食品安全法》第 138 第 3 款:"食品检验机构出具虚假检验报告,使消费者的合法权益受到损害的,应当与食品生产经营者承担连带责任。"第 139 条第 2 款:"认证机构出具虚假认证结论,使消费者的合法权益受到损害的,应当与食品生产经营者承担连带责任。"第 140 条第 2 款:"广告经营者、发布者设计、制作、发布虚假食品广告,使消费者的合法权益受到损害的,应当与食品生产经营者承担连带责任。"第 3 款:"社会团体或者其他组织、个人在虚假广告或者其他虚假宣传中向消费者推荐食品,使消费者的合法权益受到损害的,应当与食品生产经营者承担连带责任。"

于产品缺陷的认定。

关于产品的缺陷及其认定,《产品质量法》第 46 条规定:"本法所称缺陷,是指产品存在危及人身、他人财产安全的不合理的危险;产品有保障人体健康和人身、财产安全的国家标准、行业标准的,是指不符合该标准。"依据这一规定,产品的缺陷被定义为产品存在的危及人身财产安全的不合理危险。关于产品缺陷的认定,标准可以作为依据,如果产品的品质不符合保障人体健康和人身、财产安全的国家标准、行业标准的要求,即可认定该产品存在缺陷。但是,这一认定规则却不能反推出如下规则:只要产品质量符合保障人体健康和人身、财产安全的国家标准、行业标准的要求,就不存在缺陷。这是因为,国家标准、行业标准可以作为认定产品缺陷的充分条件,但不能作为必要条件。[①] 产品缺陷的本质是产品存在危及人身财产安全的不合理危险,产品标准是标准化组织制定的技术规范,由于受科学技术发展水平和标准制定者认知水平的限制,标准化组织制定的产品标准所规定的技术指标可能不能完全涵盖该产品的全部安全性能指标。[②] 因此,产品是否符合标准与产品是否存在不合理的危险并非完全一致,产品符合标准未必就说明其不存在不合理危险。如果符合标准的产品仍存在不合理的危险,造成了消费者的损害,生产经营者仍应承担责任。因此,符合标准并不能构成产品侵权责任的抗辩事由。这一点也体现在《产品质量法》关于免责事由的规定中,该法第 41 条第 2 款规定了生产者免于承担产品侵权责任的三项事由,分别为"未将产品投入流通""产品投入流通时,引起损害的缺陷尚不存在"和"将产品投入流通时的科学技术水平尚不能发现缺陷的存在",其间不包含产品符合标准,因此产品符合标准不构成法定的免责事由。

标准可以作为认定产品存在缺陷的依据,但符合标准的产品并不等于没有缺陷,这是标准与产品缺陷认定之关系的一般情形。然而,如果法律有特别规定,则应依法律的规定,对标准与产品缺陷判定之关系作出符合法律规定的认定,即符合标准的产品,应认定为不存在质量缺陷的产品,生产经营者可以产品符合标准为由主张免责抗辩。法律对此有特别规定的包括以下几种情形:

(一)农产品

农产品,是指来源于农业的初级产品,是在农业活动中获得的植物、动物、微生物及其产品(《农产品质量安全法》第 2 条第 1 款)。《农产品质量安全法》

---

① 最高人民法院民法典贯彻实施工作领导小组主编:《中华人民共和国民法典侵权责任编理解与适用》,人民法院出版社 2020 年版,第 315~316 页。

② 王胜明主编:《中华人民共和国侵权责任法释义》,法律出版社 2013 年第 2 版,第 250 页。

第 8 条明确规定"禁止生产、销售不符合国家规定的农产品质量安全标准的农产品",第 54 条规定:"生产、销售本法第三十三条所列农产品,给消费者造成损害的,依法承担赔偿责任。"第 33 条规定了五种农产品"不得销售"的情形:一是"含有国家禁止使用的农药、兽药或者其他化学物质";二是"农药、兽药等化学物质残留或者含有的重金属等有毒有害物质不符合农产品质量安全标准";三是"含有的致病性寄生虫、微生物或者生物毒素不符合农产品质量安全标准";四是"使用的保鲜剂、防腐剂、添加剂等材料不符合国家有关强制性的技术规范";五是"其他不符合农产品质量安全标准"的情形。除第一种情形外,其余四种不得销售的农产品,均依据标准认定。如果农产品不存在上述规定的"不得销售"的情形,那么就应认定其不存在质量缺陷,生产经营者不应承担责任。

(二)食品

食品,是指各种供人食用或者饮用的成品和原料以及按照传统既是食品又是中药材的物品,食品不包括以治疗为目的的物品(《食品安全法》第 150 条)。《食品安全法》第 147 条规定:"违反本法规定,造成人身、财产或者其他损害的,依法承担赔偿责任。"该法关于食品生产经营者义务(包括食品的生产、销售,食品添加剂的生产与使用等)的规定,均强调应当符合食品安全标准。[①] 因此,就食品的安全性而言,第 147 条规定的"违反本法规定",是指生产经营的食品不符合食品安全标准的情形。第 148 条第 1 款关于"首负责任制"[②]的规定,更加说明了这一点。该款规定:"消费者因不符合食品安全标准的食品受到损害的,可以向经营者要求赔偿损失,也可以向生产者要求赔偿损失。"依据该款规定,食品"不符合食品安全标准"构成食品生产经营者承担食品侵权责任的必要条件。如不存在"不符合食品安全标准"的情形,食品生产经营者不承担责任。最高人民法院 2013 年发布、2020 年修订的《最高人民法院关于审理食品药品纠纷案件适用法律若干问题的规定》第 6 条规定:"食品的生产者与销售者应当对于食品符合质量标准承担举证责任。认定食品是否合格,应当以国家标准为依据;没有国家标准的,应当以地方标准为依据;没有国家标准、地方标准的,应当以企业标准为依据。食品的生产者采用的标准高于国家标准、地方标准的,应

---

① 《食品安全法》第 4 条、第 33 条、第 39 条、第 40 条、第 41 条、第 46 条、第 49 条等。

② 首负责任制,是指消费者在合法权益受到损害,向生产者或者经营者要求赔偿时,由首先接到赔偿要求的生产者或者经营者负责先行赔付,再由先行赔付的生产者或者经营者依法向相关责任人追偿。首负责任制有利于防止生产经营者相互推诿,维护消费者合法权益。参见袁杰、徐景和主编:《〈中华人民共和国食品安全法〉释义》,中国民主法制出版社2015 年版,第 365 页。

当以企业标准为依据。没有前述标准的,应当以食品安全法的相关规定为依据。"这一规定将食品标准(国家标准、地方标准、企业标准)作为认定食品是否合格的依据,如果符合食品标准,应认定为合格食品。生产经营者提供的食品合格,不属于《食品安全法》第 147 条规定的"违反本法规定"的情形,生产经营者不承担责任。

(三)药品、消毒产品、医疗器械、血液

药品,是指用于预防、治疗、诊断人的疾病,有目的地调节人的生理机能并规定有适应症或者功能主治、用法和用量的物质,包括中药材、中药饮片、中成药、化学原料药及其制剂、抗生素、生化药品、放射性药品、血清、疫苗、血液制品和诊断药品等(《药品管理法》第 100 条)。消毒产品包括消毒剂、消毒器械、卫生用品和一次性使用医疗用品[《消毒管理办法》(国家卫生和计划生育委员会令〔2017〕第 18 号)第 49 条]。医疗器械,是指直接或者间接用于人体的仪器、设备、器具、体外诊断试剂及校准物、材料以及其他类似或者相关的物品,包括所需要的计算机软件(《医疗器械监督管理条例》第 103 条)。

《民法典》第 1123 条规定:"因药品、消毒产品、医疗器械的缺陷,或者输入不合格的血液造成患者损害的,患者可以向药品上市许可持有人、生产者、血液提供机构请求赔偿,也可以向医疗机构请求赔偿。"本条对血液质量问题用的概念是"不合格",对药品、消毒产品、医疗器械的质量问题用的概念是"缺陷",这说明二者之间存在区别。

关于血液的质量问题,认定的依据是血液标准。《献血法》第 22 条:"医疗机构的医务人员违反本法规定,将不符合国家规定标准的血液用于患者的……给患者健康造成损害的,应当依法赔偿……"按照最高人民法院 2017 年发布的《最高人民法院关于审理医疗损害责任纠纷案件适用法律若干问题的解释》第 7 条规定,血液提供机构主张不承担责任的,应当对血液合格承担举证证明责任。血液提供机构证明血液合格的,不承担责任。例如,在武汉市硚口区人民法院2016 年审理的"宋玉华诉华中科技大学同济医学院附属同济医院等医疗损害责任纠纷案"中,法院以原告未举证证明被告在诊疗行为中存在过错,且被告举证证明其提供的血液及血液制品质量合格为由,认定被告已经尽到了当时当地医疗水平所能达到的要求,从而驳回原告的诉讼请求。①

关于药品、消毒产品、医疗器械的质量问题,虽然《民法典》第 1123 条使用了不同的概念,但其"缺陷"的认定应依据标准,符合标准的药品、消毒产品、医

---

① 湖北省武汉市硚口区人民法院(2016)鄂 0104 民初 887 号民事判决书。

疗器械应认定不存在缺陷,生产经营者不应承担责任。关于药品,《药品管理法》第 92 条规定:"药品的生产企业、经营企业、医疗机构违反本法规定,给药品使用者造成损害的,依法承担赔偿责任。"对于药品的生产经营者来说,本条所谓"本法规定",主要内容是药品应当符合国家标准。该法第 10 条规定,药品必须按照国家药品标准和国务院药品监督管理部门批准的生产工艺进行生产;中药饮片必须按照国家药品标准炮制;第 12 条规定,不符合国家药品标准的药品、不按照中药饮片炮制规范炮制的中药饮片不得出厂;第 49 条规定,药品成分的含量不符合国家药品标准的为劣药,法律禁止生产和销售劣药。这些规定都旨在强调生产销售的药品应符合国家标准。如果药品符合国家标准,应认定不存在缺陷,药品的生产经营者不承担责任。关于消毒产品,《消毒管理办法》(国家卫生和计划生育委员会令〔2017〕第 18 号)第 18 条规定:"消毒产品应当符合国家有关规范、标准和规定。"第 19 条规定:"消毒产品的生产应当符合国家有关规范、标准和规定,对生产的消毒产品应当进行检验,不合格者不得出厂。"如消毒产品符合国家有关规范、标准的,应认定为不存在缺陷,消毒产品的生产经营者不承担责任。关于医疗器械,《医疗器械监督管理条例》第 102 条规定:"违反本条例规定,构成犯罪的,依法追究刑事责任;造成人身、财产或者其他损害的,依法承担赔偿责任。"这一规定旨在强调医疗器械的生产经营者承担的损害赔偿责任,应以"违反本条例规定"为必要条件。对于医疗器械的生产经营者而言,"本条例规定"主要指《医疗器械监督管理条例》第 7 条和第 35 条,前者规定"医疗器械产品应当符合医疗器械强制性国家标准;尚无强制性国家标准的,应当符合医疗器械强制性行业标准",后者规定医疗器械的生产经营者应"严格按照经注册或者备案的产品技术要求组织生产,保证出厂的医疗器械符合强制性标准以及经注册或者备案的产品技术要求"。在严格按照强制性标准组织生产的情况下,医疗器械符合强制性标准以及经注册或者备案的产品技术要求的,应认定为合格的不存在缺陷的产品,医疗器械的生产经营者可以产品符合强制性标准主张免责。

三、标准与惩罚性赔偿责任

(一)惩罚性赔偿及其立法

传统民法的损害赔偿规则强调受害人所受损失与加害人的加害行为之间须有因果关系,加害人仅应对因其加害行为造成的损失承担责任,而不对非因其加害行为造成的"损失"承担责任,亦即受害人只能就其因加害行为遭受的损失要求加害人赔偿,而无权对非因加害行为造成的"损失"要求加害人赔偿。如果法律允许受害人可以从加害人的赔偿中获得超过实际损失的额外利益,则势必引发道德危机,一些人就会千方百计地寻求"受害"的机会,从中牟取利益。

惩罚性赔偿是损害赔偿原则的例外。惩罚性赔偿对受害人而言,意味着他可以在受害案件中获得一笔超过实际损失的费用,具有激励作用;对加害人而言,则意味着他必须承担一笔超过实际损失的费用,具有惩罚意义。惩罚性赔偿的"惩罚性"之名即由此而来。

在我国,惩罚性赔偿首先被应用于消费者权益保护。① 1993 年颁布的《消费者权益保护法》率先规定了惩罚性赔偿。该法第 49 条规定:"经营者提供商品或者服务有欺诈行为的,应当按照消费者的要求增加赔偿其受到的损失,增加赔偿的金额为消费者购买商品的价款或者接受服务的费用的一倍。"2009 年修订的《消费者权益保护法》延续了这一规定。2013 年修订的《消费者权益保护法》第 55 条进一步加强了惩罚性赔偿的力度。该条规定:"经营者提供商品或者服务有欺诈行为的,应当按照消费者的要求增加赔偿其受到的损失,增加赔偿的金额为消费者购买商品的价款或者接受服务的费用的三倍;增加赔偿的金额不足五百元的,为五百元。法律另有规定的,依照其规定。""经营者明知商品或者服务存在缺陷,仍然向消费者提供,造成消费者或者其他受害人死亡或者健康严重损害的,受害人有权要求经营者依照本法第四十九条、第五十一条等法律规定赔偿损失,并有权要求所受损失二倍以下的惩罚性赔偿。"

除《消费者权益保护法》外,《食品安全法》也规定了产品侵权的惩罚性赔偿。2009 年颁布的《食品安全法》第 96 条第 2 款规定:"生产不符合食品安全标准的食品或者销售明知是不符合食品安全标准的食品,消费者除要求赔偿损失外,还可以向生产者或者销售者要求支付价款十倍的赔偿金。"2015 年修订的《食品安全法》第 148 条进一步丰富了食品侵权惩罚性赔偿的内容,该条第 2 款规定:"生产不符合食品安全标准的食品或者经营明知是不符合食品安全标准的食品,消费者除要求赔偿损失外,还可以向生产者或者经营者要求支付价款十倍或者损失三倍的赔偿金;增加赔偿的金额不足一千元的,为一千元。但是,食品的标签、说明书存在不影响食品安全且不会对消费者造成误导的瑕疵的除外。"2018 年、2021 年两次修改《食品安全法》,均延续了 2015 年版《食品安全法》的规定。

---

① 除消费者保护外,惩罚性赔偿也被应用于知识产权保护和生态环境保护。《民法典》第 1185 条:"故意侵害他人知识产权,情节严重的,被侵权人有权请求相应的惩罚性赔偿。"第 1232 条:"侵权人违反法律规定故意污染环境、破坏生态造成严重后果的,被侵权人有权请求相应的惩罚性赔偿。"

作为侵权责任的基本法,2009 年颁布的《侵权责任法》规定了产品侵权惩罚性赔偿,该法第 47 条规定:"明知产品存在缺陷仍然生产、销售,造成他人死亡或者健康严重损害的,被侵权人有权请求相应的惩罚性赔偿。"2020 年《民法典》增加了没有采取有效补救的情形,第 1207 条规定:"明知产品存在缺陷仍然生产、销售,或者没有依据前条规定采取有效补救措施,造成他人死亡或者健康严重损害的,被侵权人有权请求相应的惩罚性赔偿。"本条中的"前条"即第 1206 条,该条第 1 款规定"产品投入流通后发现存在缺陷的,生产者、销售者应当及时采取停止销售、警示、召回等补救措施",生产经营者未对发现的缺陷产品采取召回等补救措施的,也应承担惩罚性赔偿责任。

(二)标准与惩罚性赔偿

根据上述法律的规定,在消费者权益保护领域,适用惩罚性赔偿的场合有四种情形:一是"经营者提供商品或者服务有欺诈行为"(《消费者权益保护法》第 55 条第 1 款);二是"经营者明知商品或者服务存在缺陷,仍然向消费者提供"(《消费者权益保护法》第 55 条第 2 款、《民法典》第 1207 条);三是产品投入流通后发现存在缺陷,生产经营者未"及时采取停止销售、警示、召回等补救措施"(《民法典》第 1207 条);四是"生产不符合食品安全标准的食品或者经营明知是不符合食品安全标准的食品"(《食品安全法》第 148 条第 2 款)。

如果从与标准的关联度来看,上述四种适用惩罚性赔偿的情形可以分为以下三种情况:(1)食品侵权惩罚性赔偿,食品不符合食品安全标准是适用惩罚性赔偿的必要条件,如果食品符合食品安全标准,则不适用惩罚性赔偿。(2)商品或者服务存在缺陷致人损害的惩罚性赔偿,按照《产品质量法》第 46 条关于产品缺陷的定义,标准是认定产品存在缺陷的依据,但不是唯一的依据。因此,商品或服务不符合标准,适用惩罚性赔偿;但商品或服务符合标准,则不能排除惩罚性赔偿的适用。(3)经营者提供商品或者服务有欺诈行为的情形,标准与惩罚性赔偿的关联度最小。尽管像经营者将过期食品贴上新标签之类的明知所提供的商品和服务不符合标准仍向消费者表示其产品服务符合标准,对购买者构成欺诈,但欺诈行为远比将不符合标准的商品和服务说成是符合标准的情形要广泛得多,"以次充好"、"以假乱真"、肆意夸大商品和服务的功能等,都可构成欺诈,但它们未必都与标准有关联。

第六章

标准私法效力案例分析 ■

一、陕西嘉亨实业发展有限公司与北京沃野千里科贸有限公司合作经营合同纠纷案①

（一）基本案情

上诉人（原审被告、反诉原告）：陕西嘉亨实业发展有限公司（简称嘉亨公司）

上诉人（原审原告、反诉被告）：北京沃野千里科贸有限公司（简称沃野公司）

2009 年 6 月 3 日，沃野公司（乙方）与嘉亨公司（甲方）签订《合作联营合同书》，约定：甲方同意将位于西安市长安南路 300 号金鼎国际购物广场负一层、总建筑面积 3700 平方米的场地给乙方使用，乙方按营业执照内容将该场地用于开设"爱儿玛儿童城"，经营包括儿童主题乐园和爱儿玛玩具连锁店和其他与儿童相关的产品和服务。合作期限自 2010 年 1 月 1 日至 2025 年 12 月 31 日止，自乙方约定的装修期满后开业之日起计算。合同还对收益分配等作了约定。合同签订后，嘉亨公司将约定的场地交付给沃野公司，沃野公司按照约定进行了装饰施工。在试营业过程中，西安市雁塔区公安消防大队做出临时查封决定书，该决定书认为，金鼎购物广场存在安全隐患，不及时消除将严重威胁公共安全，要求整改的项目中包括本案双方当事人合作的地下一层儿童游乐场。2012 年 3 月 8 日，嘉亨公司致函沃野公司称："双方于 2009 年 6 月 3 日签订了

---

① 裁判文书：陕西省高级人民法院（2015）陕民二终字第 00021 号民事判决书，资料来源：中国裁判文书网（https://wenshu.court.gov.cn）。

《合作联营合同书》,将金鼎购物广场负一层交由贵方从事儿童乐园项目,但在金鼎购物广场消防验收工作中发现合同内容与国家消防法、《陕西省消防条例》及国家《高层民用建筑设计防火规范》(GB50045-95)的强制性规定不符……难以实现双方合同目的……为此我公司特发函建议终止合作,以减少并避免双方损失进一步扩大。"双方未就终止合作达成一致意见。沃野公司于 2012 年 4 月 10 日向西安市中级人民法院提起诉讼,请求判令嘉亨公司承担违约金及其他违约责任。嘉亨公司于 2012 年 5 月 13 日提出反诉,请求确认合同无效,判令沃野公司返还场地并承担其他民事责任。

(二)法院判决

西安市中级人民法院(一审)认为,沃野公司与嘉亨公司签订的《合作联营合同书》,"将双方合作经营的儿童主题乐园、儿童玩具连锁店和其他与儿童相关的产品服务场所设置在位于西安市长安南路 300 号金鼎购物广场负一层……根据中华人民共和国国家标准中的《高层民用建筑设计防火规范》(GB50045-95)第 4.1.6 条规定:'托儿所、幼儿园、游乐厅等儿童活动场所不应设置在高层建筑内,当必须设在高层建筑内时,应设置在建筑物的首层或二、三层,并应设置单独出入口。'《中华人民共和国标准化法》第十四条规定:'强制性标准,必须执行。不符合强制性标准的产品,禁止生产、销售和进口。推荐性标准,国家鼓励企业自愿采用。'北京沃野公司与陕西嘉亨公司的合作经营合同将相关儿童活动场所设置在高层建筑的负一层,违反国家法律、行政法规的强制性规定,依法应确认为无效合同"。一审法院依照《合同法》第 52 条第 5 项等规定,作出合作经营合同无效等判决。一审判决后,原被告双方均提起上诉,二审维持原判。陕西省高级人法院(二审)认为,原审法院认定合同无效正确,并进而指出:《高层民用建筑设计防火规范》是"强制性标准,是法律规定必须强制执行的。双方的合作内容显然违反了该强制性规定","双方的合作项目因违反了国家强制性标准及消防法规,合同目的无法实现,应属无效"。

(三)学理评析

1.《高层民用建筑设计防火规范》(GB 50045-95)(2005 年版)第 4.1.6 条的属性

《高层民用建筑设计防火规范》(GB 50045-95)全称为"中华人民共和国国家标准《高层民用建筑设计防火规范》(GB 50045-95)",1995 年 5 月 3 日由原建设部批准发布,1995 年 11 月 1 日实施。该标准经 1997 年、1999 年、2001 年、2005 年局部修订,2014 年被《建筑设计防火规范》(GB 50016—2014)替代。本案合同订立于 2009 年,适用 2005 年版的《高层民用建筑设计防火规范》(GB 50045-95)。2005 年版的《高层民用建筑设计防火规范》(GB 50045-95)第 4.1.6 条规定:"托儿所、幼儿园、游乐厅等儿童活动场所不应设置在高层建筑内,当必须设在高层建筑内时,应设置在建筑物的首层或二、三层,并应设置单独出入口。"

《高层民用建筑设计防火规范》(GB 50045-95)使用的是强制性国家标准的代号(GB),但并非其全部条文均为强制性。该强制性标准采取的是"条文强制形式",而不是"全文强制形式"。① 2005 年 7 月 15 日原建设部发布的《建设部关于发布国家标准〈高层民用建筑设计防火规范〉局部修订的公告》(建设部公告第 361 号)称:"现批准《高层民用建筑设计防火规范》GB50045-95(2001 年版)局部修订的条文,自 2005 年 10 月 1 日起实施。其中,第 3.0.1、3.0.2、3.0.8、4.1.2、4.1.3、4.1.12、4.2.7、4.3.1、6.1.1、6.1.11(1、2、3、5、6)、6.1.16、7.4.2、7.4.6(1、2、7、8)、7.6.1、7.6.2、7.6.3、7.6.4、9.1.1、9.1.4(1、2、3)、9.4.1、9.4.2 条(款)为强制性条文,必须严格执行。"②第 4.1.6 条不在公告所列强制性条文范围,不属于强制性条文,而属于推荐性条文。③

因此,本案两审法院将《高层民用建筑设计防火规范》(GB 50045-95)(2005 年版)第 4.1.6 条认定为"强制性标准"是不正确的。

---

① 原国家质量技术监督局 2000 年 3 月 22 日发布的《关于强制性标准实行条文强制的若干规定》(质技监局标发〔2000〕36 号)"二"规定:"强制性标准可分为全文强制和条文强制两种形式:1.标准的全部技术内容需要强制时,为全文强制形式;2.标准中部分技术内容需要强制时,为条文强制形式。"

② 《建设部关于发布国家标准〈高层民用建筑设计防火规范〉局部修订的公告》(建设部公告第 361 号),载中华人民共和国住房和城乡建设部网站,https://www.mohurd.gov.cn/gongkai/fdzdgknr/tzgg/200510/20051013_155848.html,2022 年 12 月 25 日访问。

③ 在《建筑设计防火规范》(GB 50016—2014)中,关于儿童活动场所的平面布局规定在第 5.4.4 条,该条规定:"托儿所、幼儿园的儿童用房,老年人活动场所和儿童游乐厅等儿童活动场所宜设置在独立的建筑内,且不应设置在地下或半地下;当采用一、二级耐火等级的建筑时,不应超过 3 层;采用三级耐火等级的建筑时,不应超过 2 层;采用四级耐火等级的建筑时,应为单层;确需设置在其他民用建筑内时,应符合下列规定:1 设置在一、二级耐火等级的建筑内时,应布置在首层、二层或三层;2 设置在三级耐火等级的建筑内时,应布置在首层或二层;3 设置在四级耐火等级的建筑内时,应布置在首层;4 设置在高层建筑内时,应设置独立的安全出口和疏散楼梯;5 设置在单、多层建筑内时,宜设置独立的安全出口和疏散楼梯。"《建筑设计防火规范》(GB 50016—2014)第 5.4.4 条(1、2、3、4)条属于强制性条文。见《住房和城乡建设部关于发布国家标准〈建筑设计防火规范〉的公告》,住房和城乡建设部公告第 517 号,2014 年 8 月 27 日发布,载消防资源网,https://gf.1190119.com/article—2053.htm,2022 年 12 月 25 日访问。

2. 关于本案合同违法性的认定

在本案中,沃野公司与嘉亨公司签订的合作经营合同因不符合《高层民用建筑设计防火规范》(GB 50045-95)(2005 年版)第 4.1.6 条的要求而被认定为违反了"法律、行政法规的强制规定"。此所谓"法律、行政法规的强制规定",既包括《高层民用建筑设计防火规范》(GB 50045-95)(2005 年版)第 4.1.6 条,也包括《标准化法》原第 14 条关于"强制性标准,必须执行"的规定。①

两审法院关于本案合同违法性的认定存在着法律依据不足的问题:一是《高层民用建筑设计防火规范》(GB 50045-95)(2005 年版)第 4.1.6 条不属于"强制性条文",因此不适用《标准化法》原第 14 条关于"强制性标准,必须执行"的规定。二是《高层民用建筑设计防火规范》(GB 50045-95)(2005 年版)第 4.1.6 条性质上属于推荐性条文,适用《标准化法》原第 14 条关于"推荐性标准,国家鼓励企业自愿采用"的规定。按照该规定,《高层民用建筑设计防火规范》(GB 50045-95)(2005 年版)第 4.1.6 条对本案合同当事人不具有"必须执行"的约束力。法院以合同的约定不符合《高层民用建筑设计防火规范》(GB 50045-95)(2005 年版)第 4.1.6 条为由,认定违反"法律、行政法规的强制规定",法律依据不足。

3. 本案合同违法性认定应另辟路径

根据本案情况,沃野公司与嘉亨公司签订的合作经营合同,目的是经营"爱儿玛儿童城",金鼎购物广场负一层是其经营场所。经营场所属于企业生产经营条件,受安全生产法的规制。《安全生产法》(2009 年修订)第 16 条规定:"生产经营单位应当具备本法和有关法律、行政法规和国家标准或者行业标准规定的安全生产条件;不具备安全生产条件的,不得从事生产经营活动。"因此,沃野公司和嘉亨公司合作经营"爱儿玛儿童城"应当符合《安全生产法》(2009 年修订)第 16 条的规定。《安全生产法》(2009 年修订)第 16 条中的"国家标准或者行业标准"不限于强制性标准,也包括推荐性标准。《高层民用建筑设计防火规范》(GB 50045-95)(2005 年版)第 4.1.6 条,虽然不属于强制性条文,但依据《安全生产法》(2009 年修订)第 16 条的规定,适用于本案合同关于经营场所的约定。本案合同约定的"爱儿玛儿童城"经营场所设在金鼎购物广场负一层,不符合《高层民用建筑设计防火规范》(GB 50045-95)(2005 年版)第 4.1.6 条规定,因而不具备安全生产条件,依据《安全生产法》(2009 年修订)第 16 条规定,属于"不得从事生产经营活动"的情形。因此,沃野公司和嘉亨公司签订的合作经营

① 《标准化法》制定于 1988 年,2017 年修订。原第 14 条规定的内容在修订后的《标准化法》中,分别由第 2 条第 3 款和第 25 条规定。

合同之违法,违反的是《安全生产法》第 16 条的规定。

4. 关于本案合同无效的认定

在本案中,法院确认本案合同无效的法律依据是《合同法》第 52 条第 5 项。该项规定:"违反法律、行政法规的强制性规定"的合同无效。对于本项中的"强制性规定",最高人民法院 2009 年发布的《关于适用〈中华人民共和国合同法〉若干问题的解释(二)》第 14 条作了限缩性解释,指出"合同法第五十二条第(五)项规定的'强制性规定',是指效力性强制性规定"。因此,于本案来说,问题就在于,《安全生产法》第 16 条是否属于效力性强制性规定? 如果不属于效力性强制性规定,认定合同无效的法律依据依然不充分。

效力性强制性规定相对于管理性强制性规定,二者均为强制性规定。最高人民法院 2009 年发布的《关于当前形势下审理民商事合同纠纷案件若干问题的指导意见》第 15 条给出的意见是,"违反效力性强制规定的,人民法院应当认定合同无效;违反管理性强制规定的,人民法院应当根据具体情形认定其效力"。第 16 条进而指出:"人民法院应当综合法律法规的意旨,权衡相互冲突的权益,诸如权益的种类、交易安全以及其所规制的对象等,综合认定强制性规定的类型。如果强制性规范规制的是合同行为本身即只要该合同行为发生即绝对地损害国家利益或者社会公共利益的,人民法院应当认定合同无效。如果强制性规定规制的是当事人的'市场准入'资格而非某种类型的合同行为,或者规制的是某种合同的履行行为而非某类合同行为,人民法院对于此类合同效力的认定,应当慎重把握,必要时应当征求相关立法部门的意见或者请示上级人民法院。"

根据上述最高人民法院的指导意见,《安全生产法》第 16 条关于生产经营条件的规定,涉及安全生产问题,应属于指导意见第 16 条所说的"社会公共利益",该条规定可以认定为效力性强制性规定。在本案中,沃野公司与嘉亨公司签订的合作经营合同,内容是合作经营"爱儿玛儿童城",经营场地是否符合安全生产的要求,关系到消费者(儿童)的人身安全,应当认定合同无效。因此,本案两审法院均认定合同无效,结论是正确的,但路径不正确。

(四)标准是事实认定的依据,而非违法性认定的依据

本案从事实认定到判决,存在着三层关系:第一层是事实认定,本案合同约定"爱儿玛儿童城"经营场地设在金鼎购物广场负一层,不符合《高层民用建筑设计防火规范》(GB 50045-95)(2005 年版)第 4.1.6 条的要求,存在不符合标准的事实;第二层违法性认定,本案合同因不符合标准的要求,违反了《安全生产法》第 16 条的规定,具有违法性;第三层是合同无效的确认,依据《合同法》第 52

条第 5 项规定,本案合同因违反法律的强制性规定,应确认无效。

本案两审法院在事实认定与违法性认定上,界限模糊。其原因在于,法官对标准的属性尤其是强制性标准的属性缺乏正确的认识。这种情形,具有一定的代表性。严格区分标准与法律,对于涉及标准的纠纷案件的处理具有重要的意义。

我国《立法法》规定的法律形式(法源)包括法律、行政法规、地方性法规、自治条例、单行条例、规章(部门规章、地方规章)。除《立法法》规定的法律形式外,行政规范性文件也具有法的意义,被认为具有法源的地位。标准既不属于《立法法》规定的法律形式(渊源)也不属于行政规范性文件。在司法裁判中,标准可以作为行为人的行为或经营的物(如食品、场所)是否存在不符合标准的事实的判断依据,而不能作为行为人的行为是否违法的判断依据,判定行为人的行为是否违法,应当依据法律的规定。

二、钟××与广东华南通商贸发展有限公司等食品标签瑕疵纠纷案[①]

(一)基本案情

上诉人(原审原告):钟××

上诉人(原审被告):广东华南通商贸发展有限公司(简称华南通公司)

上诉人(原审被告):广东华南通商贸发展有限公司江门分公司(简称华南通江门分公司)

2016 年 10 月 29 日,钟××到华南通江门分公司所属超市购买 5 升装"金龙鱼橄榄原香型食用调和油"53 瓶、5 升装"恒大兴安芥花籽橄榄油食用调和油"3 瓶,共支付价款 7138 元。金龙鱼橄榄原香型食用调和油产品的外包装上用较大字体标明"橄榄原香型食用调和油",并标注了配料、规格、保质期、生产日期、食品产地、产品标准号、贮存条件、营养成分表及生产商的名称、生产地址、联系方式、金龙鱼官网网址、服务热线等信息,但未标识配料含量。恒大兴安芥花籽橄榄油食用调和油产品的外包装上,用较大字体标明"芥花籽橄榄油食用调和油",右上角标有橄榄和芥花籽图案,并标注了营养成分、规格、保质

[①]　裁判文书:广东省江门市蓬江区人民法院(2017)粤 0703 民初 637 号民事判决书、广东省江门市中级人民法院(2017)粤 07 民终 1807 号民事判决书,资料来源:中国裁判文书网(https://wenshu.court.gov.cn)。

期、生产日期、配料、产品标准号、贮存条件及生产商的名称、生产地址、食品生产许可证编号、服务热线、网址等信息,还标示配料为"一级芥花籽油特级初榨橄榄油",但未标识配料含量。钟××认为两款涉案产品外包装上分别用较大字体标明"橄榄原香型食用调和油""芥花籽橄榄油食用调和油",但未标识配料含量,不符合食品安全标准的要求,因此诉至法院,请求退货还款并赔偿支付价款的"十倍赔偿金"。

(二)法院判决

一审法院认为:(1)涉案产品为预包装食品,应符合《预包装食品标签通则》(GB 7718—2011)规定,该通则 4.1.4.1 条规定:"如果在食品标签或食品说明书上特别强调添加了或含有一种或多种有价值、有特性的配料或成分,应标示所强调配料或成分的添加量或在成品中的含量。"涉案产品包装并无标示橄榄油的具体添加量,违反了《预包装食品标签通则》(GB 7718—2011)的规定,存在瑕疵。(2)食品安全与标签上的标识是两个不同性质的问题,食品安全是指食品无毒、无害,符合应有的营养要求,对人体健康不造成任何急性、亚急性或者慢性危害。目前并无证据证明橄榄油在涉案食用调和油中的含量配比会导致实质性的食品安全问题。钟××也无证据证明涉案食用调和油存在有毒、有害,不符合应有的营养要求,或者对人体健康造成急性、亚急性或者慢性危害等情形。故涉案产品标签瑕疵符合《食品安全法》第 148 条第 2 款但书情形,其瑕疵不会影响食品安全,也不会对消费者造成误导。(3)涉案产品标签存在瑕疵,华南通江门分公司作为销售者并未严格履行对涉案产品标签的审查义务,应承担退货退款的民事责任,钟××要求华南通江门分公司退还货款合法合理,应予以支持。对于钟××请求华南通公司、华南通江门分公司支付价款十倍赔偿金的诉讼请求,依据不足,法院不予支持。

二审法院认为,一审判决认定事实清楚,适用法律正确,维持原判。

(三)学理评析

本案是一起较为典型的因食品标签不符合《食品安全国家标准 预包装食品标签通则》(GB 7718—2011)引起的纠纷案。自 2009 年《食品安全法》第 96 条[①]规定"十倍赔偿金"以来,因食品标签不符合标准而引起的诉讼剧增,法院多有

---

① 《食品安全法》(2009)第 96 条:"违反本法规定,造成人身、财产或者其他损害的,依法承担赔偿责任。""生产不符合食品安全标准的食品或者销售明知是不符合食品安全标准的食品,消费者除要求赔偿损失外,还可以向生产者或者销售者要求支付价款十倍的赔偿金。"

支持原告十倍赔偿金的请求,甚至出现了诉讼牟利的现象。2015年《食品安全法》修订,对此作了限制,规定了"食品的标签、说明书存在不影响食品安全且不会对消费者造成误导的瑕疵"的"除外"情形(第148条第2款"但书"),诉讼牟利的现象有所遏制。然而,因食品标签瑕疵引起的索赔"十倍赔偿金"的诉讼仍时有发生,不同的法院、不同的法官对《食品安全法》第148条第2款"但书"的理解也不相同,"同案不同判"的问题较为突出。

1. 关于食品标签违法行为的认定

(1)关于《食品安全国家标准 预包装食品标签通则》(GB 7718—2011)。《食品安全国家标准 预包装食品标签通则》(GB 7718—2011)全称为"中华人民共和国国家标准《食品安全国家标准 预包装食品标签通则》(GB 7718—2011)",以下简称《预包装食品标签通则》(GB 7718—2011)。2011年4月20日由原国家卫生部发布,2012年4月20日实施,为现行有效的强制性国家标准。

《预包装食品标签通则》(GB 7718—2011)适用于"直接提供给消费者的预包装食品标签和非直接提供给消费者的预包装食品标签",不适用于"为预包装食品在储藏运输过程中提供保护的食品储运包装标签、散装食品和现制现售食品的标识"。所谓"预包装食品",是指"预先定量包装或者制作在包装材料和容器中的食品,包括预先定量包装以及制作在包装材料和容器中并且在一定范围内具有统一的质量或体积标识的食品",所谓"食品标签",是指"食品包装上的文字、图形、符号及一切说明物"。[①]

《预包装食品标签通则》(GB 7718—2011)规定了该标准的适用范围、有关术语和定义、标签标示的基本要求、标签标示的内容和方式等。其中,第4章"标示内容"规定了食品名称、配料表、配料的定量标示、净含量和规格、生产者经销者的名称地址和联系方式、生产日期、保质期和贮存条件、食品生产许可证编号、产品标准代号、辐照食品和转基因食品以及营养标签、质量等级等食品标签的标示事项和标示方式。

(2)关于标签瑕疵的认定。《预包装食品标签通则》(GB 7718—2011)是判定预包装食品标签是否存在瑕疵的依据。本案两审法院根据涉案两款产品外包装上分别用较大字体标明"橄榄原香型食用调和油""芥花籽橄榄油食用调和油"但未标识配料含量的事实,认定食品标签存在瑕疵,依据的是《预包装食品标签通则》(GB 7718—2011)第4.1.4.1条。该条规定:"如果在食品标签或食品说明书上特别强调添加了或含有一种或多种有价值、有特性的配料或成分,应标示所强调配料或成分的添加量或在成品中的含量。"因此,涉案产品包装未

---

① 《预包装食品标签通则》(GB 7718—2011)第2.1条、第2.2条。

标示橄榄油的具体添加量,不符合《预包装食品标签通则》(GB 7718—2011)的要求,存在瑕疵。

在认定食品标签是否存在瑕疵时应注意两点:一是《预包装食品标签通则》(GB 7718—2011)虽然属于强制性国家标准,但并非全部条文均具有强制性,第4.4条(推荐标示内容)规定的批号、使用方法、致敏物质的标示规范,不具有强制性。因此,食品标签未标示推荐性事项的,不构成瑕疵。例如,食品有致敏物质(如鱼、虾、蟹及其制品)而未标示,因其不属于强制性标示内容(第4.4.3条),不构成标签瑕疵。二是《预包装食品标签通则》(GB 2011—2011)第4.3.1条规定"豁免"标示事项,如属于豁免标示事项而未标示的,也不构成瑕疵。例如,食醋、食用盐的标签未标示保质期,因其属于豁免的内容(第4.3.1条),则不构成瑕疵。

(3)关于食品标签违法行为的认定。食品标签违法行为,是指违反食品标签法律规定的行为。我国关于食品标签的法律规定包括《食品安全法》第四章(食品生产经营)第三节(标签、说明书和广告)(第67条~第72条)和第四节(特殊食品)(第77条、第78条、第80条、第81条)和《食品标识管理规定》(原国家质量监督检验检疫总局令第102号)。本案涉案产品为预包装食品,《食品安全法》(2015年修订)第67条规定"预包装食品的包装上应当有标签",这是预包装食品生产经营者的义务。该条还规定了标签应当标明的事项:(一)名称、规格、净含量、生产日期;(二)成分或者配料表;(三)生产者的名称、地址、联系方式;(四)保质期;(五)产品标准代号;(六)贮存条件;(七)所使用的食品添加剂在国家标准中的通用名称;(八)生产许可证编号;(九)法律、法规或者食品安全标准规定应当标明的其他事项。该条还规定"食品安全国家标准对标签标注事项另有规定的,从其规定"。《预包装食品标签通则》(GB 7718—2011)关于预包装食品标签的规定属于该条规定的"食品安全国家标准对标签标注事项另有规定"。本案关于标签违法行为的认定,应当依据《食品安全法》第67条规定。

本案中,法院未援引《食品安全法》关于预包装食品标签的规定,对涉案产品的经营者华南通江门分公司是否存在标签违法行为作出认定,而是直接将食品标签瑕疵视为违法行为,这就混淆了《预包装食品标签通则》(GB 7718—2011)与《食品安全法》第67条的属性。《预包装食品标签通则》(GB 7718—2011)属于标准,《食品安全法》第67条属于法律,二者性质不同。涉案食品标签不符合《预包装食品标签通则》(GB 7718—2011)的要求,不应直接定为违法行为。

在食品标签问题上,区分食品标签瑕疵与食品标签违法行为,是必要的。

前者属于事实认定,依据的是食品标签标准;后者属于违法行为认定,依据的是法律。

2. 关于食品标签纠纷案中退货还款的法律依据

在本案中,法院认为,涉案产品标签存在瑕疵,华南通江门分公司应承担退货退款的民事责任,钟××要求退还货款合法合理,应予以支持,从而作出退货还款的判决。在大多数因食品标签瑕疵引起的纠纷案中,法院对原告退货还款的请求,均予以支持。然而,法院对判决退货还款所适用的法律大多含糊其词,本案也存在这一问题。

(1)退货还款应依据合同法。根据判决书,法院与当事人对本案究竟是合同纠纷还是侵权纠纷似有不同看法。一审认为"尽管双方存在买卖合同关系,但基于钟××起诉的事实理由和诉讼请求,本案更接近产品责任纠纷的特征,故本案立案定性为产品责任纠纷符合法律规定"。二审认为"一审法院对本案定性为产品责任纠纷并无不当,本院依法予以确认。尽管双方当事人在二审期间均主张本案应属买卖合同纠纷,但其理据不足,本院不予采纳"。然而,从判决结果退货还款来看,《食品安全法》《消费者权益保护法》《产品质量法》和《侵权责任法》均无法为此判决提供依据。此四部法律中,规定退货的是《消费者权益保护法》和《产品质量法》。《消费者权益保护法》(2013 修订)第 52 条规定:"经营者提供商品或者服务,造成消费者财产损害的,应当依照法律规定或者当事人约定承担修理、重作、更换、退货、补足商品数量、退还货款和服务费用或者赔偿损失等民事责任。"第 54 条规定:"依法经有关行政部门认定为不合格的商品,消费者要求退货的,经营者应当负责退货。"《产品责任法》第 40 条第 1 款规定:"售出的产品有下列情形之一的,销售者应当负责修理、更换、退货……:(一)不具备产品应当具备的使用性能而事先未作说明的;(二)不符合在产品或者其包装上注明采用的产品标准的;(三)不符合以产品说明、实物样品等方式表明的质量状况的。"本案中,涉案产品标签不符合《预包装食品标签通则》(GB 7718—2011)的要求,并不属于上述两法规定退货的情形。因此,法院将本案定性为产品责任纠纷,并作出退货还款的判决,法律依据不足,属法律适用不当问题。

在食品标签瑕疵引起的纠纷案中,基本事实是当事人之间存在着交易。当事人请求退货还款,法院判决退货还款,本质上都是对交易的终结。交易以及交易的终结在法律上属于合同法问题,而非侵权法问题。因此,判决退货还款应依据合同法的规定,侵权法无法为退货还款提供依据。

(2)退货还款的合同法依据是合同撤销无效,而非合同解除。在合同法上,法律后果为退货还款的规定有两处:一是《合同法》第 58 条关于合同无效(包括合同因撤销无效)后双方返还的规定;①二是《合同法》第97条关于合同解除后"恢复原状"的规定。② 合同无效和合同解除属于不同的制度。合同无效属于自始无效,合同解除则是有效合同效力的终止。合同无效和合同解除的法定事由与适用法律均有区别。进而,合同无效包括被撤销与无效。无效与可撤销各有法定事由,可撤销的法定事由既有欺诈、胁迫、乘人之危,又有重大误解和显失公平;合同解除包括协议解除和单方解除,单方解除的法定事由则有不可抗力、当事人一方违约等。因此,食品标签瑕疵究竟属于何种事由,因此引起的退货还款究竟属于合同无效的后果还是合同解除的后果,涉及案件事实的认定和法律适用,有必要加以区分。

食品标签瑕疵引起的退货还款究竟是合同无效的后果还是合同解除的后果,应根据《预包装食品标签通则》(GB 7718—2011)对合同所起的作用究竟是在合同订立阶段还是合同履行阶段而定。如果其作用是在合同订立阶段,影响的是合同的效力,合同的订立因食品标签瑕疵而导致效力瑕疵,退货还款应为合同无效后的双方返还;如果其作用是在合同生效后的履行阶段,因食品标签瑕疵导致合同履行障碍,那么退货还款则属于合同解除后的"恢复原状"。

《预包装食品标签通则》(GB 7718—2011)旨在规范食品标签行为,其功能作用在于确保消费者的知情权和选择权的实现。如果只是食品标签存在瑕疵,提供了错误的食品信息,导致消费者无法正确地对食品进行了解和比较鉴别,损害的是消费者的知情权和选择权。由此可见,《预包装食品标签通则》(GB 7718)对合同产生作用是在合同订立阶段,影响的是合同的效力。

依合同法,影响合同效力的因素包括主体不适格、意思表示瑕疵和内容违法。食品标签瑕疵影响消费者的理性选择,不属于主体不适格,也不属于内容违法,应属于意思表示瑕疵。在意思表示瑕疵的众多情形中,食品生产经营者在其提供的食品上使用不符合《预包装食品标签通则》(GB 7718)的标签,传递了不正确的食品信息,妨害了消费者的理性选购,符合欺诈的法律特征,属于欺诈行为。合同因欺诈而订立,消费者有权依据《合同法》第54条第2款之规定,请求人民法院或仲裁机构撤销合同;并依第58条规定,请求人民法院判令退货还款;如有损失(例如因购物支出的交通费等),还可请求赔偿损失。因此,食品标签瑕疵引起的退货还款应属于合同被撤销而无效的法律后果。

---

① 《合同法》第58条:"合同无效或者被撤销后,因该合同取得的财产,应当予以返还;不能返还或者没有必要返还的,应当折价补偿。有过错的一方应当赔偿对方因此所受到的损失,双方都有过错的,应当各自承担相应的责任。"

② 《合同法》第97条:"合同解除后,尚未履行的,终止履行;已经履行的,根据履行情况和合同性质,当事人可以要求恢复原状、采取其他补救措施,并有权要求赔偿损失。"

食品标签瑕疵引起的退货还款之所以不属于合同解除的法律后果,原因在于:消费者选购食品属现时交易行为,当消费者支付价款、取走食品时,交易完成,合同也就履行完毕。消费者如欲单方解除合同,需具备《消费者权益保护法》第24条及《合同法》第92条规定的法定事由。《消费者保护法》第24条规定的合同解除事由是"经营者提供的商品或者服务不符合质量要求",食品标签瑕疵显然不属于该项法定事由。《合同法》第94条规定的合同解除法定事由包括:(1)因不可抗力致使不能实现合同目的;(2)在履行期限届满之前,当事人一方明确表示或者以自己的行为表明不履行主要债务;(3)当事人一方迟延履行主要债务,经催告后在合理期限内仍未履行;(4)当事人一方迟延履行债务或者有其他违约行为致使不能实现合同目的;(5)法律规定的其他情形。食品标签瑕疵显然不属于前四种事由,是否属于第五种事由,需有法律特别规定。《食品安全法》《消费者权益保护法》等均无此特别规定。因此,食品标签瑕疵不足以构成合同解除的法定事由。

需要指出的是,在食品安全纠纷案件中,存在着消费者因食品不符合质量标准而要求退货还款(包括部分食品已经消费、部分食品退货还款)的情况。此种情形属于合同解除后的"恢复原状",消费者所购食品不符合质量标准应属于《合同法》第94条规定的一方违约"致使不能实现合同目的"的情形,消费者以此为由要求退货还款,人民法院应当予以支持。这与食品标签不符合《预包装食品标签通则》(GB 7718—2011)引起的退货还款完全不同。

回到本案,法院判决支持钟××退货还款的请求,既不能适用侵权法的规定,也不能适用合同法关于解除的规定,应当适用合同法关于合同因欺诈而撤销无效的规定。

3. 关于《食品安全法》第148条第2款的法律适用

在本案中,钟××提出了支付价款十倍赔偿金的请求,依据的是《食品安全法》(2015年版)第148条第2款。该款规定:"生产不符合食品安全标准的食品或者经营明知是不符合食品安全标准的食品,消费者除要求赔偿损失外,还可以向生产者或者经营者要求支付价款十倍或者损失三倍的赔偿金;增加赔偿的金额不足一千元的,为一千元。但是,食品的标签、说明书存在不影响食品安全且不会对消费者造成误导的瑕疵的除外。"

法院对钟××的此项请求未予支持。判决书载明:法院认为"根据《中华人民共和国食品安全法》第一百五十条的规定,食品安全与标签上的标识是两个不同性质的问题,食品安全是指食品无毒、无害,符合应有的营养要求,对人体健康不造成任何急性、亚急性或者慢性危害。目前并无证据证明橄榄油在涉案食用调和油中的含量配比会导致实质性的食品安全问题。……钟洁芳也无证据证明涉案食用调和油存在有毒、有害,不符合应有的营养要求,或者对人体健康造成急性、亚急性或者慢性危害等情形,故涉案产品标签标识的瑕疵符合《中华人民共和国食品安全法》第一百四十八条第二款但书情形,其瑕疵不会影响食品安全,也不会对消费者造成误导。因此,涉案的产品并非不符合食品安全标准的食品"。

本案法院对食品标签与食品安全、食品标签瑕疵与食品存在不安全风险作出区分,并认定涉案食品"并非不符合食品标准的食品",是可取的,但在法律适用上仍有斟酌的余地。

(1)食品安全标准与食品安全。我国食品安全标准包括:通用标准、食品产品标准、特殊膳食食品标准、食品添加剂质量规格及相关标准、食品营养强化剂质量规格标准、食品相关产品标准(如消毒器具标准)、生产经营规范标准、理化检验方法标准、微生物检验方法标准、毒理学检验方法与规程标准、兽药残留检测方法标准、农药残留检测方法标准。通用标准分为两种类型:一是食品安全技术指标类标准,包括食品添加剂、营养强化剂、真菌限量、致病菌限量、污染物限量、农药残留物限量、兽药残留物限量标准;二是食品标签类标准,《预包装食品标签通则》(GB 7718—2011)即属于标签类标准。

在上述食品安全国家标准体系中,用以判断食品是否安全的标准是食品产品标准和特殊膳食用食品标准以及通用标准中的食品安全技术指标类标准。食品产品标准和特殊膳食食品标准可合称"食品质量标准",前者如《食品安全国家标准 植物油》(GB 2716—2018)、《食品安全国家标准 熟肉制品》(GB 2726—2016);后者如《食品安全国家标准 婴幼儿谷类辅助食品》(GB 10769—2010)。食品质量标准规定的指标体系中,污染物限量、微生物限量等是否符合安全要求需引用食品安全技术指标类标准作为依据。例如,《食品安全国家标准 植物油》(GB 2716—2018)第3.4.1条规定:"污染物限量应符合GB2762的规定。""GB2762"即《食品安全国家标准 食品中污染物限量》(GB 2762);第3.5条规定:"农药残留限量应符合GB 2763的规定。""GB2763"即《食品安全国家标准 食品中农药最大残留限量》(GB 2763)。食品安全技术指标类标准与食品质量标准是为食品生产者提供了食品生产的依据,也为判断食品是否存在不安全风险提供了依据。食品不符合质量标准和食品安全技术指标类标准,即存在不安全风险,将直接危害消费者的生命健康,损害消费者的安全权。

食品添加剂标准、食品营养强化剂标准、食品相关产品标准(如食品包装、容器标准)、生产经营规范标准(如食品生产卫生规范)均为食品生产加工过程中应遵守的技术规范。这些标准也关系到食品安全。但是在食品安全的判断上,符合或不符合这些标准,结果都将最终反映在食品的质量上。例如,食品加工场地不符合卫生规范,食品包装材料不符合标准,最终造成食品受污染导致其微生物、污染物超标,从而导致食品存在不安全风险。因此,判断食品是否存在不安全风险,并不需要直接援引这类标准,而是依据食品质量标准及其所引用的食品安全技术指标类标准。

理化检验方法标准、微生物检验方法标准、毒理学检验方法与规程标准、兽药残留检测方法标准、农药残留检测方法标准,是判断食品是否符合产品标准,是否存在不安全因素的方法、手段。如果是食品生产经营者,违反检测方法和检验方法标准,导致不安全食品进入市场,其结果也最终反映在食品的质量上。因此,与上述食品生产经营标准一样,判断食品是否存在不安全风险,也不需要援引这类标准。

《预包装食品标签通则》(GB 7718—2011)等食品标签标准,与食品质量标准及其引用的食品安全技术指标类标准不同,其作用是表达食品的信息,使消费者得以了解和辨别食品,而不具有判定食品是否存在不安全风险的作用。如果食品没有标签或者标签存在瑕疵,如欠缺应当标示的事项(如无生产日期)、没有标示产品标准代号或标示的产品标准代号不准确,只能说明食品"来路不明","可能"存在不安全风险,而不能说明其"确定"存在不安全风险。如果要判断标签有瑕疵的食品存在不安全风险,仍应依据食品产品标准及其引用的食品安全技术指标类标准来判定。按照《预包装食品标签通则》(GB 7718—2011)第4.1.10条要求,在国内生产并在国内销售的预包装食品(不包括进口预包装食品)应标示产品所执行的产品标准代号。食品标签标示的产品标准代号,是指上述食品产品标准和特殊膳食用食品标准。因此,食品标签存在瑕疵的食品是否存在不安全风险,应根据标签所标示的产品标准代号指向的食品产品标准或特殊膳食用食品标准。例如,预包装植物油的食品标签标示执行标准代号是"GB2716",那么就可以依据食品安全国家标准《植物油》(GB 2716—2018)规定的指标判定其是否存在不安全风险。

因此,在司法实践中,那种仅凭食品标签不符合《预包装食品标签通则》(GB 7718—2011)的要求就判定属于不安全食品的做法,是不可取的。

(2)《食品安全法》第148条第2款的适用。在本案中,法院认为"涉案产品标签瑕疵符合《食品安全法》第148条第2款"但书"情形,其瑕疵不会影响食品安全,也不会对消费者造成误导"。这是法院不支持原告"十倍赔偿金"请求的法律依据。

在司法实践中,关于食品标签瑕疵引起的索赔问题,法院无论是支持原告的请求还是不支持原告的请求,都将注意力集中在第148条第2款"但书"。这其实是个误区,或者说是一个法律陷阱。

　　《食品安全法》第 148 条第 2 款以"但是"为界,可以分为前半段和后半段(即但书),前半段规定:"生产不符合食品安全标准的食品或者经营明知是不符合食品安全标准的食品,消费者除要求赔偿损失外,还可以向生产者或者经营者要求支付价款十倍或者损失三倍的赔偿金;增加赔偿的金额不足一千元的,为一千元。"后半段规定:"食品的标签、说明书存在不影响食品安全且不会对消费者造成误导的瑕疵的除外。"前半段为一般情形,后半段为特殊情形。只有在案件符合前半段的规定时,才有必要考虑后半段的特殊情形。如果案件已无适用前半段之余地,就没必要考虑后半段。

　　关于第 148 条第 2 款之前半段,有以下几层意思:一是消费者要求赔偿的"损失"与第 148 条第 1 款中的"损害""损失"同义,都是指第 147 条所说的"人身财产或其他损害";二是依据第 148 条第 1 款和第 2 款前半段的规定,"损失"(人身财产或其他损害)是由生产经营者提供的不符合食品安全标准的食品造成的;三是在一般情况下,消费者因不安全食品受到"损失",有权要求赔偿损失,此为一般侵权损害赔偿的规则;四是如果生产者生产不符合食品安全标准的食品或者经营者经营明知不符合食品安全标准,消费者"除了"要求赔偿损失外,"还可以""增加"要求"支付价款十倍或者损失三倍的赔偿金""增加赔偿的金额不足一千元的,为一千元",这既是对生产经营者的惩罚,也是对消费者的激励。由此可见,"十倍赔偿金"或"损失三倍的赔偿金",是在消费者因不符合食品安全标准的食品而受到"人身财产或其他损害"的前提下,为消费者利益而在所受损失的赔偿基础上"增加"的赔偿额。如果消费者并没有因食品不符合食品安全标准而受到损失,消费者无法依据第 148 条第 1 款要求赔偿损失,那么也谈不上"增加"赔偿额。

　　前已述及,食品标签存在瑕疵,并不意味着食品存在不安全风险,因而也就不存在消费者单纯因食品标签瑕疵而人身财产遭受损害的情形。因此,在上述食品标签瑕疵引起的索赔案件中,如果只存在食品标签不符合《预包装食品标签通则》(GB 7718—2011)要求的事实,而无消费者因所购食品受到损害的事实,那么法院即可依据《食品安全法》第 148 条第 1 款和第 2 款前半段之规定,予以驳回,根本无须考虑后半段"但书"的适用。

　　如果不考虑第 148 条前半段的规定,将注意力集中在第 148 条后半段的"但书",反而会陷于法律困境。因为,所谓食品的标签、说明书存在瑕疵"不影响食品安全且不会对消费者造成误导",本身意思含混,法官完全可以自己的倾向作出完全不同的解释。例如,在北京市第一中级人民法院 2019 年审结的"季海燕与李莉买卖纠纷案"①中,法院认为,涉案产品(葡萄酒)中文标示的保质期和瓶口注明的"BBD"不一致"并不影响食品本身的安全"。然而,在北京市第三中级人民法院 2015 年审结的"龙艳与河北聚精采电子商务股份有限公司北京分公司买卖合同纠纷案"②中,涉案产品(黑加仑葡萄干)只标示保质期而未标示生产日期,法官则认为"生产日期和保质期是判断食品是否处于质量安全保证期间的表征,用以防止消费者食用过期食品","实质上影响了食品安全"。

不仅如此,如果将注意力集中在"但书",还会出现生产经营者因举证不能而因食品标签瑕疵单一事实而被判承担"十倍赔偿金"的情形。按照民事诉讼法关于证明责任的规定,食品标签瑕疵"不影响食品安全"且"不会对消费者造成误导",须由生产经营者举证证明;如果食品生产经营者不能证明食品标签瑕疵"不影响食品安全"且"不会对消费者造成误导",法院仍可依据食品标签存在瑕疵单一事实作出支持"十倍赔偿金"的判决。

(四)结论

本案两审法院均对食品标签瑕疵与食品存在不安全的风险作了区分,从而作出支持当事人退货还款的请求,而驳回"十倍赔偿金"的索赔请求,无疑是正确的,符合我国食品安全标准体系和食品安全法的精神。但在法律适用上仍有不足。

《预包装食品标签通则》(GB 7718—2011)旨在规范食品标签行为,其功能作用在于确保消费者的知情权和选择权的实现。如果只是食品标签存在瑕疵,提供了错误的食品信息,导致消费者无法正确地对食品进行了解和比较鉴别,损害的是消费者的知情权和选择权,影响的是合同的效力,而不是合同履行的效力。因此,食品标签瑕疵引起的退货还款,应当适用依据合同法关于合同无效(撤销无效)的规定,而不适用关于合同解除的规定。

在我国食品安全标准体系中,用以判断食品是否存在不安全风险的是食品质量标准(食品产品标准和特殊膳食用食品标准)及其所引用的食品安全技术指标类标准,《预包装食品标签通则》(GB 7718—2011)等食品标签标准并不具有判定食品是否存在不安全风险的功能。因此,在只有食品标签瑕疵单一事实的案件中,消费者的"十倍赔偿金"索赔难以成立。在适用法律上,只需依据《食品安全法》第 148 条第 1 款和第 2 款前半段即可,无须适用第 148 条第 2 款"但书"。司法实践中,法院以及当事人都将注意力集中在《食品安全法》第 148 条

---

① 北京市第一中级人民法院(2019)京 01 民终 2904 号民事判决书。
② 北京市第三中级人民法院(2015)三中民(商)终字第 06181 号民事判决书。

第 2 款"但书",难免陷入误区。

三、北京物美流通技术有限公司与赵××买卖合同纠纷案①

(一)基本案情

上诉人(原审被告):北京物美流通技术有限公司(简称物美公司)

被上诉人(原审原告):赵××

2017 年 5 月 24 日,赵××在物美公司购买良食记榴莲脆 30g/袋,共 550 袋,单价 17.9 元,总价 9845 元。上述产品包装载明:"产品名称为:榴莲脆;产品类型为:非油炸水果脆片;配料:榴莲;产品标准代号:GB/T23787;营养成分表标明,产品的脂肪含量为 6.8g/100g。"国家标准《非油炸水果、蔬菜脆片》(GB/T 23787—2009)要求,非油炸水果、蔬菜脆片理化指标中脂肪含量需小于等于 5%。后赵××委托检验机构对其所购商品的脂肪含量进行检验,结果为:检验项目脂肪,结果数据 9.8,单位 g/100g。涉案产品标注的脂肪含量与检测的脂肪含量均高于《非油炸水果、蔬菜脆片》(GB/T 23787—2009)规定的指标。赵××购买涉案商品后开封 9 袋,剩余 541 袋。赵××提出诉讼请求:1. 判令物美公司向赵××退还货款 9845 元;2. 判令物美公司赔偿 98450 元。

(二)法院判决

一审法院认为,(1)赵××自物美公司处购买涉案商品,物美公司将商品交付赵××并为其出具发票,双方之间形成合法有效的买卖合同关系。该买卖合同关系系双方当事人真实意思表示,其形式及内容均未违反国家法律、行政法规的禁止性规定,应属合法有效。(2)涉案商品标示的脂肪含量与第三方对涉案商品的检测结果均显示涉案商品中脂肪含量超过《预包装食品营养标签通则》(GB 28050—2011)允许的误差范围,亦不符合其在商品外包装上标示的《非油炸水果、蔬菜脆片》(GB/T 23787—2009)中规定的脂肪含量应当小于等于 5%的国家标准。涉案商品未对脂肪含量进行正确标注,对消费者造成误导,可能导致不适宜人群过量食用,存在安全隐患,故该院认定涉案商品属于不符合食品安全标准的食品。赵××要求物美公司退还购物款并十倍赔偿的诉讼请求,有事实和法律依据,该院予以支持。一审判决物美公司退还赵××货款

---

① 裁判文书:北京市第一中级人民法院民事判决书(2018)京 01 民终 5773 号,资料来源:中国裁判文书网(http://wenshu.court.gov.cn)。

9683.9元,赵××同时退还物美公司"良食记榴莲脆"541袋(如不能退还按照相应单价扣减价款);物美公司向赵××支付赔偿金968450元。

二审法院认为,虽然《非油炸水果、蔬菜脆片》(GB/T 23787—2009)为国家推荐性标准,但因该标准为涉案商品包装上所标注的产品标准,故涉案商品的生产、检验、标签标志等各方面均应符合上述标准。依据上述标准第4.3条的规定可知,涉案商品的脂肪含量应当小于等于5%。本案中,涉案商品包装上的营养成分表中脂肪标注为6.8g/100g,该脂肪标注值已经超出了《非油炸水果、蔬菜脆片》(GB/T 23787—2009)规定的范围,且物美公司亦未提交有效证据证明涉案商品实际脂肪含量符合《非油炸水果、蔬菜脆片》(GB/T 23787—2009)的规定,涉案商品在脂肪含量方面未能达到国家标准,属于不符合食品安全标准的食品。二审维持原判。

(三)学理评析

1. 关于《非油炸水果、蔬菜脆片》(GB/T 23787—2009)

《非油炸水果、蔬菜脆片》(GB/T 23787—2009)全称"中华人民共和国国家标准《非油炸水果、蔬菜脆片》(GB/T 23787—2009)",由原国家质量监督检验检疫总局和国家标准化管理委员会于2009年5月18日发布,2009年12月1日实施。该标准的代号为"GB/T",表明其为推荐性国家标准,而非强制性国家标准(强制性国家标准的代号是"GB")。

关于食品安全标准,《食品安全法》规定"食品安全标准是强制性标准"(第25条),食品安全标准包括食品安全国家标准(第28条)和食品安全地方标准(第29条)。原国家卫生计生委办公厅2017年7月11日《关于通报食品安全国家标准目录和食品相关标准清理整合结论的函》(国卫办食品函〔2017〕697号)包括4个附件,附件一"食品安全国家标准目录"共列出食品安全国家标准1224项(代号均为"GB",均属于强制性国家标准),均冠以"食品安全标准"字样,《非油炸水果、蔬菜脆片》(GB/T 23787—2009)未列其中;附件四"不纳入食品安全国家标准体系的标准名单"列出标准1913项(包括国家标准和行业标准,代号包括"GB""GB/T""NY/T""QB/T""BB/T""LY/T""LS/T"等[①]),《非油炸水果、蔬菜脆片》(GB/T 23787—2009)位列其中。

因此,国家标准《非油炸水果、蔬菜脆片》(GB/T 23787—2009)既不属于强

---

① "NY/T"是推荐性农业行业标准代号,"QB/T"是推荐性轻工行业标准代号、"BB/T"是推荐性包装行业标准代号,"LY/T"是推荐性林业行业标准代号;"LS/T"是推荐性粮食行业标准代号。

制性标准,也不属于食品安全国家标准,属于推荐性国家标准。

在本案中,两审法院认定涉案商品"属于不符合食品安全标准"的食品,依据的是涉案商品包装标明的"产品标准号 GB/T23787",即《非油炸水果、蔬菜脆片》(GB/T 23787—2009)。由此可见,两审法院把《非油炸水果、蔬菜脆片》(GB/T 23787—2009)当作食品安全国家标准,显然存在标准定性错误的问题。

2.《非油炸水果、蔬菜脆片》(GB/T 23787—2009)在本案中的地位

《食品安全法》第 67 条规定:"预包装食品的包装上应当有标签。标签应当标明下列事项:……产品标准代号……"《标准化法》第 27 条第 1 款也要求"企业应当公开其执行的强制性标准、推荐性标准、团体标准或者企业标准的编号和名称"。企业在产品的包装或产品和服务的说明书上明示其执行的标准,就是公开执行标准的一种形式。[①] 在本案中,物美公司经营的榴莲脆产品包装标注了执行标准代号"GB/T 23787",符合《食品安全法》和《标准化法》的规定。

《标准化法》第 27 条第 2 款规定:"企业应当按照标准组织生产经营活动,其生产的产品、提供的服务应当符合企业公开标准的技术要求。"依此规定,物美公司卖给赵××的榴莲脆产品应符合《非油炸水果、蔬菜脆片》(GB/T 23787—2009)的要求。这是一项合同义务。按照合同义务的形成机制,其过程如下:(1)物美公司销售的榴莲脆产品标示执行标准为《非油炸水果、蔬菜脆片》(GB/T 23787—2009),是合同订立之前事先对消费者所作出的保证其产品质量符合该项标准要求的允诺,依法构成要约的一项内容。(2)赵××购买物美公司的榴莲脆产品的意思表示,是对包括榴莲脆产品符合该项标准要求内容在内的要约的接受,构成一项承诺。(3)买卖合同经要约和承诺,依法成立,《非油炸水果、蔬菜脆片》(GB/T 23787—2009)构成合同标的物的质量条款,这种以产品标准为内容的质量条款,可称为"标准条款"。[②] (4)物美公司销售的榴莲脆应符合"标准条款"约定的《非油炸水果、蔬菜脆片》(GB/T 23787—2009)的要求。(5)如果物美公司销售的榴莲脆产品不符合《非油炸水果、蔬菜脆片》(GB/T 23787—2009)的要求,构成违约,应承担违约责任;如果所交付的产品存在质量缺陷"侵害对方人身、财产权益",依《合同法》第 122 条规定构成责任竞合。

上述分析表明,在本案中,国家标准《非油炸水果、蔬菜脆片》(GB/T 23787—2009)属于物美公司与赵××买卖合同约定的质量条款,是判定物美公司销售的榴莲脆产品质量是否符合合同约定的依据。

---

① 甘藏春、田世宏主编:《中华人民共和国标准化法释义》,中国法制出版社 2017 年版,第 70 页。

② 关于"标准条款"的形成,可参见柳经纬:《合同中的标准问题》,载《法商研究》2018 年第 1 期。

需要指出的是,在本案中,涉案商品外包装显示"脂肪含量达到 6.8g/100g"也可以依据上述法律机制构成合同的条款,可以成为判断涉案商品是否符合合同约定的依据。然而,这一指标与涉案商品包装所标示的《非油炸水果、蔬菜脆片》(GB/T 23787—2009)第 4.3 条(理化指标)"表 2"规定的脂肪含量"≤5.0％"不一致。不同的脂肪含量指标应如何选择? 这属于合同解释问题。笔者认为,无论是从合同法关于格式条款的规定还是从消费者保护的角度看,均应作出有利于消费者的选择。根据本案情况,赵××以涉案商品不符合《非油炸水果、蔬菜脆片》(GB/T 23787—2009)为由向法院提起诉讼,应认为其选择了《非油炸水果、蔬菜脆片》(GB/T 23787—2009)规定的脂肪限量。因此,法院应当尊重赵××的选择,依据《非油炸水果、蔬菜脆片》(GB/T 23787—2009)规定的脂肪限量,作出涉案商品不符合合同约定的质量要求的认定。

3. 关于涉案产品是否属于不符合食品安全标准的食品的问题

本案中,涉案产品(榴莲脆)的脂肪含量经检测为 9.8g/100g,超过了《非油炸水果、蔬菜脆片》(GB/T 23787—2009)规定的限量,构成《合同法》第 94 条第 4 项规定的法定解除合同事由,即"当事人一方……或者有其他违约行为致使不能实现合同目的",也符合《消费者权益保护法》第 24 条关于商品质量不符合质量要求得以退货的规定,①依据《合同法》第 94 条关于单方解除的规定、第 97 关于合同解除后"恢复原状"的规定②以及《消费者权益保护法》第 24 条之规定,赵××要求退款退货,依法成立,法院判决退款退货是正确的。然而,判决书表明,法院对赵××与物美公司之间的合同关系作了有效确认,但未能阐明本案合同解除及其法律依据,存在"释法说理"不充分的问题。

本案的焦点问题在于,涉案商品(榴莲脆)是否属于"不符合食品安全标准的食品"? 或者说依据涉案商品外包装标示的产品执行标准,能否认定涉案商品属于不符合食品安全标准的食品?

上述已表明,《非油炸水果、蔬菜脆片》(GB/T 23787—2009)不属于食品安

---

① 《消费者权益保护法》第 24 条:"经营者提供的商品或者服务不符合质量要求的,消费者可以依照国家规定、当事人约定退货,或者要求经营者履行更换、修理等义务。没有国家规定和当事人约定的,消费者可以自收到商品之日起七日内退货;七日后符合法定解除合同条件的,消费者可以及时退货,不符合法定解除合同条件的,可以要求经营者履行更换、修理等义务。"

② 《合同法》第 94 条:"有下列情形之一的,当事人可以解除合同:……(四)当事人一方迟延履行债务或者有其他违约行为致使不能实现合同目的……"第 97 条:"合同解除后,尚未履行的,终止履行;已经履行的,根据履行情况和合同性质,当事人可以要求恢复原状、采取其他补救措施,并有权要求赔偿损失。"

全标准,涉案产品不符合《非油炸水果、蔬菜脆片》(GB/T 23787—2009)的要求,只能认定为不符合合同约定的质量标准的食品,而不能认定为"不符合食品安全标准的食品"。因此,法院认为,涉案产品的脂肪含量超过《非油炸水果、蔬菜脆片》(GB/T 23787—2009)规定的限量,认定涉案产品"属于不符合食品安全标准的产品",是不正确的。

当然,问题还不能到此为止。本案涉案商品是否属于不符合食品安全标准的食品,还需进一步考察《非油炸水果、蔬菜脆片》(GB/T 23787—2009)规定的脂肪含量指标的属性。如果脂肪含量指标属于食品安全标准规定的指标,仍可认定涉案商品脂肪含量超标,属于不符合食品安全标准的食品。

《非油炸水果、蔬菜脆片》(GB/T 23787—2009)第 4 章(要求)规定了"非油炸水果、蔬菜脆片"的质量指标,包括"原料要求"(第 4.1 条)、"感官指标"(第 4.2 条)、"理化指标"(第 4.3 条)、"真菌毒素指标"(第 4.4 条)、"污染物指标、农药残留指标、微生物指标"(第 4.5 条)和"食品添加剂指标"(第 4.6 条)。除了"感官指标"和"理化指标"外,其他四项均引用了食品安全国家标准。例如,关于原料,要求应"符合 GB2762、GB2763 的规定";关于真菌毒素,要求"应符合 GB2761 的规定";关于食品添加剂,要求"应符合 GB2760 的规定"。"GB2760"即《食品安全国家标准 食品添加剂使用标准》(GB 2760—2014),"GB2761"即《食品安全国家标准 食品中真菌毒素限量》(GB 2761—2017),"GB2762"即《食品安全国家标准 食品中污染物限量》(GB 2762—2017),"GB2763"即《食品安全国家标准 食品中农药残留最大限量》(GB 2763—2019)。关于"污染物指标、农药残留指标、微生物指标",《非油炸水果、蔬菜脆片》(GB/T 23787—2009)第 4.5 条规定"应符合相应的卫生标准的规定",虽然未标明所引用的标准号,但是指向的标准是确定的,除上述"GB2761""GB2762"和"GB2763"外,还应包括《食品安全国家标准 食品中致病菌限量》(GB 29921—2013),该标准也属于食品安全国家标准。

上述说明,《非油炸水果、蔬菜脆片》(GB/T 23787—2009)第 4 章(要求)规定的 6 项指标中,除"感官指标"和"理化指标"外,均引用了食品安全国家标准。因此,如果食品不符合这些引用的食品安全国家标准,仍可认定其为"不符合食品安全标准的食品"。但是,"感官指标"和"理化指标"并未引用其他食品安全国家标准,因此它们本质上不属于食品安全国家标准的指标。如果食品不符合"感官指标"和"理化指标",不能认定属于违反食品安全标准的食品。

因此,本案中,两审法院仅凭涉案商品脂肪含量超出《非油炸水果、蔬菜脆片》(GB/T 23787—2009)规定的限量,即认定涉案商品属于"不符合食品安全标准的食品",显然是不正确的。

4. 关于《食品安全法》第 148 条第 2 款的适用问题

《食品安全法》第 148 条第 2 款是本案赵××索赔"十倍赔偿金"的法律依据,也是法院判决支持赵××索赔请求的法律依据。该款规定:"生产不符合食品安全标准的食品或者经营明知是不符合食品安全标准的食品,消费者除要求赔偿损失外,还可以向生产者或者经营者要求支付价款十倍或者损失三倍的赔偿金;增加赔偿的金额不足一千元的,为一千元。但是,食品的标签、说明书存在不影响食品安全且不会对消费者造成误导的瑕疵的除外。"

本款是在第 148 条第 1 款①基础上,对食品不符合食品安全标准致人损害的惩罚性赔偿作出的规定,与第 148 条第 1 款一样,均强调"不符合食品安全标准"。因此,"不符合食品安全标准"是适用第 148 条的前提条件。在侵权责任构成要件中,生产经营者生产或销售不符合食品安全标准的食品,违反了《食品安全法》第 33 条关于"食品生产经营应当符合食品安全标准"的规定,属于行为违法。因此,如无生产经营的食品"不符合食品安全标准"这一条件,即无适用第 148 条的余地,法院支持消费者("还可以")提出"十倍赔偿金"等赔偿额的请求则于法无据。在本案中,赵××请求"十倍赔偿金"无可厚非,但两审法院未充分考虑第 148 条规定"不符合食品安全标准"之要件,没有对《非油炸水果、蔬菜脆片》(GB/T 23787—2009)规定的脂肪限量指标的属性作出认定,却作出支持赵××"十倍赔偿金"请求的判决,应该说是欠妥的。

在《食品安全法》第 148 条的适用问题上,还应注意区分食品安全标准与不属于食品安全标准的强制性标准。根据前述原国家卫生计生委办公厅"国卫办食品函〔2017〕697 号"函附件四"不纳入食品安全国家标准体系的标准名单"所列标准,一些强制性的食品标准也包含在内,如《白砂糖》(GB 317—2006)、《啤酒》(GB 4927—2008)、《食用盐》(GB 5461—2000)、《芝麻油》(GB 8233—2008)、《蜂王浆》(GB 9697—2008)等,这些标准的名称中均未冠以"食品安全标准"的字样。因此,如果食品不符合这些强制性标准的要求,且不属于不符合这些标准所引用的食品安全国家标准(如上述《非油炸水果、蔬菜脆片》(GB/T 23787—2009)引用的"GB2760""GB2761""GB2762""GB2763")的情形,那么也不存在适用《食品安全法》第 148 条之余地。这种情况下,应适用《侵权责任法》和《产品质量法》关于产品责任的规定。

---

① 《食品安全法》第 148 条第 1 款:"消费者因不符合食品安全标准的食品受到损害的,可以向经营者要求赔偿损失,也可以向生产者要求赔偿损失。……"

四、张××与津秦铁路客运专线有限公司噪声污染责任纠纷案①

(一)基本案情

上诉人(原审原告):张××

被上诉人(原审被告):津秦铁路客运专线有限公司(简称津秦铁路公司)

2008年3月10日,津秦铁路客运专线通过原国家环境保护总局的环境影响报告批复。该专线的环境影响报告书确定,有关声环境,没有噪声功能区划的乡村居住环境,参照昼间60dB、夜间50dB标准执行;铁路两侧距离的划分及距离的确定,参照《城市环境噪声划分规范》中的第8.3.1.2条及第8.3.2条;评价范围内的学校、医院、敬老院等特殊敏感点,室外昼间执行60dB,夜间执行50dB(有住宿要求)。津秦铁路客运专线于2008年11月8日开工建设,2013年3月20日全线铺通,2013年11月20日通过了中国铁路总公司组织的初步验收,2013年12月1日全线开通试运营。津秦铁路客运专线从河北省秦皇岛市卢龙县刘田各庄镇柳河北山村中间穿过,东西走向,铁路系高架形式,距离地面约25米,线路两侧安装了用于隔声降噪的声屏障。张××及家人在居住的房屋内经营一家卫生所,该住房位于铁路南侧,与高架铁路桥墩的距离约47米。张××以津秦铁路公司管理的津秦铁路产生的噪音严重影响其正常工作、生活和经营为由,诉请法院判令津秦铁路公司排除危害(可将原告的房屋搬迁)、赔偿因噪声损害造成其及家人健康(包括精神)损失以及减少的收入损失。

一审过程中,法院就铁路噪声污染责任纠纷案件如何适用环境噪声标准问题向原环境保护部进行了咨询,该部复函:(1)根据《环境噪声污染防治法》的规定,评价铁路附近列车运行噪声对居民的影响,应适用相应的国家环境噪声排放标准。《铁路边界噪声限值及其测量方法》(GB 12525-90)属于国家环境噪声排放标准,《声环境质量标准》(GB 3096—2008)属于国家声环境质量标准;(2)乡村铁路边界噪声的评价可以参照执行《铁路边界噪声限值及其测量方法》;(3)根据GB 12525-90和GB 3096—2008,夜间铁路列车运行噪声不属于夜间突发噪声,铁路列车运行排放噪声的评价量为等效声级,不评价最大声级。

---

① 裁判文书:北京市第四中级人民法院(2020)京04民终356号民事判决书、天津铁路运输法院(2016)津8601民初10033号民事判决书,文献来源:中国裁判文书网(https://wenshu.court.gov.cn)。天津铁路运输法院一审、北京市第四中级人民法院二审的相同案件还有"徐兆江与津秦铁路客运专线有限公司噪声污染责任纠纷案"。参见北京市第四中级人民法院(2020)京04民终358号民事判决书。

《铁路边界噪声限值及其测量方法》(GB 12525-90)规定:铁路噪声系指机车车辆运行中所产生的噪声,铁路边界系指距离铁路外侧轨道中心线 30 米处。昼间等效声值为 70dB(分贝),夜间等效声值为 70dB;《声环境质量标准》(GB 3096—2008)规定,对城市区域按照 GB/T 15190(《声环境功能区划分技术规范》)的规定划分声环境功能区,分别执行 0、1、2、3、4 类声环境功能区环境噪声等效声级限值(2 类:昼间等效声级限值为 60dB,夜间等效声级限值为 50dB;4b 类:昼间等效声级限值为 70dB,夜间等效声级限值为 60dB)。对于乡村区域一般不划分声环境功能区,根据环境管理的需要,县级以上人民政府环境保护行政主管部门可按以下要求确定乡村区域适用的声环境质量要求:村庄原则上执行 1 类声环境功能区要求,工业活动较多的村庄以及有交通干线经过的村庄(指执行 4 类声环境功能区要求以外的地区)可局部或全部执行 2 类声环境功能区要求;位于交通干线两侧一定距离(参考 GB/T 15190 第 8.3 条)规定内的噪声敏感建筑物执行 4 类声环境功能区要求。《声环境质量标准》对于标准的实施要求规定,本标准由县级以上人民政府环境保护行政主管部门负责组织实施。就柳河北山村应如何适用声环境质量标准的问题,卢龙县生态环境保护局称柳河北山村在津秦铁路通车后还未进行声环境功能区划分,应按照环保部门的环境影响批复文件及相关规定执行。

一审法院委托北京华测北方检测技术有限公司对原告张××住所的噪声值进行了检测,依照《铁路边界噪声限值及其测量方法》(GB 12525-90)对距离铁路边界外轨中心线 30 米处的噪声检测结果为:昼间等效声值 54.3dB,夜间等效声值 45.3dB;依照《声环境质量标准》(GB 3096—2008)对原告住处的噪声检测结果为:昼间等效声值 59.2dB,夜间等效声值 45dB。

(二)法院判决

一审法院:《环境噪声污染防治法》第 2 条第 2 款规定:"本法所称环境噪声污染,是指所产生的环境噪声超过国家规定的环境噪声排放标准,并干扰他人正常生活、工作和学习的现象。"按照原环境保护部的回函,评价铁路附近列车运行噪声对居民的影响,应适用《铁路边界噪声限值及其测量方法》。经法院委托鉴定机构进行鉴定,鉴定机构依照该标准测量出距外侧轨道中心线 30 米处的噪声值并未超过该标准规定的排放限值,原告居住在距外侧轨道中心线 30 米处以外的区域,可以认定原告居住房屋处的噪声值未超过该标准规定的排放限值。津秦铁路项目环境影响报告确定声环境标准适用《城市区域环境噪声标准》,没有噪声功能区划的乡村居住环境,参照昼间 60 dB、夜间 50 dB 标准执行;铁路两侧距离的划分及距离的确定,参照城市区域环境噪声适用区划分技术规范中的第 8.3.1.2 条及第 8.3.2 条(4 类声环境功能区划分)。本案审理时,《声环境质量标准》对《城市区域环境噪声标准》及相应的测量方法进行了修订,《城市区域环境噪声标准》及相应的测量方法已经废止。《声环境质量标准》规定,工业活动较多的村庄以及有交通干线经过的村庄(指执行 4 类声环境功能区要求以外的地区)可局部或全部执行 2 类声环境功能区要求。该标准的具体实施由县级以上人民政府环境保护行政主管部门负责。卢龙县生态环境保护局称,柳河北山村的声环境质量标准应当按照相应的环保批复文件认定。环保评价报告确定的标准同《声环境质量标准》规定的 2 类、4b 类声环境功能区要求一致,鉴定机构依照《声环境质量标准》测量出原告居住房屋处的噪声值亦未超出上述标准限值。原告所居住房屋目前因津秦铁路产生的噪声值均未超出《铁路边界噪声限值及其测量方法》和《声环境质量标准》两个标准所规定的限值,不能认定津秦铁路排放的噪声造成污染。一审法院以"原告张××的诉讼请求无事实和法律依据"为由,判决驳回其全部诉讼请求。

二审法院:依据现有证据,津秦铁路客运专线运行所排放噪声和张××居所环境噪声均未超过国家法定标准,不能认定津秦客运公司对张××构成噪声污染侵权,张××的上诉请求不能成立,应予驳回,一审判决认定事实清楚,适用法律正确,应予维持。二审判决驳回上诉,维持原判。

(三)学理分析

最高人民法院 2015 年制定、2020 年修订的《最高人民法院关于审理环境侵权责任纠纷案件适用法律若干问题的解释》第 1 条规定:"因污染环境、破坏生态造成他人损害,不论侵权人有无过错,侵权人应当承担侵权责任。侵权人以排污符合国家或者地方污染物排放标准为由主张不承担责任的,人民法院不予支持。""侵权人不承担责任或者减轻责任的情形,适用海洋环境保护法、水污染防治法、大气污染防治法等环境保护单行法的规定;相关环境保护单行法没有规定的,适用民法典的规定。"依此规定,在环境侵权责任中,排污符合标准不足以构成免责事由,但法律另有规定的,则依据法律规定。本案属于法律另有规定的情形,排污符合标准可以构成免责事由。

在本案中,津秦铁路公司管理的津秦铁路产生噪声影响周边居民的生活,这是客观事实。正如二审法院指出的,"张××的居住场所建设在先,津秦客运公司铁路建设在后,铁路运营后……铁路运行噪音在一定程度上影响了张××的生活和经营是不争的事实"。但问题是,津秦铁路公司管理的津秦铁路产生噪声是否构成噪声污染的侵权行为。

二审法院分析指出,"在现代社会发展过程中,环境噪声的产生不可避免,但是并非任何环境噪声均能被认定为噪声污染,只有超过国家法律规定的环境噪声排放标准的环境噪声才能被认定为环境噪声污染,才有可能构成侵权"。"只有超过国家法律规定的环境噪声排放标准的环境噪声才能被认定为环境噪声污染"这一判定的法律依据是《噪声污染防治法》第 2 条关于"噪声"和"噪声污染"的定义。该法第 2 条第 1 款规定:"本法所称环境噪声,是指在工业生产、建筑施工、交通运输和社会生活中所产生的干扰周围生活环境的声音。"第 2 款规定:"本法所称环境噪声污染,是指所产生的环境噪声超过国家规定的环境噪声排放标准,并干扰他人正常生活、工作和学习的现象。"

本案中,津秦铁路公司管理的津秦铁路产生的声音属于第 1 款规定的"交通运输"产生的声音,属于"噪声";根据专业检测机构依据国家标准《铁路边界噪声限值及其测量方法》(GB 12525-90)对距离铁路边界外轨中心线 30 米处的噪声进行检测,依照《声环境质量标准》(GB 3096—2008)对张××住处的噪声进行检测,均未超过国家标准,法院因此认为,不能"认定津秦客运公司对张××构成噪音污染侵权"。

在涉标行为的法律评价中,存在着两个层次:一是依据标准对涉标行为进行"合标"与否的评价。"合标"与否的评价属于事实评价,而非法律评价,评价的依据是标准,符合标准的行为是"合标行为",不符合标准的行为是"违标行为"。二是涉标行为合法与否的评价。合法与否的评价是法律评价,评价的依据是法律,符合法律规定的行为是合法行为,不符合法律规定的行为是违法行为。"合标"与否的事实评价是法律评价的基础,但不等于法律评价,更不能代替法律评价。

在本案中,津秦铁路公司管理的津秦铁路产生的噪声符合国家标准,这是"合标"的事实评价,而对津秦铁路公司管理的津秦铁路产生的噪声符合国家标准的行为进行法律评价,应当依据《噪声污染防治法》的规定。《噪声污染防治法》第 61 条第 1 款规定:"受到环境噪声污染危害的单位和个人,有权要求加害人排除危害;造成损失的,依法赔偿损失。"根据本款规定,"环境噪声污染"行为是构成环境噪声污染侵权责任的要件之一。第 2 条第 2 款则规定"环境噪声污染,是指所产生的环境噪声超过国家规定的环境噪声排放标准,并干扰他人正常生活、工作和学习的现象"。在本案中,法院认为,津秦铁路公司管理的津秦铁路产生的噪声不能"认定津秦客运公司对张××构成噪音污染侵权",这属于法律评价,依据的是《噪声污染防治法》第 2 条第 2 款关于"环境噪声污染"的规定。

津秦铁路公司管理的津秦铁路产生的噪声符合国家标准,不构成"环境噪声污染"行为,依法不承担噪声污染侵权责任。

五、程××与杭州千岛湖远洋置业有限公司噪声污染责任纠纷案①

(一)基本案情

上诉人(原审被告):杭州千岛湖远洋置业有限公司(简称远洋置业公司)

被上诉人(原审原告):程××

2013年3月26日,程××与远洋置业公司签订《商品房买卖合同》,购买了远洋置业公司开发的位于淳安县的房屋,双方于2015年3月3日对涉案房屋进行了交接。交接中,程××对远洋置业公司在其住宅楼下设计建造的小区配电房的噪声问题提出了质疑。其后,程××等众多业主还分别对房屋的设计安全、施工缺陷等问题提出了意见。远洋置业公司虽出台了《关于开展浙江金基置业有限公司项目管理提升及标准化建设活动的通知》,但对业主的质疑问题并未加以改善。同年5月18日,程××等众多业主通过集体信访方式,对包括配电房噪声问题在内等多种问题书面予以投诉。在原淳安县城乡建设和城市管理局等多政府部门的协调下,于2015年6月15日向程××等业主出具了《关于部分金基观岛业主集体信访问题的答复》,答复认为"已由开发商组织专业公司追加设计并安装吸音吊顶,达到隔音降噪的目的"。但程××通过专门仪器测得的噪声值为60.1～56.9 dB,程××认为配电房仍存在低频噪音并明显超过国家噪声标准。为此,程××诉请:(1)判令远洋置业公司立即对程××住宅楼下的小区配电房进行隔音降噪整改,保障程××的人身安全;(2)判令远洋置业公司赔偿程××精神损失抚慰金20000元;(3)判令远洋置业公司承担本案诉讼费用。

远洋置业公司辩称:本案涉及的房屋噪声是否符合国家标准,不应该由原告自行非专业测试,而且原告测试地点在配电房中,与相关标准不符,应该在室外或原告房屋内测验。被告在2015年已经花费4万元对其配电设施进行了降噪处理,原告主张的噪声超标事实不存在。

(二)法院判决

一审法院认为,根据《侵权责任法》第66条"因污染环境发生纠纷,污染者

---

① 裁判文书:浙江省杭州市中级人民法院(2018)浙01民终1154号民事判决书、浙江省淳安县人民法院(2017)浙0127民初5355号民事判决书,资料来源:中国裁判文书网(https://wenshu.court.gov.cn)。

应当就法律规定的不承担责任或者减轻责任的情形及其行为与损害之间不存在因果关系承担举证责任"的规定,在环境污染纠纷案件中,被告应根据"举证倒置"的证明规则完成举证责任。本案中,因被告远洋置业公司未能完成法定的举证义务,因此,根据原告程××提供的初步证据,应当根据《环境噪声污染防治法》第2条第2款"本法所称环境噪声污染,是指所产生的环境噪声超过国家规定的环境噪声排放标准,并干扰他人正常生活、工作和学习的现象"的规定,认定原、被告之间存在环境噪声污染纠纷的客观事实。住房和城乡建设部发布的《住宅设计规范》(GB50096—2011)是住房设计的国家标准,被告远洋置业公司应当根据该规范的第6.10.3条"水泵房、冷热源机房、变配电机房等公共机电用房不宜设置在主体建筑内,不宜设置在与住户相邻的楼层内,在无法满足上述要求贴临设置时,应增加隔声减振处理"的规定,对涉案的配电设施进行建造和处理。被告是涉案配电设施的建设单位,虽然根据物业管理合同关系其所有权已转移给全体业主,但作为该设施的建设单位,仍应根据《杭州市物业管理条例》的有关规定履行保修等运维责任。原告程××提供的噪声值已超过原环保部公布的《社会生活环境噪声排放标准》A类房间排放限值,即昼间40dB、夜间30dB,被告远洋置业公司理应采取相应措施排除噪声妨碍。一审法院判决:远洋置业公司对案涉配电设施采取有效的隔音降噪措施,排除对原告程××造成的噪声污染侵害。

二审法院认为,远洋置业公司作为案涉小区物业的开发商,设计并建造完成了案涉小区配电房,而该配电房因设计缺陷导致噪声污染,影响程××的正常生活,故程××有权依《侵权责任法》的相关规定要求远洋置业停止侵害、排除妨碍、消除危险,即采取有效隔音降噪措施,使之符合正常生活所需水平。至于原审法院采纳程××的相关证据,认定案涉配电房仍存在低频噪音,明显超过国家噪音标准,并无不当。二审法院认为"原审判决认定事实清楚,适用法律正确,实体处理得当",维持原判。

(三)学理评析

本案涉及的标准有两项:一是《住宅设计规范》(GB 50096—2011),法院认为,住房和城乡建设部发布的《住宅设计规范》(GB 50096—2011)是住房设计的国家标准,被告远洋置业公司应当根据该规范的第6.10.3条"水泵房、冷热源机房、变配电机房等公共机电用房不宜设置在住宅主体建筑内,不宜设置在与住户相邻的楼层内,在无法满足上述要求贴临设置时,应增加隔声减振处理"的规定,对涉案的配电设施进行建造和处理。二是《社会生活环境噪声排放标准》(GB 22337—2008),法院认为,程××提供的噪声值已超过原环保部公布的《社会生活环境噪声排放标准》A 类房间排放限值,即昼间 40dB、夜间 30dB,被告远洋置业公司理应采取相应措施排除噪声妨碍。法院并判令远洋置业有限公司对案涉配电设施采取有效的隔音降噪措施,排除对原告程××造成的噪声污染侵害。

(1)《住宅设计规范》(GB 50096—2011)是住房和城乡建设部 2011 年 7 月 26 日发布的一项国家标准,使用的代号是强制性国家标准代号(GB),但并非其全部条文均为强制性。该强制性标准采取的是"条文强制形式",而不是"全文强制形式"。《住房和城乡建设部关于发布国家标准〈住宅设计规范〉的公告》称:"第 5.1.1、5.3.3、5.4.4、5.5.2、5.5.3、5.6.2、5.6.3、5.8.1、6.1.1、6.1.2、6.1.3、6.2.1、6.2.2、6.2.3、6.2.4、6.2.5、6.3.1、6.3.2、6.3.5、6.4.1、6.4.7、6.5.2、6.6.1、6.6.2、6.6.3、6.6.4、6.7.1、6.9.1、6.9.6、6.10.1、6.10.4、7.1.1、7.1.3、7.1.5、7.2.1、7.2.3、7.3.1、7.3.2、7.4.1、7.4.2、7.5.3、8.1.1、8.1.2、8.1.3、8.1.4、8.1.7、8.2.1、8.2.2、8.2.6、8.2.10、8.2.11、8.2.12、8.3.2、8.3.3、8.3.4、8.3.6、8.3.12、8.4.1、8.4.3、8.4.4、8.5.1、8.7.3、8.7.4、8.7.5、8.7.9 条为强制性条文,必须严格执行。"[①]第 6.10.3 条不在其列,因此第 6.10.3 条性质上不属于强制性条文,应属推荐性条文。《标准化法》第 2 条第 3 款规定:"强制性标准必须执行。国家鼓励采用推荐性标准。"推荐性标准除非被法律所引用,并不具有强制实施的效力。法院未阐明法律依据,直接适用《住宅设计规范》(GB 50096—2011)第 6.10.3 条,要求远洋置业公司应当根据该条的规定,对涉案的配电设施进行建造和处理,法律依据不足。

(2)《社会生活环境噪声排放标准》(GB 22337—2008)是原国家环境保护部和原国家质量监督检验检疫总局 2008 年 8 月 19 日发布的一项强制性国家标准。在本案中,该标准的适用涉及两个问题。

一是《社会生活环境噪声排放标准》(GB 22337—2008)第 1 章关于"适用范围",规定"本标准规定了营业性文化娱乐场所和商业经营活动中可能产生环境噪声污染的设备、设施边界噪声排放限值和测量方法","本标准适用于对营业性文化娱乐场所、商业经营活动中使用的向环境排放噪声的设备、设施的管理、评价与控制"。该标准第 3.1 条关于术语"社会生活噪声"的定义是"指营业性文化娱乐场所和商业经营活动中使用的设备、设施产生的噪声"。本案中,发生噪声的"小区配电房",是否属于"营业性文化娱乐场所和商业经营活动中使用

---

① 《关于发布国家标准〈住宅设计规范〉的公告》,载中华人民共和国住房和城乡建设部网站,https://www.mohurd.gov.cn/gongkai/fdzdgknr/tzgg/201110/20111026_206878.html,2022 年 12 月 30 日访问。

的设备、设施",不无疑问。法院未对此作出说明,而适用《社会生活环境噪声排放标准》(GB 22337—2008),属于说理不充分。

二是法院认定远洋置业公司设计并建造的小区配电房产生的噪声超过国家标准,依据的是原告程××提供的噪声值。被告远洋置业公司对此提出异议,认为本案涉及的房屋噪声是否符合国家标准不应该由原告自行非专业测试,而且原告测试地点在配电房中,与相关标准不符,应该在室外或原告房屋内测验。应该说,被告远洋置业公司的异议是合理的。法院引为认定小区配电房产生的噪声超标的依据是《社会生活环境噪声排放标准》(GB 22337—2008)A类房间排放限值(即昼间 40 dB、夜间 30 dB),该项内容规定在《社会生活环境噪声排放标准》(GB 22337—2008)第 4.2.1 条,该条规定:"在社会生活噪声排放源位于噪声敏感建筑物内情况下,噪声通过建筑物结构传播至噪声敏感建筑物室内时,噪声敏感建筑物室内等效声级不得超过表 2 和表 3 规定的限值。"表 2题为"结构传播固定设备室内噪声排放限值(等效声级)",其中规定了"A 类房间"(指以睡眠为主要目的,需要保证夜间安静的房间,包括住宅卧室、医院病房、宾馆客房等)的"结构传播固定设备室内噪声排放限值(等效声级)"为昼间 40 dB、夜间 30 dB。关于"等效声级",根据该标准第 3.4 条规定,"等效声级"的全称是"等效连续 A 声级","指在规定测量时间 T 内 A 声级的能量平均值,用 $L_{Aeq,T}$ 表示(简写为 Leq),单位 dB(A)"。该标准第 3.8 条还对"昼间""夜间"的时间段作了规定,除"县级以上人民政府为环境噪声污染防治的需要(如考虑时差、作息习惯差异等)而对昼间、夜间的划分另有规定"外,昼间是指 6:00 至 22:00之间的时段,夜间是指 22:00 至次日 6:00 之间的时段。除规定噪声限值、"昼间""夜间"的时间段外,该标准第 5 章"测量方法"规定了"测量仪器""测量条件""测点位置""测量时段""背景噪声测量""测量记录"作了具体的规定。例如,关于"测量仪器",第 5.1.1 条规定:"测量仪器为积分平均声级计或环境噪声自动监测仪,其性能应不低于 GB 3785 和 GB/T 17181 对 2 型仪器的要求。测量 35 dB 以下的噪声应使用 1 型声级计,且测量范围应满足所测量噪声的需要。校准所用仪器应符合 GB/T 15173 对 1 级或 2 级声校准器的要求。当需要进行噪声的频谱分析时,仪器性能应符合 GB/T 3241 中对滤波器的要求。"[1]又如,关于"社会生活噪声排放源的固定设备结构传声至噪声敏感建筑物室内"的"测点位置",第 5.3.3.4 条规定:"社会生活噪声排放源的固定设备结构传声至

---

[1] 本条中引用的"GB 3785"指强制性国家标准《声级计的电、声性能及测试方法》(GB3785),"GB/T 17181"指推荐性国家标准《积分平均声级计》(GB/T 17181),"GB/T 1573"指推荐性国家标准《声校准器》(GB/T 1573),"GB/T 3241"指推荐性国家标准《倍频程和分数倍频程滤波器》(GB/T 3241)。

噪声敏感建筑物室内,在噪声敏感建筑物室内测量时,测点应距任一反射面至少 0.5 m 以上、距地面 1.2 m、距外窗 1 m 以上,窗户关闭状态下测量。被测房间内的其他可能干扰测量的声源(如电视机、空调机、排气扇以及镇流器较响的日光灯、运转时出声的时钟等)应关闭。"以上引用《社会生活环境噪声排放标准》(GB 22337—2008)中与本案有关的内容,旨在说明,本案所涉小区配电房产生的噪声是否超过国家标准的事实认定是一个十分专业的问题,非依专业性的检测不足以作出判断。本案中,小区配电房产生的噪声是否超过国家标准构成"噪声污染",是被告远洋置业公司是否承担噪声污染侵权责任的必要条件,属于必须查明的事实。如果被告远洋置业公司对原告程××提供的噪声值无异议,法院自可采信;如果被告远洋置业公司对此提出了异议,法院则应当查明。在本案中,被告远洋置业公司对此提出了异议,认为本案涉及的房屋噪声是否符合国家标准不应该由原告自行非专业测试,而且原告测试地点在配电房中,与相关标准不符,应该在室外或原告房屋内测验。根据裁判文书,被告远洋置业公司虽提出异议,但未申请鉴定。在此情况下,法院应当依据《民事诉讼法》第 79 条第 2 款关于"当事人未申请鉴定,人民法院对专门性问题认为需要鉴定的,应当委托具备资格的鉴定人进行鉴定"的规定,委托具备资格的鉴定机构按照《社会生活环境噪声排放标准》(GB 22337—2008)(在法院分析该标准适用于本案的前提下)对案涉小区配电房产生的噪声是否超过国家标准进行鉴定。

《民事诉讼法》第 7 条规定:"人民法院审理民事案件,必须以事实为根据,以法律为准绳。"在本案中,《住宅设计规范》(GB 50096—2011)和《社会生活环境噪声排放标准》(GB 22337—2008)两项国家标准的适用,关系到本案基本事实的认定。法院在两项国家标准的适用中,都存在明显的缺失,导致本案事实的认定存在明显的瑕疵。建立在事实认定瑕疵的基础上作出的判决,难说是正确的判决。

六、张×忠与张×授排除妨害纠纷案[①]

(一)基本案情

上诉人(原审原告):张×忠

被上诉人(原审被告):张×授

---

① 裁判文书:山东省烟台市中级人民法院(2015)烟民四终字第 143 号民事判决书,资料来源:中国裁判文书网(https://wenshu.court.gov.cn)。

张×忠和张×授均为海阳市发城镇珠旺村村民,2003年左右两家均承包了本村村后的土地。2013年张×忠在自家承包的土地上建成蔬菜大棚,南北长为11.2米,大棚总跨度为9.7米,大棚南面距张×授承包地1.2米。因为张×忠的承包地西面地势高,棚高为3.15米,东面地势低,棚高为3.3米。张×授于2014年4月在自家的承包地建大棚,于2014年8月3日完工,其承包地南北长14.4米,所建大棚跨度为10米,大棚高度为3.45米,北面距张×忠承包地3.4米,南面距栾建立承包地1米。张×忠认为,依据《山东Ⅰ、Ⅱ、Ⅲ、Ⅳ、Ⅴ日光温室(冬暖大棚)建造技术规范》(DB37/T391—2004)第6.2.3条规定,前后温室间距应当为前栋温室最高点高度的2.5~3倍的距离,双方温室距离最低为8米,张×授建设大棚的高度违背了上述技术规范,对其生产经营采光构成了妨碍,因而诉至法院,请求判令张×授排除妨碍,将大棚高度降低到3.15米。

张×授辩称,其所建大棚是在被告承办村委的土地范围内建造的,不但没有侵犯原告方的利益,而且充分为原告方考虑,在大棚的后面让出3.4米的土地。双方所建的大棚不适用《山东Ⅰ、Ⅱ、Ⅲ、Ⅳ、Ⅴ日光温室(冬暖大棚)建造技术规范》(DB 37/T391—2004),因为双方都是在承包的土地上,根据各自的实际情况建造的。若适用上述技术规范,张×忠应先按距离最低8米以及大棚高度标准处理。张×授认为,张×忠无权要求其排除妨碍,请法院依法驳回张×忠的诉讼请求。

法院在审理中查明,张×忠提供的《山东Ⅰ、Ⅱ、Ⅲ、Ⅳ、Ⅴ日光温室(冬暖大棚)建造技术规范》(DB 37/T391—2004),为大棚建造的技术规范,该标准规定了山东Ⅰ、Ⅱ、Ⅲ、Ⅳ、Ⅴ日光温室(冬暖大棚)建造的结构参数,依据结构参数,选址与场地规划,日光温室墙体、后屋面、骨架、覆盖物及建造安装的操作技术。

(二)法院判决

一审法院认为,原、被告所建大棚,均无村委统一规划要求,各自根据其承包地的具体情况,自行施工建造蔬菜大棚。原告主张的《山东Ⅰ、Ⅱ、Ⅲ、Ⅳ、Ⅴ日光温室(冬暖大棚)建造技术规范》(DB37/T391—2004),是综合地对山东Ⅰ、Ⅱ、Ⅲ、Ⅳ、Ⅴ日光温室(冬暖大棚)建造标准的结构参数,依据结构参数,选址与场地规划,日光温室墙体、后屋面、骨架、覆盖物及建造安装的操作技术。原、被告所建大棚均未按照该5种型号中的任何一种型号的技术参数来建造执行。且该技术规范,仅是5种大棚的建筑技术的参照标准,而非国家相关建筑的工程建设标准或者地方性规范,因此原告按照该技术规范,要求被告降低大棚的高度,缺乏法律依据。至于被告建的大棚会对原告大棚采光产生何种程度的影响,原告尚无证据向法庭提交,原告要求被告降低大棚高度到3.15米,缺乏相应的证据及依据。一审法院判决驳回原告张×忠的诉讼请求。

二审法院认为,上诉人主张被上诉人所建大棚现有的高度会对上诉人大棚采光产生的影响,进而对生产造成不良的影响,提交其大棚的照片予以证明。但仅从照片所拍摄的上诉人大棚中的情况,无法认定被上诉人的大棚对上诉人大棚的采光及生产能产生何种程度的影响。上诉人主张被上诉人建造大棚违反了《山东Ⅰ、Ⅱ、Ⅲ、Ⅳ、Ⅴ型日光温室(冬暖大棚)建造技术规范》(DB 37/T 391—2004)强制性的技术标准。但《山东Ⅰ、Ⅱ、Ⅲ、Ⅳ、Ⅴ型日光温室(冬暖大棚)建造技术规范》(DB 37/T 391—2004)并非强制性地方标准,而是推荐性地方标准,被上诉人可根据该技术规范确定的结构参数自愿采用。上诉人主张被上诉人建造大棚违反了《山东Ⅰ、Ⅱ、Ⅲ、Ⅳ、Ⅴ型日光温室(冬暖大棚)建造技术规范》(DB 37/T 391—2004)的强制性规定,给其大棚生产经营采光构成了妨碍,证据不充分,其主张本院不予支持。二审法院维持原判。

(三)学理分析

本案所涉《山东Ⅰ、Ⅱ、Ⅲ、Ⅳ、Ⅴ型日光温室(冬暖大棚)建造技术规范》(DB 37/T 391—2004),是一项山东省地方标准,由山东省原质量技术监督局于2004年5月9日发布,2004年6月1日实施。该标准规定了山东Ⅰ、Ⅱ、Ⅲ、Ⅳ、Ⅴ型日光温室(冬暖大棚)建造的结构参数依据、结构参数、选址与场地规划,日光温室墙体、后屋面、骨架、覆盖物及建造、安装的操作技术。该标准的编号为"DB 37/T 391—2004",使用的代号是"DB37/T",表明该标准是一项推荐性地方标准。

依据原国家技术监督局1990年颁布的《地方标准管理办法》(国家技术监督局令第15号)①第3条规定,地方标准分为强制性地方标准和推荐性地方标准,法律、法规规定强制执行的地方标准为强制性地方标准,规定非强制执行的地方标准为推荐性地方标准。1995年制定、2012年第三次修正的《山东省实施〈中华人民共和国标准化法〉办法》②第9条规定"地方标准分为强制性标准和推荐性标准"。

对于推荐性标准,《标准化法》规定"鼓励企业自愿采用",而非"必须执行",推荐性标准不具有依法强制实施的效力。在本案中,《山东Ⅰ、Ⅱ、Ⅲ、Ⅳ、Ⅴ型

---

① 该办法被2020年1月16日国家市场监督管理总局发布的《地方标准管理办法》(国家市场监督管理总局令第26号)替代。新《地方标准管理办法》第3条第2款规定:"地方标准为推荐性标准。"

② 该实施办法已被2020年的《山东省标准化条例》替代。《条例》第10条第2款规定:"地方标准为推荐性标准;法律、行政法规或者国务院决定规定地方标准为强制性标准的除外。"

日光温室(冬暖大棚)建造技术规范》(DB37/T 391—2004)并不具有适用于本案涉诉蔬菜大棚建设的效力。一审法院认为,《山东Ⅰ、Ⅱ、Ⅲ、Ⅳ、Ⅴ型日光温室(冬暖大棚)建造技术规范》(DB37/T 391—2004)"仅是五种大棚的建筑技术的参照标准",二审法院进而明确指出其"并非强制性地方标准,而是推荐性地方标准",从而驳回张×忠关于张×授建造的大棚违《山东Ⅰ、Ⅱ、Ⅲ、Ⅳ、Ⅴ型日光温室(冬暖大棚)建造技术规范》(DB37/T 391—2004)的强制性规定,给其大棚生产经营采光构成了妨碍的主张,无疑是正确的。

需要指出的是,如果推荐性标准被法律、法规、规章所引用,那么也具有强制实施的效力,应当按照法律、法规、规章的规定予以实施。[1]

七、广州市人民检察院与张×山、邝×尧水污染纠纷环境民事公益诉讼案[2]

(一)基本案情

上诉人(原审被告):张×山

上诉人(原审被告):邝×尧

被上诉人(原审公益诉讼人):广州市人民检察院

张×山、邝×尧系广州市从化区鳌头镇中塘村大石古经济合作社水塘(大石古水塘)的承包人。2012年11月开始,张×山、邝×尧提供大石古水塘给案外人填放陶瓷抛光粉渣、淤泥、土石方弃土,并收取租金、弃土堆放费。2014年6月,广州市从化区环保局在行政执法过程中发现,大石古水塘因倾倒淤泥致使水塘内漂浮有大量生活垃圾。经华南环境科学研究所等机构监测和检验,显示大石古水塘水体的氨氮值、化学需氧量、臭气浓度均超标。大石古水塘遭受污染的情况被发现后,邝×尧对大石古水塘进行环境修复,大石古水塘的水质得到改善。2016年7月,广州市从化区国土局委托华南环境科学研究所与广东省微生物研究所对大石古水塘倾倒垃圾污染事件环境损害进行了鉴定评估,评估机构出具了《环境损害鉴定评估报告》。报告提出,按常规生态修复将水塘现状恢复至《地表水环境质量标准》(GB3838—2002)Ⅴ类地表水标准大概需要两年时间,修复费用(不含填埋物料至池塘变浅的费用)估算需1250万元。广州市

---

① 甘藏春、田世宏主编:《中华人民共和国标准化法释义》,中国法制出版社2017年版,第30页。

② 裁判文书:广东省高级人民法院(2018)粤民终2466号民事判决书,资料来源:中国裁判文书网(https://wenshu.court.gov.cn)。

人民检察院向一审法院提起民事公益诉讼,请求判令张×山、邝×尧连带承担自判决生效之日起三个月内将大石古水塘水质恢复至地表水质量标准第Ⅴ类水标准,并赔偿水塘受污染期间环境功能损失费用 1050 万元的法律责任。

(二)法院判决

一审法院认为,因大石古水塘被污染,广州市人民检察院提出张×山、邝×尧赔偿生态环境受到损害至恢复原状期间服务功能损失的诉讼请求,有事实和法律依据。一审法院据此作出判决:一、张×山、邝×尧自判决发生法律效力之日起三个月内共同修复大石古水塘(原鳌头镇中心石灰石矿厂地块)水质到地表水第Ⅴ类水标准。逾期未修复的,由人民法院选定具有专业资质的机构代为修复,修复费用由张×山、邝×尧共同承担;二、张×山、邝×尧自判决发生法律效力之日起十日内共同赔偿生态环境受到损害至恢复原状期间服务功能损失费用 1050 万元(该款项上缴国库,用于修复被损害的生态环境)。

二审法院认为,一审判决认定事实清楚,适用法律正确,处理并无不当,本院予以维持。

(三)学理分析

本案是一起因水污染引起的环境民事公益诉讼案。《最高人民法院关于审理环境民事公益诉讼案件适用法律若干问题的解释》(法释〔2015〕1 号)第 18 条规定:"对污染环境、破坏生态,已经损害社会公共利益或者具有损害社会公共利益重大风险的行为,原告可以请求被告承担停止侵害、排除妨碍、消除危险、恢复原状、赔偿损失、赔礼道歉等民事责任。"第 20 条第 1 款规定:"原告请求恢复原状的,人民法院可以依法判决被告将生态环境修复到损害发生之前的状态和功能。无法完全修复的,可以准许采用替代性修复方式。"由于生态环境在污染发生之前究竟是何状态,因缺乏准确的记录而无法确定。作为恢复原状责任的具体方式,生态环境修复应修复到何种状态? 如何认定侵权人履行了修复生态环境的责任? 法律并没有给出具体的答案。生态环境标准的意义就在于为生态环境修复提供了可量化的指标,为侵权人履行生态环境修复责任提供了具体的依据。

在本案中,公益诉讼人广州市人民检察院向一审法院提起的诉讼请求第一项是,判令张×山、邝×尧连带承担自判决生效之日起三个月内将大石古水塘水质恢复至《地表水质量标准》第Ⅴ类水标准。法院支持公益诉讼人的请求,判决张×山、邝×尧自判决发生法律效力之日起三个月内共同修复大石古水塘水质到地表水第Ⅴ类水标准;逾期未修复的,由人民法院选定具有专业资质的机构代为修复,修复费用由张×山、邝×尧共同承担。

本案判决中的"地表水第Ⅴ类水标准",是指国家标准《地表水环境质量标准》(GB 3838—2002)规定的第Ⅴ类水质标准。《地表水环境质量标准》(GB 3838—2002)由原国家环境保护总局、国家质量监督检验检疫总局于2002年4月28日发布,2002年6月1日实施。该标准规定了水环境质量应控制的项目及限值,以及水质评价、水质项目的分析方法和标准的实施与监督,适用于我国领域内江河、湖泊、运河、渠道、水库等具有使用功能的地表水水域。该标准依据地表水水域环境功能和保护目标,按功能高低依次划分为Ⅰ、Ⅱ、Ⅲ、Ⅳ、Ⅴ五类,不同功能类别分别执行相应类别的标准值。Ⅴ类适用于农业用水区及一般景观要求水域。《地表水环境质量标准》(GB 3838—2002)"表1"规定了各类地表水环境质量标准基本项目(24项)的标准限值。

在本案中,无论是侵权人张×山、邝×尧自行修复,还是承担修复费用由法院选定具有专业资质的机构代为修复,均应以《地表水环境质量标准》(GB 3838—2002)"表1"Ⅴ类水标准环境质量标准基本项目(24项)的标准限值为依据,只有案涉大石古水塘的水质达到《地表水环境质量标准》(GB 3838—2002)"表1"规定Ⅴ类水标准环境质量标准基本项目(24项)的标准限值的要求,才算是履行了生态环境修复责任。

附:《地表水环境质量标准》(GB 3838—2002)"表6-1"

表6-1　地表水环境质量标准基本项目标准限值　　　　单位:mg/L

序号	项目	标准值				
		Ⅰ类	Ⅱ类	Ⅲ类	Ⅳ类	Ⅴ类
1	水温(℃)	人为造成的环境水温变化应限制在: 周平均最大温升≤1 周平均最大温降≤2				
2	pH值(无量纲)					
3	溶解氧　　　　　≥	饱和率90% (或7.5)	6	5	3	2
4	高锰酸盐指数　　≤	2	4	6	10	15
5	化学需氧量(COD)　≤	15	15	20	30	40
6	五日生化需氧量(BOD_5)≤	3	3	4	6	10
7	氨氮(NH_3-N)　　≤	0.15	0.5	1.0	1.5	2.0
8	总磷(以P计)　　≤	0.02 (湖、库0.01)	0.1 (湖、库0.025)	0.2 (湖、库0.05)	0.3 (湖、库0.1)	0.4 (湖、库0.2)

序号	项目	标准值				
		Ⅰ类	Ⅱ类	Ⅲ类	Ⅳ类	Ⅴ类
9	总氮(湖、库,以 N 计)≤	0.2	0.5	1.0	1.5	2.0
10	铜 ≤	0.01	1.0	1.0	1.0	1.0
11	锌 ≤	0.05	1.0	1.0	2.0	2.0
12	氟化物(以 F⁻ 计)≤	1.0	1.0	1.0	1.5	1.5
13	硒 ≤	0.01	0.01	0.01	0.02	0.02
14	砷 ≤	0.05	0.05	0.05	0.1	0.1
15	汞 ≤	0.00005	0.00005	0.0001	0.001	0.001
16	镉 ≤	0.001	0.005	0.005	0.005	0.01
17	铬(六价)≤	0.01	0.05	0.05	0.05	0.01
18	铅 ≤	0.01	0.01	0.05	0.05	0.1
19	氰化物 ≤	0.005	0.05	0.2	0.2	0.2
20	挥发酚 ≤	0.002	0.002	0.005	0.01	0.1
21	石油类 ≤	0.05	0.05	0.05	0.5	1.0
22	阴离子表面活性剂 ≤	0.2	0.2	0.2	0.3	0.3
23	硫化物 ≤	0.05	0.1	0.2	0.5	1.0
24	粪大肠菌群(个/L)≤	200	2000	10000	20000	40000

八、武汉银海置业有限公司与王×相邻采光、日照纠纷案[①]

(一)基本案情

上诉人(原审被告):武汉银海置业有限公司(简称银海公司)

被上诉人(原审原告):王×

原告王×居住的武汉市电力仪表厂宿舍第 10 栋住宅楼竣工于 2000 年,王

---

① 裁判文书:湖北省武汉市中级人民法院(2014)鄂武汉中民终字第 01298 号民事判决书,资料来源:中国裁判文书网(https://wenshu.court.gov.cn)。截至检索日(2023 年 1 月 2 日),中国裁判文书网(https://wenshu.court.gov.cn)共收录 67 篇武汉市中级人民法院的二审民事判决书,当事人一方为"武汉银海置业有限公司",案由均为"相邻采光、日照纠纷"。

×所住房屋为 10 栋 1 单元 701 室。王×住宅楼的南侧原是一片低矮厂房,相邻房屋间距充足,王×住房的通风、采光、日照良好。2006 年 5 月底,被告银海公司在王×住房的南侧开发的银海雅苑住宅项目主体工程竣工,王×住房的通风、采光、日照受到影响。2013 年 7 月,王×以银海公司建设的银海雅苑住宅项目导致其住宅的通风、采光、日照受到严重影响为由,诉至一审法院,请求判令银海公司赔偿经济损失 7827 元并负担本案诉讼费用。银海公司辩称:银海雅苑项目于 2004 年报建,2006 年 12 月交付使用。在建报过程中,规划部门严格按照武汉市人民政府《武汉市城市建筑规划管理技术规定》审核,同时充分考虑了王×居住的房屋的通风采光问题,特意调整了银海雅苑小区 B、C、D、E 栋的方位及间隙,且银海雅苑项目与王×住宅间距符合规定要求,不存在侵权行为。

2010 年,湖北省科学技术咨询服务中心对武汉市电力仪表厂宿舍第 10、11 栋住宅楼的房屋采光时间是否达标进行了鉴定,并出具《技术鉴定书》,作出王×房屋在大寒日日照时间为 1 小时 20 分钟的分析结果;同时认为根据原建设部《城市居住区规划设计规范》(GB 50180-93)(2002 年版)第 5.0.2.1 条,王×的房屋属于旧区改建项目内新建住宅,日照标准可酌情降低,但不应低于大寒日日照 1 小时的标准,故作出只要王×的房屋日照时间满足大寒日≥1 小时日照标准即满足国家规定的日照要求的评价。

(二)法院判决

一审法院认为,银海公司所建的银海雅苑住宅项目位于王×居住的住宅楼南侧,属相邻建筑。依照《民法通则》的相关规定,不动产的相邻各方,应当按照有利生产、方便生活、团结互助、公平合理的精神,正确处理截水、排水、通行、通风、采光等方面的相邻关系。湖北省科学技术咨询服务中心依委托出具的《技术鉴定书》,是针对武汉市电力仪表厂宿舍第 10、11 栋住宅楼的房屋所作出的鉴定意见,且该鉴定意见书中的武汉市电力仪表厂宿舍第 10、11 栋住宅楼房屋的日照时间数据已被武汉市中级人民法院(2009)武民终字第 1320 号等系列生效民事判决予以采信,故该鉴定意见书中武汉市电力仪表厂宿舍第 10 栋住宅楼房屋的日照时间数据,适用于本案王×的房屋。根据武汉市中级人民法院(2009)武民终字第 1320 号等系列生效民事判决认定的事实,银海公司所建银海雅苑小区住宅楼项目对周边相邻住宅的日照标准,应符合建设部《城市居住区规划设计规范》5.0.2.1 图表中日照标准日为大寒日,日照时数(h)≥2 的规定。银海公司所建的银海雅苑小区住宅楼项目致使王×房屋在大寒日日照时间未达到规定的 2 个小时,构成对王×的侵权,依法应承担赔偿责任。关于赔偿标准,根据武汉市的经济发展水平及其他因素,酌情认定银海公司按王×房屋的建筑面积,每平方米赔偿 100 元。虽然银海公司建造银海雅苑小区住宅楼时,《物权法》尚未实施,但《民法通则》以及原建设部《民用建筑设计通则》等法律法规均对相邻建筑的采光标准作出相应的规定;同时,银海公司对王×房屋采光权的侵权是持续行为,到目前仍未消除。据此,根据《民法通则》第 83 条之规定,判决银海公司于本判决书生效之日起十日内赔偿王×7827 元。

二审法院认为,根据鉴定意见,王×房屋在大寒日日照时间低于《城市居住区规划设计规范》5.0.2.1 图表中日照标准日为大寒日、日照时数(h)≥2 的规定。银海公司建设的银海雅苑小区住宅楼项目致使王×房屋在大寒日日照时间未达到规定的 2 个小时,侵犯了王×的权利,依法应承担赔偿责任。

关于银海公司称银海雅苑小区的建设符合各项规划要求,不存在侵权行为的上诉理由,二审法院认为,建筑物本身是否符合规划要求,与是否侵犯相邻建筑物的采光、日照权之间并无必然联系。银海雅苑小区符合规划要求,只能说明银海公司主观上并不存在明显过错,但《民法通则》第 83 条所涉民事责任的承担,并不以侵害人存在过错为前提,只要存在损害后果和因果关系即可认定,而本案中银海公司的行为显然导致了王×权利受损。银海公司的该项上诉理由缺乏法律依据,本院不予支持。二审法院认为,一审判决认定事实清楚,适用法律正确,维持原判。

(三)学理分析

1. 关于本案的法律适用问题

本案系相邻采光、日照纠纷。1986 年《民法通则》只对相邻采光日照关系作了原则性规定,通则第 83 条规定:"不动产的相邻各方,应当按照有利生产、方便生活、团结互助、公平合理的精神,正确处理截水、排水、通行、通风、采光等方面的相邻关系。给相邻方造成妨碍或者损失的,应当停止侵害,排除妨碍,赔偿损失。"1988 年最高人民法院《关于贯彻执行〈中华人民共和国民法通则〉若干问题的意见(试行)》第 97 条至第 103 条对施工、自然流水、排水、通行、滴水等具体相邻关系作了规定,但不含相邻通风采光日照。2007 年《物权法》开始对相邻通风采光日照作了具体规定,该法第 89 条规定:"建造建筑物,不得违反国家有关工程建设标准,妨碍相邻建筑物的通风、采光和日照。"2020 年《民法典》第 293 条规定:"建造建筑物,不得违反国家有关工程建设标准,不得妨碍相邻建筑物的通风、采光和日照。"自《物权法》始,引入"国家有关工程建设标准"规范新建建筑物引起的相邻通风采光日照关系。本案中,银海雅苑小区建成于 2006 年,按照法律不溯既往的原则,引起的相邻通风采光日照关系应适用《民法通则》,而不适用《物权法》。本案两审法院适用《民法通则》第 83 条处理本案纠纷,在法律适用上是正确的。

虽然援引"国家有关工程建设标准"规范新建建筑物引起的相邻通风采光日照关系始于《物权法》,而本案不适用《物权法》,但并不影响有关采光日照的标准在相邻通风采光日照纠纷中的适用。1988年《标准化法》第14条规定"强制性标准,必须执行"。国务院2000年发布的《建设工程勘察设计管理条例》第5条第2款规定:"建设工程勘察、设计单位必须依法进行建设工程勘察、设计,严格执行工程建设强制性标准,并对建设工程勘察、设计的质量负责。"有关日照的强制性标准可以适用于本案纠纷的处理。

2. 关于本案的标准适用问题

日照标准是确定相邻建筑物间距的基本依据。本案判决书援引的两项标准:《民用建筑设计通则》和《城市居住区规划设计规范》,均有关于日照标准的规定。

《民用建筑设计通则》的最早版本是原城乡建设环境保护部于1987年3月25日发布的《民用建筑设计通则》(JGJ37-87)(试行),2005年经修订为《民用建筑设计通则》(GB 50352—2005),2019年被《民用建筑设计统一标准》(GB 50352—2019)替代,《民用建筑设计统一标准》(GB 50352—2019)为现行有效标准。本案银海公司所建银海雅苑小区2004年报建,报建之时的有效标准是《民用建筑设计通则》(JGJ37-87)(试行)。《民用建筑设计通则》(JGJ37-87)第3.1.3条(日照标准)规定:"住宅应每户至少有一个居室、宿舍,应每层至少有半数以上的居室能获得冬至日满窗日照不小于1h(小时)。"

《城市居住区规划设计规范》的最早版本是原建设部1993年7月16日发布的《城市居住区规划设计规范》(GB 50180-93),2022年原建设部发布新版的《城市居住区规划设计规范》(GB 50180-93),即《城市居住区规划设计规范》(GB 50180-93)(2002年版)。2018年7月10日,住房城乡建设部发布《城市居住区规划设计标准》(GB 50180—2018),替代了《城市居住区规划设计规范》(GB 50180-93)。《城市居住区规划设计标准》(GB 50180—2018)为现行有效标准。本案银海公司所建银海雅苑小区2004年报建,报建之时的有效标准是《城市居住区规划设计规范》(GB 50180-93)(2002年版)。《城市居住区规划设计规范》(GB 50180-93)(2002年版)第5.0.2.1条规定:"住宅日照标准应符合表5.0.2-1规定,对于特定情况还应符合下列规定:(1)老年人居住建筑不应低于冬至日日照2小时的标准;(2)在原设计建筑外增加任何设施不应使相邻住宅原有日照标准降低;(3)旧区改建的项目内新建住宅日照标准可酌情降低,但不应低于大寒日日照1小时的标准。"(见表6-2)

表 6-2　住宅建筑日照标准

建筑气候区划	Ⅰ、Ⅱ、Ⅲ、Ⅶ气候区		Ⅳ气候区		Ⅴ、Ⅵ气候区
	大城市	中小城市	大城市	中小城市	
日照标准日	大寒日				冬至日
日照时数(h)	≥2	≥3			≥1
有效日照时间带(h)	8~16				9~15
日照时间计算起点	底层窗台面				

注：1. 建筑气候区划应符合本规范附录 A 第 A.0.1 条的规定。

　　2. 底层窗台面是指距室内地坪 0.9m 高的外墙位置。

《民用建筑设计通则》(JGJ 37-87)(试行)和《城市居住区规划设计规范》(GB 50180-93)(2002 年版)均为强制性标准。前者适用于"全国城市各类新建、扩建和改建的民用建筑"[《民用建筑设计通则》(JGJ 37-87)(试行)第 1.0.2 条]，后者适用于"城市居住区的规划设计"[《城市居住区规划设计规范》(GB 50180-93)(2002 年版)第 1.0.2 条]。本案相邻采光日照纠纷因银海公司建设银海雅苑小区而发生，银海雅苑小区建设属于居住区规划问题，因此本案纠纷应适用《城市居住区规划设计规范》(GB 50180-93)(2002 年版)，而不应适用《民用建筑设计通则》(JGJ 37-87)(试行)。在本案中，湖北省科学技术咨询服务中心对武汉市电力仪表厂宿舍第 10、11 栋住宅楼的房屋采光时间是否达标进行了鉴定，作出王×房屋在大寒日日照时间为 1 小时 20 分钟的分析结果，同时作出只要王×的房屋日照时间满足大寒日≥1 小时日照标准即满足国家规定的日照要求的评价，依据的是《城市居住区规划设计规范》(GB 50180-93)(2002 年版)。两审法院对湖北省科学技术咨询服务中心作出的王×房屋在大寒日日照时间为 1 小时 20 分钟的分析结果予以采信，对鉴定机构作出的只要王×的房屋日照时间满足大寒日≥1 小时日照标准即满足国家规定的日照要求的评价"不予认定"，适用的也是《城市居住区规划设计规范》(GB 50180-93)(2002 年版)。然而，一审法院对本案适用《城市居住区规划设计规范》(GB 50180-93)(2002 年版)而不适用《民用建筑设计通则》(JG J37-87)(试行)，并没有做出合理的解释。

3. 关于《城市居住区规划设计规范》(GB 50180-93)(2002 年版)第 5.0.2.1 条的适用问题

湖北省科学技术咨询服务中心出具的鉴定意见认为，王×的房屋属于旧区改建项目内新建住宅，日照标准可酌情降低，但不应低于大寒日日照 1 小时的标准,只要王×的房屋日照时间满足大寒日≥1小时日照标准即满足国家规定的日照要求,所依据的是根据原建设部《城市居住区规划设计规范》(GB 50180-93)(2002年版)第5.0.2.1条之(3)的规定("旧区改建的项目内新建住宅日照标准可酌情降低,但不应低于大寒日日照1小时的标准。")对此意见,一审法院援引武汉市中级人民法院作出(2009)武民终字第1320号等系列民事判决,认为"依据不足",不予认定,同时认定银海雅苑项目对王×所在住宅小区房屋的日照标准应符合《城市居住区规划设计规范》(GB 50180-93)(2002年版)5.0.2.1图表中日照标准日为大寒日,日照时数(h)≥2的规定。在此处,法院回避了案涉住宅是否属于"旧区改建的项目内新建住宅"的问题。在本案中,湖北省科学技术咨询服务中心出具的鉴定意见确认王×房屋在大寒日日照时间为1小时20分钟,如果案涉住宅属于"旧区改建的项目内新建住宅",那么根据《城市居住区规划设计规范》(GB 50180-93)(2002年版)第5.0.2.1条之(3)的规定,银海公司建设的银海雅苑小区就没有妨碍王×房屋的采光、日照,法院应当判决驳回王×的诉讼请求;如果案涉住宅不属于"旧区改建的项目内新建住宅",那么本案就不应适用《城市居住区规划设计规范》(GB 50180-93)(2002年版)第5.0.2.1条之(3)的规定,而应适用《城市居住区规划设计规范》(GB 50180-93)(2002年版)5.0.2.1表中日照标准日为大寒日的日照时数(h)≥2的规定,依据该规定,银海公司建设的银海雅苑小区对王×房屋的采光、日照构成妨碍,法院应当判决支持王×的诉讼请求。对于如此重要的事实,法院不应采取回避的态度。

4. 关于标准与法律的区分问题

本案判决书"一审法院认为"中有段话是:"虽然银海公司建造银海雅苑小区住宅楼时,《中华人民共和国物权法》尚未实施,但《中华人民共和国民法通则》以及建设部《民用建筑设计通则》等法律法规均对相邻建筑的采光标准作出相应的规定。"这一表述存在混淆法律与标准的问题。标准不属于法律。将《民用建筑设计通则》与《民法通则》并列,笼统地归入"法律法规",是不准确的。

九、黄×与无锡晟加材料科技有限公司等买卖合同纠纷案[①]

(一)基本案情

上诉人(原审被告):黄×

上诉人(原审被告):无锡晟加材料科技有限公司(简称晟加公司)

被上诉人(原审原告):赵×理

2020年4月25日,黄×作为晟加公司的代理人与微研公司签订一份《采购合同》,约定晟加公司委托微研公司设计、制造型号1600熔喷布模具一套,模具喷丝板孔径0.25 mm、孔距0.7 mm,合同不含税价140万元,交货地点为晟加公司所在地,交货期限为收到预付款后5月27日交付,合同签订当天预付总额的50%,发货前支付总额的50%。同日,赵×理与黄×签订一份《销售合同》,约定赵×理委托黄×设计、制造型号1600熔喷布模具一套,模具喷丝板孔径0.25 mm、孔距0.7 mm,合同不含税价160万元,交货地点为甲方所在地江阴,交货期限为收到预付款后5月27日交付,合同签订后当天预付总额的50%,发货前支付总额的50%。双方商定合同总价为含税价1808000元。合同订立后,赵×理于2020年4月25日、4月26日分别向黄×支付预付款300000元、500000元,共计800000元。2020年5月28日,赵×理通过银江公司向晟加公司支付货款1008000元。之后,黄×将其中的1582000元货款支付至微研公司。2020年5月28日,黄×向赵×理交付了包含模头、喷丝板、挡风板在内的案涉模具一套。2020年5月29日,赵×理通过微信告知黄×其在调试时发现模具模头存在漏浆的问题。2020年6月2日,赵×理与黄×电话联系反映因模头漏浆问题致使设备无法正常生产,要求黄×派人维修,后由微研公司维修人员至赵×理处查看模具。2020年6月6日,赵×理经黄×联系将模具寄至微研公司维修。后赵×理发现退回的模具仍存在漏浆问题,要求黄×再次予以维修。因漏浆问题一直无法解决,赵×理于2020年9月19日电话告知要求退货。因黄×拒绝退货,赵×理遂于2021年1月25日诉至法院。

本案审理中,赵×理向法院提出鉴定申请,要求对案涉熔喷布模具是否符合合同约定的孔径、孔距标准;模具质量是否符合行业标准以及模具漏浆的原因进行司法鉴定。法院依法委托南京海天检测有限公司对本案进行司法鉴定,

---

[①] 裁判文书:江苏省无锡市中级人民法院(2022)苏02民终5694号民事判决书,资料来源:中国裁判文书网(https://wenshu.court.gov.cn)。

该公司于 2021 年 10 月 8 日出具《鉴定意见书》,鉴定意见为:(1)涉案型号为 1600 熔喷布模具孔径和孔距符合合同约定;(2)涉案型号为 1600 熔喷布模具存在漏料现象,不符合行业标准 FZ/T 93074—2011 要求;(3)涉案型号为 1600 熔喷布模具的模头漏料原因是密封条材料选择不合理。

(二)法院判决

一审法院认为,根据赵×理的申请,法院依法委托南京海天检测有限公司对案涉模具进行司法鉴定,该鉴定机构于 2021 年 10 月 8 日出具了鉴定意见书;黄×、晟加公司虽对鉴定机构、鉴定人员资质以及鉴定结论持有异议,但并未提供任何证据证明,法院认为鉴定机构出具的鉴定意见客观真实,依法予以采信。根据鉴定结论,案涉的熔喷布模具存在漏料现象,质量不符合行业标准要求,且漏料原因为密封条材料选择不合理。案涉合同中没有约定模具的质量标准,且在合同履行过程中双方亦未达成新的约定,故按照法律规定,对于模具的质量标准应当按照国家标准、行业标准履行。现鉴定结论已经明确案涉的模具不符合行业标准,赵×理据此主张因案涉模具质量不符合质量要求,导致合同目的无法实现,要求解除合同,于法有据,应予支持。合同解除后,尚未履行的,终止履行;已经履行的,根据履行情况和合同性质,当事人可以要求恢复原状、采取其他补救措施,并有权要求赔偿损失。一审法院依照《民法典》第 511 条第 1 项、第 563 条第 4 款、第 565 条第 2 款、第 566 条、第 577 条、第 616 条、《最高人民法院关于审理买卖合同纠纷案件适用法律问题的解释》第 18 条第 4 款规定,判决:赵×理与黄×于 2020 年 4 月 25 日签订的《购销合同》于 2021 年 2 月 2 日解除;黄×、晟加公司于判决发生法律效力之日起十日内返还赵×理货款 1808000 元并支付资金占用期间的利息损失;黄×于判决发生法律效力之日起十日内取回型号 1600 熔喷布模具一套。

二审法院认为,一审中案涉模具经赵×理申请由法院依法委托南京海天检测有限公司进行司法鉴定,鉴定程序合法,鉴定内容客观真实。尽管黄×、晟加公司不认同鉴定机构有关案涉模具漏料现象的鉴定意见,但未提供相应证据反驳鉴定意见,一审将该鉴定意见作为认定案涉模具质量的依据并无不当。黄×、晟加公司的上诉请求及其理由缺乏事实和法律依据,应予驳回。一审判决并无不当,应予维持。

(三)学理分析

本案纠纷的关键在于案涉模具质量问题。一审法院认为,由于案涉合同中没有约定模具的质量标准,且在合同履行过程中双方亦未达成新的约定,故按照法律规定,对于案涉模具的质量标准应当按照国家标准、行业标准履行。鉴定机构出具的鉴定意见,认定案涉模具不符合行业标准 FZ/T 93074—2011 的要求。法院对此鉴定意见予以采信,认定黄×、晟加公司交付的模具存在质量缺陷,判决解除合同、退货还款。本案在模具质量的认定上涉及以下两个问题:法律适用问题和标准适用问题。

1. 关于法律适用问题

本案当事人签订的买卖合同没有对模具的质量标准作出约定,也没有在合同履行过程达成新的约定,属于合同中"质量要求不明确"的情形。关于"质量要求不明确"时合同的履行,我国立法历来强调优先采用标准作为确定合同标的质量的依据,以弥补合同当事人约定的缺失。1986 年《民法通则》第 88 条第 2 款第 1 项规定:"质量要求不明确的,按照国家质量标准履行,没有国家质量标准的,按照通常标准履行。"1988 年《最高人民法院关于贯彻执行〈中华人民共和国民法通则〉若干问题的意见(试行)》(以下简称《民法通则意见》)第 105 条进而规定:"依据民法通则第八十八条第二款第(一)项规定,合同对产品质量要求不明确,当事人未能达成协议,又没有国家质量标准的,按部颁标准或者专业标准处理;没有部颁标准或者专业标准的,按经过批准的企业标准处理;没有经过批准的企业标准的,按标的物产地同行业其他企业经过批准的同类产品质量标准处理。"1999 年《合同法》第 62 条第 1 项规定:"质量要求不明确的,按照国家标准、行业标准履行;没有国家标准、行业标准的,按照通常标准或者符合合同目的的特定标准履行。"第 154 条规定:买卖合同"当事人对标的物的质量要求没有约定或者约定不明确,依照本法第六十一条的规定仍不能确定的,适用本法第六十二条第一项的规定"。2022 年 5 月 28 日十三届全国人大三次会议通过、2021 年 1 月 1 日实施的《民法典》第 511 条第 1 项规定:"质量要求不明确的,按照强制性国家标准履行;没有强制性国家标准的,按照推荐性国家标准履行;没有推荐性国家标准的,按照行业标准履行;没有国家标准、行业标准的,按照通常标准或者符合合同目的的特定标准履行。"第 616 条规定:买卖合同"当事人对标的物的质量要求没有约定或者约定不明确,依据本法第五百一十条的规定仍不能确定的,适用本法第五百一十一条第一项的规定"。

本案买卖合同订立于 2020 年 4 月 25 日,模具交付时间为 2020 年 5 月 28 日,原告赵×理提起诉讼时间为 2021 年 1 月 25 日,二审判决时间为 2022 年 11 月 9 日,恰值《民法通则》《合同法》与《民法典》新旧交替时间。根据合同订立和履行的时间,本案应属于"民法典施行前的法律事实引起的民事纠纷案件"。

对于"民法典施行前的法律事实引起的民事纠纷案件"的法律适用,《最高人民法院关于适用〈中华人民共和国民法典〉时间效力的若干规定》(法释

〔2020〕15 号）第 1 条第 2 款规定：“民法典施行前的法律事实引起的民事纠纷案件，适用当时的法律、司法解释的规定，但是法律、司法解释另有规定的除外。”第 2 条规定：“民法典施行前的法律事实引起的民事纠纷案件，当时的法律、司法解释有规定，适用当时的法律、司法解释的规定，但是适用民法典的规定更有利于保护民事主体合法权益，更有利于维护社会和经济秩序，更有利于弘扬社会主义核心价值观的除外。”本案属于“当时的法律、司法解释有规定”，且不存在“法律、司法解释另有规定”和“适用民法典的规定更有利于保护民事主体合法权益，更有利于维护社会和经济秩序，更有利于弘扬社会主义核心价值观”的情形，因此本案买卖合同纠纷应当适用“当时的法律、司法解释的规定”，即《民法通则》第 88 条第 2 款第 1 项以及《民法通则意见》第 105 条和《合同法》第 154 条、第 62 条第 1 项的规定，而不应适用《民法典》第 616 条和第 511 条第 1 项的规定。

因此，一审法院援引《民法典》第 511 条第 1 项、第 616 条等规定对本案纠纷作出判决，属于法律适用不当。二审法院未对一审法院适用法律作出评价，仅以“一审判决并无不当”为由，维持原判，回避了本案的法律适用问题。

2. 关于标准适用问题

根据《民法通则》第 88 条第 2 款第 1 项、《民法通则意见》第 105 条以及《合同法》第 62 条第 1 项的规定，当合同存在质量要求不明确时，应按照先国家标准、次行业标准（部颁标准或者专业标准）①的顺序，援引标准作为确定合同标的质量的依据。因此，行业标准只在无国家标准时才可援引为确定合同标的质量的依据。同时，按照 2017 年修订的《标准化法》第 2 条规定，国家标准又分为强制性国家标准和推荐性国家标准，行业标准为推荐性标准，强制性标准是“必须执行”的标准，推荐性标准是“国家鼓励采用”的标准，在标准的适用上，强制性国家标准又优先于推荐性国家标准而适用。《民法典》第 511 条第 1 项关于“质量要求不明确的，按照强制性国家标准履行；没有强制性国家标准的，按照推荐

---

①　《民法通则》1986 年 4 月 12 日通过，《民法通则意见》1988 年 1 月 26 日最高人民法院审判委员会讨论通过。此时《标准化法》尚未施行。按照 1979 年国务院颁布的《标准化管理条例》第 11 条规定，我国标准分为国家标准、部标准（专业标准）、企业标准三级（类型）。《民法通则意见》第 105 条规定“部颁标准或者专业标准”，遵从的是《标准化管理条例》。1988 年 12 月 29 日，《标准化法》颁布，依据《标准化法》第 7 条规定，我国标准分为国家标准、行业标准、地方标准和企业标准四级（类型）。《标准化法》所说的行业标准，即是《标准化管理条例》中的“部标准（专业标准）”。1999 年《合同法》第 62 条第 1 项规定“行业标准”，遵从的是《标准化法》。应当指出的是，《民法通则意见》第 105 条采用“部颁标准或者专业标准”，是不够准确的。

性国家标准履行；没有推荐性国家标准的，按照行业标准履行"的规定体现了这一点。

在本案中，鉴定机构南京海天检测有限公司对案涉模具进行鉴定，采用了"行业标准 FZ/T 93074—2011"。法院对鉴定机构的鉴定意见予以采信，认可了这一标准。"FZ/T 93074—2011"是一项纺织行业标准，全称为"中华人民共和国纺织行业标准《熔喷法非织造布生产联合机》（FZ/T 93074—2011）"，2011年12月20日工业和信息化部发布，2012年7月1日实施。而且，该标准还是一项推荐性行业标准。该标准规定了熔喷法非织造布生产联合机的术语和定义、型式、基本参数和工艺流程，要求，试验方法，检验规则，标志、包装、运输和贮存；适用于以聚丙烯（PP）为主要原料的熔喷法非织造布生产联合机，以其他树脂为原料的熔喷法非织造布生产联合机亦可参照采用。

按照《民法通则》第88条第2款第1项、《民法通则意见》第105条以及《合同法》第62条第1项的规定，本案引用纺织行业标准《熔喷法非织造布生产联合机》（FZ/T 93074—2011）作为认定案涉产品质量的依据，必须是在无相应的国家标准（强制性国家标准和推荐性国家标准）的情况下，才符合法律规定。然而，在本案中，鉴定机构南京海天检测有限公司似乎没有对其采用纺织行业标准《熔喷法非织造布生产联合机》（FZ/T 93074—2011）作出说明；法院对鉴定机构的鉴定意见予以采信，也未对采用纺织行业标准《熔喷法非织造布生产联合机》（FZ/T 93074—2011）进行说明。法院只是笼统地认为"案涉合同中没有约定模具的质量标准，且在合同履行过程中双方亦未达成新的约定，故按照法律规定，对于模具的质量标准应当按照国家标准、行业标准履行"。因此，本案引用纺织行业标准《熔喷法非织造布生产联合机》（FZ/T 93074—2011）作为认定案涉产品质量的依据，不符合法律的规定。

十、胡×娜与张×买卖合同纠纷案①

（一）基本案情

上诉人（原审被告）：张×

被上诉人（原审原告）：胡×娜

---

① 裁判文书：山东省滨州市中级人民法院（2021）鲁16民终2463号民事判决书、山东省滨州市沾化区人民法院（2021）鲁1603民初1300号民事判决书，资料来源：中国裁判文书网（https://wenshu.court.gov.cn）。

胡×娜与张×通过微信聊天方式约定胡×娜向张×购买红糯16高粱,实际购买36.8吨。胡×娜预付订金3000元,2021年4月25日胡×娜向于×涛银行账号转账165000元,于×涛于2021年4月26日将该款项转账给张×银行账号。胡×娜收到货物后反映张×交付的高粱并非约定的糯高粱,于是让运输车辆把涉案高粱运回装货地山东省滨州市沾化区。胡×娜共支付运费21900元、压车费10570元、卸车费552元,支付住宿费968.8元,因存放高粱需要租赁仓库支出3000元,共计36990.8元。双方对于×涛交付的高粱是否为糯米高粱存在异议,根据胡×娜申请,经一审法院对外委托,农业农村部谷物及制品质量监督检验测试中心(哈尔滨)作出检验报告,结果为粗淀粉(干基)74.42%、直链淀粉(占淀粉重)17.2%,黑龙江省农业科学院农产品质量安全研究所出具分析结果报告单,结果为支链淀粉(占淀粉)82.8%。胡×娜支付鉴定费840元。胡×娜提出诉讼请求:(1)判令被告向原告返还货款168000元,赔偿损失42000元,共计210000元;(2)诉讼费用由被告承担。

辽宁省粮食行业协会于2020年7月24日发布的辽宁省粮食行业协会团体标准《辽宁好粮油　酿造用高粱》(T/LNSLX 008—2020)第4.2条规定,糯性支链淀粉含量不低于总淀粉含量90%。

(二)法院判决

一审法院认为,依据本案证据,张×与胡×娜之间系买卖合同关系。双方明确约定所购高粱为红糯高粱,但是对质量标准没有作出明确约定。《民法典》第511条第1项规定:"质量要求不明确的,按照强制性国家标准履行;没有强制性国家标准的,按照推荐性国家标准履行;没有推荐性国家标准的,按照行业标准履行;没有国家标准、行业标准的,按照通常标准或者符合合同目的的特定标准履行。"辽宁省粮食行业协会发布的《辽宁好粮油　酿造用高粱》团体标准属于行业标准,是确定本案高粱是否为糯性高粱的重要参考标准。在糯性高粱质量没有国家标准的情况下,应当按照行业标准确定货物质量标准。根据司法鉴定意见,涉案高粱的支链淀粉含量低于辽宁省粮食行业协会发布的辽宁好粮油酿造用高粱团体标准。因此张×构成违约,应当对原告承担违约责任。原告已经将货物运回装货地,根据现有情况已经无履行的可能性,原告的诉求实际上解除合同的意思表示,符合法律规定。现原告要求张×返还货款并赔偿损失应予支持。同时,原告应当将涉案高粱返还给张×。依据《民法典》第509条、第511条第1项、第563条第1款第4项、第566条之规定,判决:被告张×于本判决生效后十日内向原告胡×娜返还货款168000元并赔偿损失36990.8元;原告于本判决生效后十日内向张×返还涉案高粱36.8吨。

二审法院认为,上诉人张×与被上诉人胡×娜通过微信交流方式达成买卖合同关系。根据双方提供的证据可以确认双方约定的买卖高粱是红糯高粱,微信中也曾数次提到"红糯16",但双方对高粱的糯性标准没有进行明确约定。上诉人张×主张在涉案货物交付之前,上诉人通过视频方式让被上诉人一方观看现场蒸煮情况进行确认,但不能据此确认这种方式是买卖双方约定的对涉案高粱是否为红糯高粱及糯性标准达成了一致。一审法院对合同约定不明履行规则适用《民法典》第511条的规定正确。在对涉案高粱是否是糯高粱发生争议的情况下,根据当事人的申请,一审法院在征询双方当事人意见的前提下,根据鉴定事项及内容具有的专业性,委托农业农村部谷物及制品质量监督检验测试中心(哈尔滨)进行检验,委托黑龙江省农业科学院农产品质量安全研究所进行结果分析并无不当,检验报告和分析结果报告可以作为认定本案事实的依据。关于上诉人主张被上诉人购买高粱的目的是运到南部省份进行酿造,根据贵州省质量技术监督局发布的贵州省地方标准DB52/T 867—2014酱香型白酒酿酒用高粱标准,糯高粱的总淀粉含量为50%~75%,而本案中交付的高粱总淀粉的含量大于此标准要求的问题,诉讼双方在协商买卖过程中,没有将高粱的具体用途作为合同的内容,上诉人没有提供证据证实糯高粱的总淀粉含量是判断高粱是否是糯米高粱的标准。根据《民法典》第511条的规定,质量标准依次是强制性国家标准、推荐性国家标准、行业标准、通常标准或者符合合同目的的特定标准。糯高粱目前没有国家标准,也没有国务院有关行政主管部门制定的行业标准,被上诉人提供辽宁省粮食行业协会发布的辽宁好粮油酿造用高粱团体标准,一审法院认为是行业标准虽然有误,但是在没有其他标准可以参考的情况下,一审法院认为是确定本案高粱是否为糯性高粱的重要参考标准也无不当。上诉人张×虽对标准提出异议,但其没有提供其他确定高粱糯性的标准和依据。张×的上诉请求不能成立,应予驳回;一审判决认定事实清楚,适用法律正确,应予维持。

(三)学理分析

1. 关于法律适用问题

本案买卖合同的订立和履行均发生在《民法典》施行后,应适用《民法典》。当事人未对案涉标的物"红糯16高粱"("糯米高粱")的质量作出约定且事后又不能达成协议,属于"质量要求不明确"的情形,应依据《民法典》第 616 条之规定,①适用《民法典》第 511 条第 1 项规定。两审法院均适用《民法典》第 511 条第 1 项规定,援引标准作为确定案涉标的物质量的依据,法律适用正确。

2. 关于标准适用问题

《民法典》第 511 条第 1 项规定:"质量要求不明确的,按照强制性国家标准履行;没有强制性国家标准的,按照推荐性国家标准履行;没有推荐性国家标准的,按照行业标准履行;没有国家标准、行业标准的,按照通常标准或者符合合同目的的特定标准履行。"本项规定中的"强制性国家标准"、"推荐性国家标准"(二者并称"国家标准")、"行业标准"均为《标准化法》规定的标准类型,属于标准化意义上的标准。《标准化法》规定的标准类型,除国家标准(强制性国家标准和推荐性国家标准)、行业标准外,还有地方标准、团体标准、企业标准。② 本项规定中的"通常标准""符合合同目的的特定标准"之"标准"均非标准化意义上的标准,不是标准的类型。但《标准化法》规定的地方标准、团体标准和企业标准以及国际标准、外国标准,均可作为"通常标准""符合合同目的的特定标准"而被用于判定合同标的质量的依据。③ 在本案中,法院认定辽宁省粮食行业协会制定的团体标准《辽宁好粮油 酿造用高粱》(T/LNSLX 008—2020)作为判定案涉标的物"红糯 16 高粱"("糯米高粱")质量的依据,应属于《民法典》第 511 条第 1 项规定中的"通常标准"的情形。因为,二审法院一方面认为,糯米高粱目前没有国家标准,也没有国务院有关行政主管部门制定的行业标准;另一方面对上诉人张×关于案涉标的物"红糯 16 高粱"("糯米高粱")质量应依据贵州省地方标准《酱香型白酒酿酒用高粱》(DB52/T 867—2014)的主张,"诉讼双方在协商买卖过程中,没有将高粱的具体用途作为合同的内容"予以驳回,否定了本案适用《民法典》第 511 条第 1 项中"符合合同目的的特定标准"的规定。

然而,问题是辽宁省粮食行业协会制定的团体标准《辽宁好粮油 酿造用高粱》(T/LNSLX 008—2020)能否被作为"通常标准"适用于本案?《辽宁好粮油 酿造用高粱》(T/LNSLX 008—2020)第 1 章("范围")规定:"本标准适用于辽宁省区域内种植生产的供酿造用的商品高粱。"按照这一规定,该标准对于不是

---

① 《民法典》第 616 条:(买卖合同)"当事人对标的物的质量要求没有约定或者约定不明确,依据本法第五百一十条的规定仍不能确定的,适用本法第五百一十一条第一项的规定"。

② 《标准化法》第 2 条第 2 款:"标准包括国家标准、行业标准、地方标准和团体标准、企业标准。国家标准分为强制性标准、推荐性标准,行业标准、地方标准是推荐性标准。"

③ 柳经纬:《论质量条款欠缺时合同的履行——〈民法典〉第 511 条的理解与适用》,载《中国高校社会科学》2022 年第 6 期。

"辽宁省区域内种植生产的"且不是"供酿造用"的高粱,是不适用的。在本案中,如法院所确认,"诉讼双方在协商买卖过程中,没有将高粱的具体用途作为合同的内容",因此不能认定案涉高粱是"供酿酒用";同时,从法院认定的事实来看,也不能确认案涉高粱的产地是辽宁省。既不能确定案涉高粱是"供酿酒用",也不能确定其产地是辽宁省,按照《辽宁好粮油 酿造用高粱》(T/LNSLX 008—2020)关于适用范围的规定,本案不应适用该标准。尤其是产地问题,具有唯一性和排他性,如果案涉高粱的产地不能确定是辽宁省,就应该排除《辽宁好粮油 酿造用高粱》(T/LNSLX 008—2020)的适用。

相对而言,上诉人张×主张的贵州省地方标准《酱香型白酒酿酒用高粱》(DB52/T 867—2014)可能更适合本案。贵州省地方标准《酱香型白酒酿酒用高粱》(DB52/T 867—2014)与《辽宁好粮油 酿造用高粱》(T/LNSLX 008—2020)一样均属于"酿造用高粱"标准,也规定了"糯高粱"(T/LNSLX008—2020的术语是"糯型"),但没有产地限制。该标准第1章"范围"规定:"本标准适用于酱香型白酒酿酒用高粱。"因此,如案涉高粱产地不能认定是辽宁省,贵州省地方标准《酱香型白酒酿酒用高粱》(DB52/T 867—2014)更合适作为《民法典》第511条第1项中的"通常标准"适用于本案。